张志公先生

（1918—1997）

“中国教材研究文库”

第一辑总目

叶圣陶论教材

戴伯韬论教材

辛安亭论教材

叶立群论教材

陈　侠论教材

蒋仲仁论教材

袁微子论教材

张志公论教材

刘国正论教材

陈尔寿论教材

雷树人论教材

王占春论教材

中国教材研究文库

张志公论教材

张志公　著

人民教育出版社
·北京·

图书在版编目（CIP）数据

张志公论教材 / 张志公著. —北京 ：人民教育出版社，2020.11
（中国教材研究文库）
ISBN 978-7-107-34647-7

Ⅰ.①张… Ⅱ.①张… Ⅲ.①语文教学—教材—研究 Ⅳ.①H19

中国版本图书馆 CIP 数据核字(2020)第 218124 号

张志公论教材
作　　者/张志公
装帧设计/何安冉

出版发行　人民教育出版社
（北京市海淀区中关村南大街 17 号院 1 号楼　邮编：100081）
网　　址　http://www.pep.com.cn
经　　销　全国新华书店
印　　刷　山东临沂新华印刷物流集团有限责任公司
版　　次　2020 年 11 月第 1 版
印　　次　2020 年 11 月第 1 次印刷
开　　本　787 毫米×1 092 毫米　1/16
印　　张　25.75
插　　页　1
字　　数　254 千字
印　　数　0 001～2 000 册
定　　价　78.00 元

“中国教材研究文库”总序

郭戈

古人说得好：“以铜为镜，可以正衣冠；以史为镜，可以知兴替；以人为镜，可以明得失。”对于教材工作而言，以史为镜、以人为镜也是至关重要的。我国古代常用的教材主要是“三百千千”“四书五经”。新式教材起步于清末，活跃于民初，先学日本，后仿美国。1897 年上海南洋公学外院效法外国，编了国文、算术、历史、舆地、格致等课本，这便是打破老传统，把各门知识较有系统地编为学科教材的开始。随后出现的各种课本和教育著作大都是模拟日本或直接译自日本。清末以来，特别是民国建立后，教材自由编写，实行审定制，民间掀起了一股编撰出版教科书的热潮，一批出版机构如商务印书馆、文明书局、中华书局等，与一批出版家、教育家，为此做出了奠基性、开创性的重要贡献。

五四新文化运动以降，教育理念和课程教材发生了新变革，特别是全国教育会联合会在主要借鉴美国教育的基础上而研制的新学制以及课程标准纲要，影响巨大。一时间，欧美新教育思潮、实用主义教育思想引入中国，教材也从过去主要效仿日本一变而为仿效美国。当时，许多教材在内容编写上都强调以儿童生活经验为中心，甚至一些中学理科教学更直接采用美国的课本。新中国成立之前，民国政府虽然曾几次颁布课程标准，教材的内容和形式却基本上没有大的改观，只不过是更多地借鉴和学习美国的经验罢了。并且，清末及民国历届政府都有统一教科书的意愿和行动，但由于旧中国持续不断的内忧外患和政府的腐败无能，加上课本编写质量不佳等原因，所谓“国定教科书”或“统一教科书”最终都以失败而告终。

新中国的成立开创了中华民族历史的新纪元，也掀开了我国教材事业发展的新篇章。新中国成立伊始的教材，文科主要借鉴了解放区的经验，理科主要选取了国统区的本子，还有一部分选取了编译的苏联教材。接着，便在全面学习苏联教育经验的基础上开始了教材自编或重编的历程，并逐步走出了一条具有中国特色的以统为主、统分结合的教材道路。总的来说，与旧中国相比，新中国成立 70 多年来，全国中小学实施的是统一的教学大纲或课程标准，使用的基本上是由国家统一供应、教育部组织编写、人民教育出版社编辑出版的通用教材或统编教材，并做到了所有地方、每所学校、全部学生都使用上了这样的教材。为此，中央确立了集中统一教材制度的大政方针，制定了统一的教学大纲或课程标准，组建了专门的教材编写和审查机构，配备了强有力、专业化的编审人员，还建立了保证“课前到书，人手一册”的教材出版发行渠道和机制。当前，党中央、国务院高度重视教材工作，把教材建设作为一项战略工程、基础工程，成立了国家教材委员会，教育部组建了教材局，并先后颁布了一系列有关规章制度，在义务教育和高中阶段全面实施政治、语文、历史三科教材统编、统审、统用政策，标志着我国教材建设进入了新时代。

“江山代有才人出，各领风骚数百年。”社会发展史也是个体发展史。历史由人民创造，又有杰出历史人物的巨大作用。讲述历史离不开历史人物，回顾教育不能回避教育家，同样，总结和借鉴教材的历史经验，也不能回避曾经为教材事业创造出重大业绩的历史人物。在我国新式教材100多年的发展过程中，不仅编辑出版了不计其数、数以万计的各个学科、多种形式的教材，而且也涌现出了一大批教材编辑家、出版家、研究者，他们都为我国的教材建设事业做出了奠基性、开创性的重要贡献。归纳起来，这些大家在清末及民国时期主要有：张元济、陆费逵、范源廉、蒋维乔、马君武、戴克敦、沈恩孚、高梦旦、王云五、舒新城、李廉方、庄俞、沈颐、张相、杜亚泉、吕思勉、陈宝泉、范祥善、金兆梓、周建人、黎锦熙、顾树森、俞子夷、吴研因、叶圣陶、丰子恺、朱经农、朱文叔、刘薰宇、宋云彬、丁晓先（韦息予）、赵欲仁、艾伟、沈百英、吕伯攸、陆殿扬、陈鹤琴、辛安亭等。在新中国成立后的主要代表是：叶圣陶、周建人、胡绳、辛安亭、戴伯韬、朱文叔、刘薰宇、金灿然、吉少甫、朱智贤、陈元晖、叶立群、张志公、吴伯箫、张毕来、蒋仲仁、袁微子、刘国正、张中行、邱汉生、苏寿桐、陈尔寿、方宗熙、雷树人、梁英豪、张玺恩、张孝达、王占春、陈侠、熊承涤等。他们都是对一定历史时期的教材建设，特别是一些学科教材领域做出过重要贡献并产生了广泛影响的人物，并大都在编辑出版教材的过程中发表过论述教材的著述，提出了关于教材问题的看法和认识，内容涉及教材的政策管理、编写审查、出版发行、使用教学或教材本体等诸多领域，其中一些人还形成了较为系统和全面的思想观点。这些思想观点成为我国教材建设和教材学术研究史上的一笔笔宝贵的财富。有鉴于此，在人民教育出版社成立 70 周年之际，我们启动了“中国教材研究文库”这个大型丛书项目，旨在通过挖掘、收集、辑录、整理百年以来教材领域众多大家的研究成果，分期分批出版，比较系统地展示中国近现代以来教材研究的主要成果，从一个侧面呈现中国近现代以来教材发展的基本脉络，为新时代教材建设和研究事业提供参考和借鉴。这套大型丛书的编辑出版也是我们缅怀和纪念老一辈教材大家的最好方式。

改革开放以来，国内出版了不少教育名家的著作、文集甚至全集，其中涉及一些教材编辑家、出版家的论著，这是我们选编工作的基础。对有的教材大家已出版的文集，我们进行了重新编排、补充和校核，以体现新的特色。对于尚未有文集出版的一些教材大家，其教材文集的收集、整理、选编任务则比较繁重。好在现代信息技术很发达，网络文献查阅很方便，我们将传统方法与现代手段相结合，大大提高了工作效率。本文库入选的人物全都是我国百年以来教材建设，特别是教材研究开发和编辑出版事业的主要参与者、贡献者、引领者。本文库秉持按人设卷、一人一卷的原则，但对于教材史上的一些重要人物，我们也不排斥两人或多人合为一册的情况。我们对每卷文集的篇目都大致进行了分类，并基本按照时间先后顺序或一定专题加以排列，但鉴于作者的经历和作品情况的差异，也为了突出某些重要作品，以满足读者现实需要，每卷目录的编排方式也各具特色。无论哪种编排方式，对每篇文章的出处和时间我们都尽量说明清楚，必要时增加注释。读者阅读之后可以感受到，这些教材文集见证和记录了中国近现代课程教材的成长史、演进史，也是教材大家们辛勤耕耘、笔耕不辍的学术思想的集中体现。可以说，每一卷的文字都曾经为教材建设史的推进铺下过坚实的一砖一瓦，也都曾经拨动过教材人的心弦。我们希望，通过重温教材大家精到的论断、深邃的思考、严密的逻辑、优美的文字，以及字里行间蕴含的学术风范、治学之道和人格魅力，可以为后来者提供学习和传承的典范。

“中国教材研究文库”是一套开放性的丛书，第一辑入选了12位人物，主要是新中国教材建设和研究的奠基者和开拓者。接着，我们还将陆续推出第二辑、第三辑。“众人拾柴火焰高。”热诚欢迎国内教育学者特别是课程教材研究者积极参与到这套文库的编辑出版中来。

“闻道有先后，术业有专攻。”教材建设是个专业，也是门学问，教材工作有其自身的特点和规律。当前，教材问题越来越受到重视，从事教材研究开发和编辑出版工作的人也越来越多，如果说有所谓捷径可循的话，那恐怕就是直接阅读和学习以往这些教材大家的有关论著了。了解教材历史，知晓教材大家，汲取和借鉴以往的智慧和经验，继承和发扬他们的思想和观点，可以使我们明理启智、审时度势、推陈出新，对于做好当下教材改革发展工作、提升教材科学化水平大有裨益，对于教材研究和学术创新更是必不可少。

“中国教材研究文库”作为中国近现代教材成长史、演进史的记录和见证，实为百年中国教材研究的缩影和写照，具有较高的文献史料价值，能为教材建设者和教育学者的编辑出版工作和研究工作提供较为完整的基础性材料。我们相信，本文库的出版对于推动教材事业建设、促进教材理论的创新发展会有一份积极的贡献。我们也希望在新时代，教材事业蒸蒸日上、人才辈出，创作出更多扎根中国大地、师生喜爱的各科教材，不断提升教材研究水平，加快构建中国特色、世界一流的教材建设体系和教材理论体系。

本文库由我忝任总主编。教育学界、课程教材界的专家学者以及社会各界人士对本文库给予了热情关注，我社黄强社长以及有关领导、员工和离退休老同志提出了宝贵意见和建议；丛书责任编辑和各分卷编者及责任编辑也付出了辛勤劳动。谨在此一并致谢！

限于水平，本文库的编辑出版工作或有不妥不足甚至错误之处，敬请读者不吝指正！

2020 年 9 月 10 日

本卷前言

人民教育出版社建社 70 周年之际，由郭戈总编辑主持编选的“中国教材研究文库”，将《张志公论教材》名列其中，可谓实至名归。

张志公（1918—1997），河北省南皮县人，1918 年 11 月生于北京。我国著名语言学家，语文教育家，社会活动家。曾任人民教育出版社副总编辑，课程教材研究所副所长，并先后任民进中央委员、民进中央常务委员、民进中央教育委员会主任、全国政协常务委员等。曾被委派或聘请担任全国中小学教材审定委员会委员、国家语言文字工作委员会委员、中国社会科学院语言研究所学术委员，还担任过中国语言学会常务理事、中国修辞学会会长、北京语言学会会长、中国外语教学研究会顾问等。曾发起并组织成立全国中学语文教学研究会（简称“全国中语会”，现为“中国教育学会中学语文教学专业委员会”），先后担任副会长、学术委员会主任、名誉理事长等职务。

张志公先生是金陵大学外语系出身；但从他的毕业论文《〈文心雕龙〉所见的中国文学传统》，就可以看出其日后在语文教育方面的建树。他曾任教于金陵大学、海南大学、香港华侨大学（后来的香港中文大学），从事外语教学。1950 年他毅然来到北京，进入开明书店，很快承担起新创刊的《语文学习》杂志主编工作。1954 年中央决定试行汉语、文学分科教学，1955 年正式调入人教社任汉语编辑室主任，主持草拟《暂拟汉语教学语法系统》，领导《汉语》教材编写工作，并自此终身服务于教材编写事业，开启了他学术研究的新天地。

张志公先生的研究范围是非常广博的，同时在某些领域又有精深的开掘。在学术方面，他对语言学、汉语语法、汉语修辞都广有涉猎，先后撰写并出版了《修辞概要》《汉语语法常识》《语法学习讲话》《现代汉语》（电大教材）等专著或教材；并由于主持制定了《暂拟汉语教学语法系统》和《中学教学语法系统提要（试用）》而奠基了中学教学语法的基础体系，这一体系至今仍在语文教学中发挥着重要作用。在教育方面，他对汉语文课程、语文教材、语文教学以及外语教学都进行了大量卓有成效的研究：他对语文课程的性质、目的、任务有较多论述，始终坚持“文道统一”的语文观；他对传统语文教育进行了大量研究，主张语文教学要走民族化的道路；他强调语文也是一门科学，要重视语文教学的科学化，要与现代化建设接轨，以提高语文教学的效率，适应社会的需要；他提出幼儿、小学、初中、高中语文课程、语文教材、语文教学“一条龙”整体设计的改革设想，并勾画出基本的改革方案；他主张进行“注音识字，提前读写”的试验，提出小学阶段可以进行“分进合击”的教学改革；他还力主在语言学基础知识、基本理论与语文教学之间建立一种桥梁性学科，因此创立了独树一帜的“汉语辞章学”，力求把语言学的研究成果较好地应用于语文教学实践；等等。以上种种研究，大都体现在 1991 年广东教育出版社出版的五卷本《张志公文集》

和 1998 年语文出版社出版的《张志公论语文·集外集》中。

对这大量的著述进行爬梳整理，我们会发现先生对教材建设有三方面主要贡献，本书也据此分为三编。第一编“课程与教材”是先生对教材建设的重要论述，范围涉及语文、英语、俄语等不同学科，从课程内容到教材编写体例、原则等都有阐发。在这一编里，读者也自然会关注到，先生的很多论述往往是将课程、教材、教学融合在一起的，比如当我们看到《语文教学需要大大提高效率》《汉语文教学的过去、现在和未来》这样的题目时，其中的“语文教学”多数情况下并非是指或仅指课堂教学，而更多指向课程建设。这也不难理解，因为在先生那个时代，国内的课程研究还没有那么精细，加之课程、教材、教学、教法本身就有着密不可分的关系，所以这些内容常常交织在一起也是自然而然的事。第二编“学科教材编写”可以大略展示先生多学科的教材编写实践：就中小学来说有语文、英语、俄语教材；就成人来说，有广播电视大学使用的《现代汉语》教材以及一些社会普及性学术读物；另外也有与教材建设相关的语法教学系统的研制，这也是先生对中学语文教材中语法内容编写的最主要贡献。因这些教材基本都是先生主持编写的，所以这一编主要收入了这些教材的编写说明或阐述这些教材特点的文章，有的还附了目录，从中可以看出教材的编写思想和理念。第三编“传统语文教材论”是先生自 20 世纪 60 年代以来花大力气也最有特色的研究内容，在当时可谓独树一帜，在今天仍有巨大的启示意义。这部分收录的除了相关论文，主体是《传统语文教育教材论——暨蒙学书目和书影》（上海教育出版社 1992 年出版）中的内容，包括古代各种有影响的识字教材、阅读训练教材等，对其版本、内容及编法的得失等，都有一定程度的论述，让我们可以更多地了解传统语文教材的基本面貌。

语文界有“三老”——叶圣陶，吕叔湘，张志公，即使在课程理念不断发展的今天，他们的语文教育思想依然熠熠生辉，依然能引领后学者在语文教学的道路上不断前行。

本卷由王本华、李嘉哲编选而成。由于此前鲜有专门研究先生论教材的文章、专著，而先生一生所研究和编写的教材又有多种，所以选编难免有遗珠之憾，敬请谅解。

编者

2020 年 9 月

目　录

第一编

课程与教材

关于改革语文课、语文教材、语文教学的一些初步设想*

从1977年起，在搁置了十来年之后我重新接触了语文教学问题。六七年以来，在社会主义现代化建设新形势的鼓舞之下，在全国范围内空前高涨的学术研究空气的推动之下，我重新回顾了语文教学的过去，也回顾了自己以往研究这个问题走过的路程，深深感到，自己的认识需要前进，不能停留在十几二十年前的境地止步不动。逐渐，对于语文这门课程，对于语文教材，对于语文课的教学，产生了一些想法。思路大致是这样的：经过大家的努力，语文教学很有些改进，但是无可讳言，仍旧有不小的问题存在，普通教育阶段仍旧没能把学生的语文能力培养到应有的水平。这是什么道理呢？语文教学这件事为什么这么难呢？于是重新回顾传统的语文教学，重新认识它的得失利弊，拿近几十年来的语文教学和传统的做法进行比较，看看现代的语文教学从传统那里继承

* 本文是张志公先生于1984年7月间在课程教材研究所召开的语文教学改革座谈会上的讲话。庄文中做了记录。这篇讲话后来分期刊载于《课程·教材·教法》1985年第4期和1985年第1、3、5期。收入《张志公文集》第3卷（广东教育出版社1993年版）。

了些什么，对它改革了些什么，在原有的基础上开创了些什么，还遗留下一些什么重要问题没解决，不断发展的形势又提出了一些什么新的有待解决的问题，这样，对于当前语文教学的成效不够理想的症结所在似乎看得清楚一些了。在这样的基础上，逐渐形成了怎样从根本上、较大幅度地改革语文教学的构想。构想的基本点是：语文教学要面对当前的和今后的社会需要；既要继承传统的好经验，更要清醒地看到并且坚定勇敢地革除传统遗留下来的重大积弊；要使语文教学朝着科学化、高效率的方向前进，成为培养新的建设人才的基础工程的重要组成部分。构想涉及这门学科的课程设置、教材和教学几个方面。当然，构想无疑还是很初步的、粗糙的。这里就顺着前边说的思路，先着重谈一谈认识，然后提出那个不成熟的、粗线条的构想，作为引玉之砖抛出来，和大家共同探讨。

一 对传统语文教学的再认识

1. 为什么需要再认识

50年代末到60年代初，我用了点功夫探索了一下传统的语文教学，写成一本小书《传统语文教育初探》（附蒙学书目稿）[①]。那次，主要做了两件事。一是把传统语文教学的有关资料广为收集，进行了初步的整理，作为研究这个问题的基础，编写成那个《书目稿》。尽管还是个“稿”，并且是作为那本书的附录的，我个人并不看轻它。要研究问

① 上海教育出版社，1962年10月初版，1964年8月第二版，1980年6月重版。

题就必须先在资料方面下点功夫，既是为自己研究的需要，也可为别人研究服务。二是从传统语文教学的做法中探求到几点经验。首先是关于汉字的教学，包括集中识字教学的做法和写字教学的做法。其次是关于阅读训练和作文训练的一些做法。随后又写了一些文章发挥探索之所得，例如在《漫谈语文教学》中提出学好语文要“过三关”（“字关”“句关”“篇章关”）的说法，就是从传统经验中来的。那次探索形成了我自己对传统的认识，并且由于写了书，写了文章，在多处讲过，也就和社会上研究传统之风多少起了一些配合作用。例如，集中识字教学实验的开展；有些学校在作文教学中运用《初探》介绍的宋人谢枋得提出的所谓“大胆文”“小心文”的观念；《初探》着力介绍的欧阳修、朱熹、程端礼、唐彪、王筠诸人的教学语文的观点引起一些同志的兴趣和重视，以至出现了集中介绍前人对教学语文的论述的书，等等，就是几件比较明显的事实。

我至今认为，对传统经验进行整理，总结，分析，介绍，这项工作是应当做的。前次的探索，还是很初步的，今后需要继续做，已经拟订了一个计划，准备对《初探》进行较大幅度的修订和补充。

但是，近几年逐渐感觉到两个问题。第一，前次的探索有个明白的意图，就是向传统寻求经验，讨办法。因此，对于传统做法的消极影响这一面，注意很不够。曾经提到传统的语文教学忽视口头语言这个问题，然而只是在《初探》的《后记》里附带一笔，没有作为一个重要问题认真讨论。从那以后，在不同场合也曾零零星星谈到传统教学的某些弊端，然而没有进行比较全面系统的探讨，认识是很不深刻的。第二，就是总结出来的某些正面经验，例如集中识字，尽管在历史上确实起过好的作用，今天也仍旧有参考价值，然而随着时代的进展，随着文化、科学、教育出现了新的形势，提出了新的要求，旧经验拿到今天来，它所能起的作用就和历史上的情况不同了。我们不能拿今天的观点要求前人，但是应当根据今天的需要来考虑怎样正确对待前人的经验。李时珍是伟大的，可敬的，他留给我们的遗产是珍贵的，然而毕竟不能指望李时珍来解决我们今天的药物科学了。由于以上两点，我深切感到，需要对传统语文教学进行再认识。

1977 年以来，全社会的头脑清醒一些的人们几乎共同认识到，由于我国封建社会的历史特别长，并且是两三千年连绵不绝，中间没有割断过，没有受到大的冲击（辛亥革命的冲击是微弱的，五四运动的冲击强烈些，然而在整个的半封建半殖民地流风的笼罩下，所起的作用也还是有限的），封建社会的观念形态渗透到全社会的各个领域，各个阶层，源远流长，根深蒂固，直到今天还从许多方面反映出来。为什么人治的习惯势力那么大而法治那么难？为什么生产上、经营管理上，那么习惯于松散的、粗放的方式？为什么重男轻女的观念，种种封建迷信的观念，还有那么广阔的市场？等等，从涉及政治、经济等很大的问题到日常生活中的一些小问题，许许多多都能从长期的封建社会找到根源。新宪法征求意见稿在总纲部分提到“反对……封建主义残余思想”，经过上上下下反复多次的讨论，在定稿时终于把“残余”改成为“腐朽”。人们认为，不是零零星星的一点“残余”，还很不少，还在好些方面起着不小的作用，要清除它还需要相当长时间的不懈的努力，不是轻而易举的。

那么，封建社会的观念形态在教育领域有没有遗留，有没有影响呢？要说一点都没有，那恐怕是很奇怪的事情。教育真的是个“清水衙门”，唯我独清，唯我独醒，唯我早就和封建社会的东西彻底“划清界限”了吗？且不说19世纪末办新学堂的时候还是半封建社会，今天，离开那个半封建社会也才30多年啊！

如果有，反映在教育领域的哪些地方呢？

这里不可能讨论教育的整体。让我们把讨论收缩在大中小学各门学科里，收缩在语文学科里。

19世纪末开始办新学堂，从学制、课程设置到教科书，大都是从东西方各资本主义国家搬来的。像我这样年岁的人就已赶上，初中高中六年，数学、物理、化学三科的教科书用的统统是外国来的英文课本，原封不动，照用照学。那些课程，中国封建社会的观念形态是不大有的。独有语文（当时称国文）这一科，无法从外国搬。内容无法搬；而内容，一头联系着教学目的，一头制约着教学方法；因而，这门课从目的，到内容，到方法，基本上是土生土长的，最富于民族风格，只不过形式上分成一册一册的，一册里边分成一课一课的。（中学连这个形式也不大用，还是一篇一篇的，这一篇用两课，另一篇可以用五课，某大学教一年级国文的一位教授，一学期只教了一篇庄子的《秋水篇》。）

既然率由旧章，无疑在语文这门课里就带下来丰富的传统教学的东西。咱们如果要研究传统教育，从数、理、化、生、体育、美术这些功课里是很难找到材料的，但是从语文课里却会找到许多，至少会看到不少传统的影子。

语文这门学问主要是语言文字之学，而语言文字是一种客观存在，所以多年的传统教学肯定会摸索出符合客观存在的语言文字以及学习它的某些规律的经验。这些经验是可贵的。然而教育和教学又是属于观念形态范围的事，渊源于封建社会的教学传统无疑又会贯穿着封建社会某些观念形态的东西在内。这些东西是陈腐落后的，不符合时代需要的，妨碍教学工作前进的。传统语文教学就是这两种东西的杂糅，既有某些好的经验，又有不少落后因素。两种东西融合为浑然一体，泥沙俱下，难解难分。

传统的力量是很顽固的。世代相传，年深日久，人们早已司空见惯，习以为常，觉得事情就应当是这样的，无可议论。特别因为里边确实还有些好东西，就更不容易看到它杂有很不好的东西。色呈金黄，而且闪光，不经过化学分解，怎么能知道它不是纯金而是杂有别的成分的合金呢？“熟读精思”“拳不离手，曲不离口”“多读多写”，这些经验，谁能说它不对呢？

“不识庐山真面目，只缘身在此山中。”我自己就曾钻进传统语文教学这个庐山中去。我发现，庐山中人是很不少的。因此感到需要跳出庐山，站到外边来，前后左右仔细端相端相——客观一些，对传统语文教学进行一次再认识。

2. 怎样认识

仔细一端相，传统语文教学头绪很简单，一点儿都不复杂。一共干两件事：一是花大力气对付汉字，一是花大力气对付文章。目的是：应付科举考试。简要地概括一下：识字加作文章＝语文教学；语文教学的目的要求→达到考中举人、进士的水平；考中的效果→做官。说穿了，就是这么一回事。

单就教学而论，花大力气对付汉字有符合实际的一面。第一，汉字这种文字体系有它的特点，有它的优越性，但是相当难学，尤其是在初学阶段。第二，历史上特别重视书面功夫，必须把文字学好。第三，读的写的是文言，文言与实际使用的口语有很大的距离，读写文言全靠文字功夫。有此三点，所以汉字必须花大力气去对付。

由于长时期花大力气去对付，逐渐摸到了汉字和学习汉字的一些规律，积累了不少经验。这些经验对于我们研究汉语汉文有用处，对于我们教学汉语和汉字也有可参考的价值。

我国历史上从来就重视文章。早在三国时代的曹丕就说："文章经国之大业，不朽之盛事。"此后，历代统治者都是以文章取士。朝廷通过考试选拔他们所需要的人才，而考试就是考作文章。"念书人"竞逐功名利禄，只有在文章上下功夫。识了字就读文章，读古圣先贤的经典，读历代的名篇佳作，要读得通透，背得烂熟。读文章是为了写文章，要揣摩，要涵泳体味，得其精髓，以便模仿得形近神似。杜甫说："读书破万卷，下笔如有神。"一般的"念书人"为考举人考进士做准备，倒也无须读那么多。直到没有多久以前不是还有人说过："肚子里装上三百篇好文章就行了。"什么"行"了？写文章"行"了。写文章为的什么呢？不是为了致用，是为了去应考。宋代以下，文章选本层出不穷，多种多样：有按作家依次编选的；有按文章体裁分类编选的；有按时代先后顺序编选的；选文有多达几百篇上千篇的，有二三百篇的，也有少到几十篇的；有详批详注的，也有精评简注的。所有这些都是准备作课本用，供老师教，学生读、背、模仿的。古文选本之外，明清两代又出了一种更直接为应考服务的时文选本，或称闱墨。经典，古文，时文，这是读的主要内容，也是学写的主要范本。

能读能写了，然后去应考。

京剧有一出戏《二进宫》。三个主要人物之一杨波，有两句很形象的唱词："十载寒窗，七篇文章，才落得个兵部侍郎……"概括描绘得真好！"念书人"十载寒窗，辛辛苦苦，就是学作文章；学成之后，省试，会试，殿试，几篇文章（为什么是七篇，算不清楚，戏词不必深究）过了关，于是金榜题名，功名到手。——这个杨波已经爬到兵部侍郎（国防部副部长）还不满足，趁皇室派系斗争之机又捞了一把，谋得更高的官位。

也由于长时期在文章上下了这么多的功夫，我国历史上文章之学的发达，在全世界恐怕堪称独步。前边提到的曹丕的《典论·论文》，接着有陆机的《文赋》，都是论文的鸿篇，刘勰的《文心雕龙》更是文章之学的巨制。唐宋以下，论文的著作越出越多，蔚为大观。文章也出了许多卓有特色的风格流派：唐宋八大家，各有特点，此后公安、竟陵、阳湖、桐城，都是荦荦大者，至于小家小派，更是不可胜数。文章之学是我国文化传统中颇有光彩的一大宗遗产，尚待整理，总结。

汉字之学，文章之学，历史上积累了经验，给我们留下了值得珍视的遗产，我们感谢前人，绝不轻易抛弃，并且要总结，继承，发扬光大，为我们以及后人所用。

然而，我们不能不看到，作为教育工作的重要组成部分的语文教学，传统的那种做法有十分严重的流弊。根本的一点是：传统的语文教学已经完全沦为为封建统治服务的科举考试的附庸，并且是个并不高明的附庸。那么狭隘的一切为了考试，老师为考试而教，生员为考试而学，不仅培养不出我们今天观念中的人才，也培养不出足以强化封建统治的人才。发展到封建社会后期，语文教学越来越僵化，越来越无生气，不仅培养不出人才，简直成了培养人才的障碍。封建社会的观念形态制约了教育，使之不能健康的发展，被制约衰败了的教育又促进了封建社会的加速腐朽，就这样成了恶性循环。

二　传统语文教学的四大弊端及其影响

对传统语文教学再认识的结果，可以归结为两个方面。

经验方面主要有三点。一是建立了成套的、行之有效的汉字教学体系。一是建立了成套的文章之学的教学体系。一是建立了以大量的读、写实践为主的语文教学法体系。

问题方面主要也是三点。首先是语文教学的性质和目的——语文教学是科举考试的附庸，目的在于使受教育者获得参加科举考试的写作能力。这样的性质和目的决定了教学内容——识字加读古文加作古文（一般古文和八股文）。这样的性质和目的，这样的内容，决定了学语文的主要手段——记诵和模仿。

具有这样一些问题的语文教学，无可避免地产生了许多弊端，概括起来主要是下述四点。

1. 脱离语言实际。语文教学只管书面上的训练——识字，写字，读书，作文章，完全抛弃了口头上的训练——听话的能力和说话的能力。古代本来很重视言语能力。流传下来的先秦诸子百家之书，大量的是诸子演讲、论辩的实录或者非常接近实际的演讲、论辩的书面记载，无论如何，不是完全离开口头说话硬作出来的文章。直到两汉的史书里还记载了不少官吏们和学人们互相辩难的对话。《世说新语》里写了好些有捷辩之才的人物以至少年、儿童。封建社会中后期以下，越来越不理会口语能力了。对于儿童，多少进行一点“洒扫应对”的教育。所谓“应对”，属于伦理教育的性质，教的是长幼尊卑的称谓以及对尊长唯唯诺诺那类言辞，如果也算是语言教育，那只是极偏狭的一点。至于书面上读的、写的，却是以先秦两汉语言为基础逐渐形成的文言，与生活中实际使用的活语言距离很大，而且越离越远，以致完全脱节。彻底脱离语言实际的语文教学是一种畸形的语文教学，对于发展语言能力和思维能力是很不利的。然而这种弊害不容易被察觉，人们往往以为能读点古书，写篇古文，就很不错了，想不到这样会脱离现实，引导年轻人只向后看，把古人作为学习的楷模，把古文作为学习的最高境界，古人和古文不仅是不可逾越的，并且是不可企及的，无形中制约了人们的思维想象能力和创新进取的精神。我们中华民族本来在世界上遥遥领先的文化、科学，到了封建社会后期逐渐停滞下来，落后下来，这和科举八股有很密切的关系。

2. 脱离应用实际。语文教学只管读、写，而读的、写的都与日常生活和工作中实际应用的东西无关。唐朝的诗人白居易还知道诗、文都应当“为时”“为事”而作，反对“嘲风雪、弄花草”那种无用的游戏笔墨；北宋的欧阳修自己动手写过不少判词，被人收在他的文集里；苏东坡写过医书药书，更是实际应用的文字；王安石的不少文章就是处理政务作的应用文。到了元明以下，念书人穷年累月，花费很多的时间精力学写八股文，而八股文则是全然无用的东西。语文教学主要围着科举考试的“指挥棒”转，不切实际，不务实用，这方面的弊病显而易见，不待多说。

3. 忽视文学教育。学塾、蒙馆多少教小孩子念点短诗，为的是易于上口，背诵，开讲四书、五经之后，不再把诗列为教学内容。词曲小说更不要说，不仅不教，甚至禁读。《红楼梦》就写了贾政认为宝玉喜欢读诗是不务正业，大观园里谁看看戏曲是见不得人的坏事。语文教学中教孩子们读古文，其中有些其实是文艺性的散文，可是并不当作文学来教，而是作为写文章的范例，也只是用来讲“起、承、转、合”那一套。至于要求写的什么“论”“说”之类，尤其是八股文，既不是实际应用的东西，也不是文学习作。文学教育很重要。孔夫子很重视学诗，唐朝也把诗列为教学内容，元明以下衰落了。至于后起的戏曲小说当然更被排斥于语文教学之外。关于文学教育问题，后边还要说到，这里暂不申论。

4. 忽视知识教育。这里说的知识，只指与语文教学直接有关的语文知识。我国本来有起源很早的、很发达的文字、训诂之学，稍后有声韵之学。然而在基础教育中并不教文字、训诂、声韵的知识。教字，教文章，也不运用这些知识。治文字、训诂、声韵之学的是很少数“专家”，和一般的语文教学无关。语文教学中有一个项目叫作“属对”或“对课”，就是教孩子们学“对对子”。这本来是很好的一种语文训练，其中包含着语义、语法、声韵以至逻辑训练的内容，可惜只是教孩子们知其然不知其所以然地记诵虚实、平仄和韵部，不教给他们有关的系统的知识——实际上，塾师们多半也不懂那些知识。明、清两代出过一点叫作《字学举隅》《文字辨伪》《声律启蒙》一类通俗的知识性读物，本身的条理性、系统性就很差，而印得又很少，流行也不广，始终没建立起适用于语文教学的知识体系。语文教学始终处于一种自发的而非自觉的、凭朦胧的感觉和经验办事的状态，靠老师耳提面命，靠孩子们自己去体会、摸索。我们本来有很发达的文章之学，可是始终没整理出一个条理来，没形成一套知识系统。好容易总结出一个“起、承、转、合”带有点规律性的模式，很快又变成了一种僵化的程式，发展成为八股文。一些有识之士反对八股，可又没能提出一种有用的系统知识，于是只得用“文无成法”去抵制它。就这样，传统语文教学十分重视的读写能力的培养和提高，一直是一件“可意会而不可言传”的事。不讲知识，甚至反对讲知识，成了传统语文教学的特点之一。

以上这四大弊端，影响是非常深远的。

前边说过，清末废科举，兴新学，国文一科基本上是率由旧章，那么传统的积弊继续存在，自然不在话下。

20 世纪 20 年代前后，五四运动给传统的语文教学以相当大的冲击。新文化运动，白话文运动，国语运动；大量的“五四”新文学作品的产生；西方不同流派的教育学说的引进：这些，对语文教学都有或大或小的影响。小学阶段语文课不再叫“国文”，改称“国语”，使用白话文了；使用注音符号给汉字注音，不再单靠以字注字的所谓“直音”了；有些学校，有些教师把新文学作品搬进课堂了；有些学校，有些教师，多少教一点语法、修辞知识了；《康熙字典》以外，陆陆续续出来一些新的工具书了；等等。语文教学从内容到方法，起了一些变化。新中国成立后，语文教学在内容上有了更大的变化。不仅在小学，就是在中学，古文退居到次要地位了，并且只要求读一些，完全不要求写古文了。教学方法也有了比较大的改变，并且进行过一些新的实验，取得了一些成绩。

然而，把六十年来的语文教学全面考查一下，和传统的做法对照一下，我们不难发现，传统语文教学的基本路子改变不大，积弊的影响很深。没有科举考试了，但是有了其他形式的考试。语文教学在很大程度上还是服从于考试的需要。教学内容，万变不离其宗，还是识字加读文章加写文章。仍旧相当程度的脱离，至少是忽视语言实际。只是在最近一段时间，才有比例不大的部分学校、部分教师开始注意一些口语训练，而在社会上，对于这一点还是有不同意见，不同态度的。写“错别字”是大家共同关心的大事，而念白字、说方言大家不以为意。书面上不大通顺的句子叫作“病句”，要治，说话支离破碎，语无伦次，不叫“病语”，似乎无须纠正。仍旧相当程度地脱离应用实际。作文，大体上还是写什么“论”，什么“说”，什么“记”之类；生活中用的，学习研究中用的，工作中用的文体，不受重视；中学毕业了，甚至大学毕业了，不会写公文，不会写商品说明，不会写实验报告，不会写病历等各种实际应用的东西，在毕业生中占的比例很不小。仍旧相当程度地忽视文学教育。50年代试验过一次汉语、文学分科教学，只进行了一年多就草草收场，从那以后甚至有过一个口号“不要把语文课教成文学课”。仍旧相当程度地忽视知识教育。社会上流行着种种论证不需要教语法、修辞等基础语文知识的说法，甚至有人说中学生语文水平差就是由于学了语法、修辞知识的缘故。在教学方面，正如吕叔湘先生在一次会议上说的一样，“新书一本，先生讲，学生听”（早期某套国文课本的第一课），仍旧是流行最广的教学方法。

九十高龄的叶圣陶先生从20年代起就从事语文教学工作，制定课程标准，在小学、中学、大学教语文，主持编辑语文教科书。前几年，他说：六十年来，语文教学没有什么改变。说六十年来如何，叶老是最有发言权的了。前边说的那些变化，他当然都清楚。他说没有什么改变显然指的不是那些，而是指的刚刚说过的那基本的路子和那源远流长、既深且厚的积弊。叶老的话是发人深思，值得我们好好想想的。

三　需要先明确几个问题

如上所说，传统的积弊既深且厚，一直影响到今天。为了适应今天和今后的社会需要，语文教学必须进行大幅度的改革。要改革语文教学，必须从这门课的课程结构入手。只有课程结构合理了，才谈得到教材和教学的改革，因为，教材和教学都是受课程结构制约的。

研究课程结构，必须把高等教育前这一阶段的语文教学作为一个整体来研究，从学前教育直到中等教育结束，包括普通中等教育和中等职业（专业）教育在内。不能一段一段地分段治理，既不瞻前也不顾后。此外，还得横向地考虑到语文课与其他课程的关系，不能孤立起来只管自己，既不左顾也不右盼。“瞻前顾后”“左顾右盼”，研究任何一门学科的课程结构都应如此，作为基础课程的语文学科更不能例外。

在探讨语文学科的课程结构之前，需要先明确几个问题。

1. 下一代需要什么样的语文能力

学校里设置语文课，目的是为了培养下一代，使他们在成年之后具备生活和工作在语文方面对他们提出的要求，也就是说，使他们具备生活和工作所需要的足够的语文能力。是什么样的语文能力呢？

“教育要面向现代化，面向世界，面向未来。”现代化的一个核心内容是科学化，一切方面都要科学化。语文教学要科学化；运用语言文字也要科学化。语言文字和科学的发展，和新的技术革命，首先是信息技术革命，发生了直接的联系；人们已经能够在千万里之外用自然的口头语言进行交际，处理工作，已经部分地能够用自然语言指挥机器，用自然语言对电子计算机发出指令已经不是遥远的事情；人类知识的增长越来越快，信息的传播越来越多，加上出版技术的迅速改进，相应地，各类书籍报刊的出版也将越来越快，越来越多，使人目不暇接，“汗牛充栋”“浩如烟海”已经不是夸张说法了；无论传声技术、信息技术发展多么快，口头语言始终不可能取书面语言而代之，相反，对书面语言能力和效率的要求将会越来越高。在这里我们不妨想一下所谓“面向未来”。如果说，太远的未来是怎么个样子我们没有能力预见预想的话，那么 20 世纪末 21 世纪初，也就是距今十五至二十年的这个近未来，我们多少是能够预见预想一些的。只用一个标志来说吧：那时候第五代电子计算机肯定会出世了，而第五代计算机的特点之一就是用自然语言而非程序语言来指挥，就是在我们这个国家，电子计算机肯定会成为工农业生产部门、管理部门的日用工具了，甚至会进入不少人的日常生活领域了。生活、工作，一切活动的节奏都很快，一切都要求高速度、高效率。今天进小学一年级的学生，那时候正好大学毕业；今天进初中一年级的孩子，那时候已接近 30 岁；今天进高中一年级的青年，那时候正是 30 岁出头，成为各项事业的生力军和骨干力量了。他们，这些大学毕业生，30 岁上下的社会中坚力量，将需要什么样的语文能力呢？他们普遍需要的将是如历史上描写智力超常的“才子”们那种“出口成章”的能力，因为他们要用自然的口头语言处理工作，指挥机器干活；

那种“一目十行，过目成诵”的阅读能力，因为他们需要读的东西太多了；那种“下笔千言，倚马可待”的写作能力，因为他们的时间很珍贵，必须在尽可能短的时间里写出他们生活和工作中需要写的东西。那时候社会上还需要有“低吟长啸”的诗人，“斟词酌句，反复推敲”的作家，或“婉约”或“豪放”或“典雅”或“诙谐”的语言大师，人们还需要文学。不过，处理生活和工作中的实际问题的敏捷准确的高效率的口头和书面语言能力，将成为每个人的需要。“假、大、空”的东西将被社会无情地淘汰。能用尽可能经济的语言材料传递尽可能多的信息，达到尽可能高的准确性和可理解性，收到尽可能强的表达效果，将被认为是写作的高手。

多少个世纪以来，地球上的各部落，各民族，各国家是在既互相竞争（以至争斗）又互相学习之中走过来，走到今天的。没有互相竞争，人类不会有今天的文明；没有互相学习，人类更不会有今天的文明。科学使得地球越变越小了，各民族、各国家的人们接触越来越多了，锁国主义成为历史陈迹了，既互相竞争又互相学习这种有趣的关系越来越发展了。下一代必须成为一个个了解世界的国际性的人，既有跟人家竞争的能力，又有向人家学习的能力。无论竞争或学习，语文都是不可少的工具，掌握运用语文的能力越高，竞争、学习的能力越强。从这个意义上说，单单掌握母语是不够的，还需要会些外语。（当然，母语是基础。）

以上是对下一代需要什么样的语文能力的一个粗线条的描述。今天考虑语文教学，考虑语文的课程结构，不能不从这个摆在面前或者就要摆在面前的需要出发。教育的周期是长的，是为未来服务的。搞教学工作不能不往前看。当然不能脱离今天的实际，但是脑子里不能没有个未来，——未来的生活，未来的社会，未来的世界，未来的需要。无论如何，有一条是肯定无疑的：今天的和十几二十年后的年轻人所需要的语文能力和当年的秀才们、举人们、进士们、状元们所需要的语文能力大大不同了！这是我们探讨语文教学改革的时候必须时刻在念的！时至20世纪80年代，这句话似乎不需要说甚至不该再说了，然而又不能不说，因为传统实在太深厚了，举人、进士们和“迁客骚人”们的幽灵依旧不时地出现，在我们的周围游荡着，影响着我们的精神，甚至左右我们的思考。

2. 在语文学科内，知识和实践的关系应当是怎样的

在古代（不是说很古，只是说在20世纪初废科举兴新学之前，至多再往前推个把世纪，推到所谓“西学东渐”之前），各行各业的人，无论是种田的，做工的，驾车的，行船的，开矿的，炼铁的，行医的，画画儿的，唱戏的，作诗为文的，等等，能力都是主要凭经验获得的，即使拜师受业，也主要是从旁看着，学师傅的样儿，模仿，揣摩，体会，亦步亦趋，师傅耳提面命，稍加指点，然后由徒弟自己去摸索，实践。就凭着那套办法，各行各业都出了不少人才，有的达到了很高的境界，取得了很大的成就。只是，速度慢，效率低，出人才出成就的数量少。到了现代，情况大大改变了。

儿童从生活里接触了“数”这个东西，时常要用。“家里有三口人”，“喂了十只鸡，死了两只，剩下八只了”；“过节包饺子，每人二十个，三口人得六十个”；如此等等。在这样一些实践的基础上，一入学就有了一门课，开始教给孩子们有关“数”的系统的知识：加，减，

乘，除；整数，小数，分数，乘方，开方；比例，正比，反比；等等，都够抽象的啊！孩子们学着并不多么难，因为多多少少有过些实践的基础，并且一边学着一边继续实践，算距离，算面积，算体积，算重量，算速度，等等，随即和别的学科结合起来，知识越学越多，实践的方面越来越广，能力越来越高，循环往复，不断前进。别的学科莫不如此。且不说物理、化学、植物、动物那些学科。就连画画儿，在孩子们从生活中东看看西看看，涂涂抹抹的实践基础上，很快就教给他们静物写生，什么光线、亮度、阴影、远近、大小、透视等，这些基本知识，于是慢慢知道了怎样就有了立体感，画出个苹果来不再是平面的了，怎样就有了质感，不再都是光溜溜的了。唱歌，体操，也不例外。总之，方方面面都在遵循着一个路子：从知其然不知所以然的盲目实践取得一点感性知识，取得一些经验，在此基础上，通过适当途径，经过努力，达到理性知识，以之指导实践，提高实践的自觉性、准确性和质量水平，然后再认识，再实践，不断前进，不断提高。

唯独语文教育，走的不是这样一条道路。幼儿从两周岁左右口头语言就能听能说，并且相当完整了。经过四五年，没有一天不听许多话，说许多话，有了大量的实践，积累了丰富的经验，具备了充分的感性知识，比对数理化生哪样的实践都多，感性知识都多，可是进了小学，进了中学，始终不向孩子们提供系统的语言知识，始终走着模仿、体会、摸索的道路，直到中学毕业，怎么说，怎么读，怎么写，还是全凭经验办事，说不出个所以然。这是为什么呢？是语言这个客观事物没有规律可言，没有系统的知识可讲，还是它的规律太玄，不好认识，关于它的知识太难，无法学习？恐怕都不是，而是前边说的传统忽视知识教育的积弊在作怪。前边说过，连画画儿、唱歌儿那些艺术活动都有规律和知识可讲，讲了就有指导实践的作用嘛，为什么独独语言不行！实在需要从传统加于我们的忽视以至否定语言知识这个桎梏中解脱了！要加紧研究有关说话、读书、写文章的科学的知识系统，把教学这些知识和指导运用这些知识于听说读写的实践活动科学地组织起来。如果说，我们对这些知识研究得还不透彻，教学知识还不得法，那是对的；但是否定知识，认为提高语文能力根本不需要科学知识，甚至根本就没有科学知识可言，这种认识是错误的，对于提高下一代所需要的语文能力是不利的，应当彻底改变。

3. 要不要学文学

任何人都不能没有一点文学生活（连盲人也要听音乐，听评书，聋人也要看戏），这道理我们这里就不多讲了。从教育的角度说，文学教育的意义，大家多半是有所认识的。例如，好的文学作品能够陶冶人的性情，培养美好的情操，提高人们的精神境界，这都是大家常说的，也都相信的。其实还不止这些。如果说，人们的思维活动大体上可以区分为逻辑思维和形象思维的话，那么，文学，无论创作或欣赏，主要是诉之于形象思维的，需要联想力或想象力，需要一种源于生活实际而又超脱于生活现实的创造性的思维能力。（事实上，绝不是只有文学家才有，才需要这种能力，政治家、科学家同样有，同样需要，正像文学家也不能不进行逻辑思维一样。）从这个意义上说，文学教育对于儿童和青少年的智力发展所起的作用是十分巨大的。似乎不止一位思想家和教育家说过这样的话：“很难说，莎士比亚和牛顿谁需要的想象力更多一些。”的确，莎士比亚塑造那些人物形象固然需要丰富的想象力，难道牛顿没有足够的想象力就能够发现万有引力吗？切不可认为学数学只需要逻辑思维。“0”“∞”等，许多数学观念十分抽象，要有活跃的想象力才能理解的。人们已经在研究最高倍数的望远镜也看不到的宏观世界，最高倍数的显微镜也看不到的微观世界，没有足够的推理与想象高度结合的能力行吗？优秀的文学作品之所以能够让最伟大的政治家、军事家、科学家读得入迷（这类故事很多很多，这里不需举例了），绝不是这些“家”们向文学作品寻求消遣，而是文学作品里那些活跃的、创造性的思维活动因素跟这些“家”们的头脑是息息相通的。从教育的角度考虑，文学教育的意义和作用太重大了。

传统的语文教学严重忽视真正意义的文学教育，这种积弊同样一直影响到现在。目前的语文教材里有比例很不小的文学作品，但并不是用来进行文学教育，而是用来进行“读写训练”的，连古典文学作品也不例外。这样的语文教学、语文教材，实际上是一种互相掣肘、两败俱伤的做法。它既没有能力培养上文说的现在和未来的年轻一代所需要的那种说话、读书、写作的能力，因为它用的大部分材料是文学的，包括相当比例古典的；又不讲现代的科学语言知识，内容制约着方法，只能还是传统的那种低效率的摸索前进的路子；它也没有能力进行真正意义的文学教育，因为交给它的任务是培养“读写能力”，“不能把语文课教成文学课”！

应当向儿童、少年、青年进行文学教育。并不要求人人，也不要求很多人成为文学作家，但是应当要求所有受过教育的人都能理解文学，欣赏文学，具有文学的鉴别能力，接受优秀文学作品在道德情操方面以及敏锐深入地观察社会生活的能力和丰富活跃的想象能力方面的感染、熏陶和启迪，也就是说，具备必要的文学素养。

文学教育的任务和前边说的那种语文教育的任务，能够“相辅相成”“相得益彰”地、和谐地结合在一起吗？当“语文能力”和“文学素养”这两个概念都比较朦胧、模糊的时候，结合是可能的，甚至是很容易的；当时代的进展、教育的方向使它们越来越明晰、确切的时候，结合的困难恐怕就越来越大了。

4. 怎样处理我国语文教学中两个特有的问题——汉字问题和文言文问题

我在多处多次讲过（口头上讲，书面上写），汉字这种文字体系有它的优越性，在可以预见的未来是不能废除，也废除不了的，因此必须教，必须教好（现在还不够好）。既在多处有文字的东西发表，这里就不再重复论证了。但是仅从教育的角度讲（撇开信息处理和国际文化交流那些问题不谈），初学阶段难，是一个不可小视的大问题。所谓“初学阶段”，我指的是学会 1 000 字以内。在这个阶段内，认识不易，理解记忆不易，书写更是十分困难，所以教学进度很慢。1 000 是个约数，不是绝对数。把界限定在这里的一个重要理由是，用 1 000 个左右的字所能组成的书面语言还是极简单的，极贫乏的，和五六周岁或六七周岁的儿童的口头语言能力差距很大。这种简单贫乏的书面语言所能提供的内容，远远低于儿童的口语能力、思维能力和求知愿望，远远不能满足儿童的需要。这对儿童的早期教育是极为不利的。而另一方面，汉字在学习上的有利因素，至少要到学会 1 000 个字以上才能逐步发挥出来，真正学会、学好 2 000 多个字，有利因素才会充分地得到发挥。这 2 000 字以内，特别是 1 000 字以内的这个初学阶段怎么办，是若干世纪以来，直到今天，所有从事教育工作的人殚精竭虑寻求解决办法的一个“老大难”问题。

1984年11月，我和一位年轻同志齐林在北京的一所小学和上海的两所小学做过一次测试。测试有两三项内容，这里只说主要的一项。我们从小学四年级用的“地理常识”课本中选出一课《首都北京》，从四年级“自然常识”课本中选出一课《水》，用汉语拼音写出来，拿给小学一年级和二年级的孩子们读（他们学过汉语拼音，但是没学过按词连写，所以我们也是按字拼音的）。给他们一刻钟左右的时间准备，然后指定学生读，他们都能读出来，只是流利程度有差别。然后提出问题要他们回答，都能答出来，并且很有兴趣，很活跃，表明他们读懂了，理解了，而且喜欢读。（测试是完全在“突然袭击”的情况下进行的。我们只先打招呼说，要到学校去，没说去干什么。到了学校之后才说明来意，把测试材料拿出来，请学校领导指定一个班，把任课老师请来，说明测试办法，并且就请任课教师去做，像平日做个小练习一样。这三所小学，只有一所是进行类似黑龙江“注音识字，提前读写”实验的。另外两所，一所是重点小学，一所是非重点小学，都是按常规进行教学，没做任何特殊实验。）作为抽样调查，抽样太少，测试方法也过于简单，记录更不详细，所以不足据以得出什么有力的结论。不过，至少提出了一个问题：目前的小学教育是不是把二年级的孩子能理解、能接受而且有兴趣的东西推迟了两年左右才教呢？如果的确有所推迟，是什么原因？是应当推迟？还是对孩子的能力估计不准？还是由于文字障碍？上边说过，我们不能根据这么一次测试得出什么结论。不过，联系一向所了解的有关情况，我们越发相信，汉字初学阶段的问题必须解决，能够解决，大有解决的余地。

必须在学龄初期从汉字的束缚中解脱出来，让孩子们接受更好的早期教育，更快地成长，同时又必须把汉字学好。——处理、解决这个矛盾是语文教学改革义不容辞的责任，并且是一件非同小可的大事。

关于文言文，近来《中学语文教学》月刊上展开了辩论。这是十分可喜的现象。这么个大问题，不论证清楚就那么朦朦胧胧、率由旧章地搞下去，实在不是办法。

我个人的意见是：文言文是客观存在，并且是大量的，是还有用处的遗产，不能抛掉，下一代不能全不接触，全不读。但是，必须把教学文言文的目的，也就是我们指望文言文为我们的下一代解决什么问题，它能够解决什么问题，进一步搞清楚。这里同样要看到今天，想到未来。文言文的处理，要有更合理的办法。关于这个问题，留在下一部分再谈。

四　一个初步设想的粗线条的轮廓

以上一、二两部分对以往的语文教学，包括封建社会中后期以下的传统语文教学和废除科举、八股，兴办新学堂以下的现代语文教学，做了一个粗略的回顾，试图找出成效一直不大的积弊所在。三、四两部分打算试着在一、二的基础上向前看一看，探求一下改革之道。为此，前一期的三，先谈了谈为进行改革必须先明确的几个问题；这一期的四，也就是全文的最后一部分，“图穷匕首见”，“丑媳妇终于要见公婆”，不得不把一个极不成熟的、非常粗糙的设想“端出来”，交付“审阅鉴定”

了。肯定不会“及格”的，不过，只要多少引起点注意，在春意盎然的池水中吹起小小的几圈皱纹，招来一些指谬正误的批评，我也将引为荣幸。特别因为我近年又重新分管外语方面的工作，同时兼在两所学校兼教点研究课，交了这份卷子之后，相当时间之内不再参与语文教学方面的事了。这份东西就算我学习语文教学二年级（1979 年至今）的期末考卷吧。以后等什么时候如果又进了三年级再说。

1. 要统筹规划

从基础教育阶段开始——幼儿教育，到小学教育，初中教育，再到普通高中教育和职业高中教育阶段，语文教学的全程应当统筹规划，有计划地一步紧接着一步地往前走。小学不知道幼儿园干了些什么，初中不知道小学干了些什么，高中不知道初中干了些什么；反过来说，幼儿园不知道小学要干什么，要求幼儿园做好什么准备，小学不知道初中要干什么，要求小学做好什么准备，初中不知道高中要干什么，要求初中做好什么准备：这种“铁路警察，各管一段”的情况是不能许可的。同时，横向的关系也在统筹兼顾的范围之内。随便举例来说，初中二年级的学生开始学平面几何了，那是运用推理、论证等逻辑思维形式最集中的一门课。几何课的开始无疑对语文课的某些方面有重要的助益，同时几何课也需要语文课给予配合。开始学植物学的形态分类无疑与语文课里学习语法之类的知识有许多共同处，配合得好可以收到相辅相成、相得益彰的功效。至于语文课与外语课，语文课与历史课等，需要和可能沟通，更加明显，毋庸论述。“邻居高打墙”，关起门来各干各的，绝非好办法。各科知识互相渗透、互相作用，不仅仅是科学知识高级阶段的事，从基础阶段就是如此，就教育工作而论，就应当统筹全局，采取合理有益的措施。

各个不同教学阶段的语文教学工作的规划要打通，同一教学阶段的各科教学工作的规划要打通。各种方式的分工是必要的，而多方面的协作是更加需要的。教育、教学都是有机的整体，纵横割裂成互不相干的许多小块块，不好。统筹规划主要是教育、教学领导部门的事，课程、教材、教学研究、设计者的事。不过，作为任何一个教学阶段的任何一门课程的教师，也需要具备这样的了解，并且努力使自己具备上下左右都能打通考虑所必需的准备。

本文是谈语文教学的。不过，笔者认为，打破“铁路警察，各管一段”的风气，做到上下左右统筹规划，是教育教学改革应当包括的重要内容之一。所以先把以上这个意思说了说，下边再集中谈语文。

2. 关于幼儿语言训练

幼教阶段，语言训练可以说是中心环节。不仅是语言本身的训练，连思维训练、知识教育、思想教育，都在其中。可以有专设的语言训练课，也可以同时还把语言训练和唱游课结合起来，寓语言训练于游戏之中。语言训练要与幼儿的思维能力相适应，同时又要通过语言训练来发展他的思维能力。例如，对幼儿来说，时间概念比空间概念难理解，难建立。“门后边”“门外边”好懂；“昨天”“明天”难些；“在很远很远的地方”，孩子似乎能够理解，能够想象，虽然他想到的“很远”还不够远，他更不会有“无限远”这个概念，但是“很久很久以前”，幼儿就很难理解，很难想象。抽象事物的概念不一定都难，实体事物的概念不一定都易。简单的类推、归纳、演绎这些思维形式，不大的幼儿就会使用（虽然有时候发生错误），他们同样运用这些思维形式学习语言，语言训练又会掉转头来提高他们正确使用这些思维形式的能力。心理语言学的知识对于进行幼儿语言训练是非常有用的。语言是人类知识结构中最低的，也就是最基本的一个层次，中层和高层都是以它为基础建立起来的；在智力发展的过程中，语言同样是最基本的工具和媒介，语言发展和智力发展的关系，在越低的教学阶段，关系越密切，在幼教阶段几乎是不可分的。似乎不必忙于教幼儿识字。教幼儿识些字并不十分困难；多花点力量，教他们多识些也是办得到的。然而，当他们所识的字和他们的语言还联系不起来的时候，和他们的生活知识还联系不起来的时候，并且也只能识还不能写的时候，用处是不大的。而识字要用相当多的时间、精力，势必分散了对语言训练的注意，挤掉了相当大的一部分进行语言训练的时间，其结果是于思维能力、智力的发展不利。用分散对语言训练的注意、挤掉一部分语言训练的时间为代价来换取识一批字这用处不大的成果，恐怕是得不偿失的。在识字的当时以及其后的一两年、两三年内，很可能看到早识字的“可喜”的成果，可是，如果进行更长、更细致一点的“跟踪考察”，得不偿失的后果也许会更明显的反映出来。（这里一直说的是汉字，如果适时地学学汉语拼音，那不在这里所谈的范围之内。）

自 1979 年以来，我跑过不少地方，每到一处，但凡时间许可，总要访问一两所幼儿园，主要了解幼儿的语言活动和语言训练情况。在我家里以及左邻右舍，也常常留意幼儿的语言活动。就这样得到一鳞半爪的纯感性的印象，没有一点实践经验，更没有一点研究。凭这点感性接触，粗浅地认识到幼儿语言训练的极大的重要性，同时也感到，幼儿语言训练问题，从理论到实际措施的设计、方案，如果不能说是个空白，至少可以说是个相当薄弱的环节。在这个问题上，从工作上讲，教育领导部门的忽视要负主要责任；从学术上讲，语言学界也有责任。本来，幼儿语言训练问题涉及教育学、心理学、语言学几个方面，需要大家通力合作，协同研究。近些年来，教育学工作者、心理学工作者，还有人注意到这个问题，也进行了一些研究，虽然人不多，做得还不够，而语言学界则绝少有人过问这个“算不上学术研究”的“小儿科”。

本文既谈语文教学改革，就不得不大声疾呼：加强幼儿语言训练的研究和制订实际措施，这是语文教学改革的重要内容之一。

我提不出具体方案，因为我缺少研究。前边说过，在今后相当时间内，我将不再过问语文教学的事。作为语言学工作者，我将在时间精力许可的限度内，从语言学（主要是心理语言学）的角度做一点学习研究工作，希望能间接地为幼儿语言研究多少尽点力，不知能否如愿。

3. “分进合击”的小学语文教学实验方案及其他

关于小学语文教学的改革，我有过一个设想的实验方案，在多处讲过，也写过，有兴趣的同志请参看收在拙著《语文教学论集》（福建教育出版社 1981 年版，今年秋季将出修订版）里的《需要加紧开展语文教学研究工作》（原载《语文学习丛刊》第二集，上海教育出版社 1977 年版①）和《普通话与语文教学》（原载 1980 年《第五次全国推广普通话教学成绩观摩会文件汇编》）。这里不再重复详讲，只扼要说说轮廓，补充说一点那些文章里没说到的问题。

设想的实验方案的基本意图是两条：第一，要让学龄儿童受到与他

① 标题上“分进合击”四个字，是吕叔湘先生在本文的《后记》中为我设想的方案取的名称。他表示，这个方案可以试一试，说它是一种“分进合击”的办法。

们的实际语言能力相当的，与他们的思维能力、智力水平以及求知愿望相适应的语文教育；不能落后于以上各项能力、水平和愿望太远。否则，不仅会降低儿童的学习兴趣，而且会严重压抑、妨害了儿童智力的成长和发展。第二，要从初学汉字的困难中解脱出来，不让它成为语文教育以及其他各科教育及时前进的障碍，同时又要把汉字学好，学够数，学扎实，写好。

办法是，小学语文课（课仍是一门）分三条线先后开始，分头前进，最后合拢。第一条线：从入学开始就利用汉语拼音提供与上述各项能力、水平、愿望相当的阅读材料（不再是从二几个字到十几个字、几十个字那种内容十分贫乏，远远落后于儿童实际的课文），用这样的材料进行有计划的语言训练，阅读训练，写作训练。这条线从一年级上学期开始，直到四年级结束，贯彻始终。第二条线：从第二学期开始，进行识字教学，完全按照汉字的识字规律独立进行，不与第一条线结合。过早的结合，结果是互相制约，互相牵制，一起放慢速度，降低质量——为了迁就字不够用，只能提供短、浅、内容贫乏的课文；为了迁就课文内容的需要，学字不能按识字的规律进行。不去勉强“结合”，两条线却会自然地逐渐靠近，合拢，终至会合——识了若干字，其中有一些必然会与第一条线的材料中某些词重合，稍加指点就代进去了，识字日渐增多，重合的也愈多，于是自然而然地日渐靠拢、会合，谁也没有牵制谁，两不相伤。稍晚于第二条线开辟第三条线：写字教学。它不去理会第二条线，完全按照写字的规律进行，先练基本笔画点、横、撇、捺等，然后是简单的单体字，较复杂的单体字，简单的合体字，繁杂的合体字。同理，三、二两条线如果过早“结合”，也要互相制约，互相牵制，不去勉强“结合”，反而会自然地逐渐靠近，合拢，终至会合，谁也不干涉谁，两不相伤。（古人教识“赵、钱、孙、李”，教写“上大人，孔乙己”的办法，大体上就是这种道理。）这样到了四年级，三条线总会师（三条线“分进”，实际上是包围“合击”），那时，阅读水平、写作水平、总的语言水平达到了多么高的高度，是不难想象的（大致可达相当于目前正常的初中一年级的程度）。而字，识得够用了，并且写好了，肯定比现在大多数小学毕业生写得好，因为是按照写字的规律，扎扎实实，一步一步地练出来的。

需要设计一种比传统的毛笔制作、使用都简便，又比铅笔更适合书写汉字的特点的书写工具（现在使用炭精墨水的那种笔已经接近于这种需要，稍加改进即可）。根据书写汉字的特点和新的书写工具的特点，设计出一整套写字训练的程序。（古人先教中楷，后教大楷、小楷，从描红入手，然后影写，用“米字格”纸仿写等，是使用毛笔的很合理的程序，可在那个基础上加以改进，革新。）

必须说明：如果小学语文教学在很少数学校试行这个实验方案，那么，语文以外各学科，如算术，音乐，美术，自然常识等，要同步前进。这样，儿童唱歌就不必再硬记歌词，而是用汉语拼音读熟歌词，算术的应用题、自然常识等都可以用汉语拼音提前到与儿童智力发展相适应的学期或年级，不必再为语文课所牵制，慢步前进了。前边第三部分介绍过我与齐林同志在北京、上海两处进行的测试，初步证实，上述同步前进是可行的。这样同步进行的结果，小学用四年可以基本完成基础教育前段的任务。

小学仍用五年，最后一年全面整理，巩固，提高，小学毕业的质量水平将比现在高得多。

还需要说明：小学一年级阅读材料的起点应当与幼教语言训练的成果相衔接。由于以往幼教极不普及，对幼教语言训练缺少研究，现在对小学一年级（六周岁至七周岁）儿童的实际语言能力还只能是根据经验估计的，提不出经过科学实验分析所得的一个比较精确的、有幅度的、足为依据的标准。这正是我们急待进行的一个科研课题。

4. 从初中起，增设“文学”课

首先要指出，是“增设”，不是如50年代试行过的“文学”“汉语”分科，“语文”课还是语文课。

文学教育的重要性，前文第三部分论述过，不再重复。文学教育从小学就要通过语文课并且与音乐课、美术课配合进行，但还不需要单设文学课。语言文字教育直到小学毕业是基本的。

初中一年级开始增设的文学课，任务是指导学生阅读丰富的、优秀的文学作品，获得必要的文学知识，培养和提高文学素养，同时寓思想教育于其中，培养远大的理想抱负，高尚的趣味情操，并寓智力开发的目标于其中，培养活跃的逻辑思维能力和联想、想象等思维能力以至创造思维的能力。

文学阅读的量要相对的大一些，课内课外相结合。比如，一部《西游记》，课内介绍介绍这部小说，讲它一两回，其余让学生课外自由阅读，到适当时候可以组织集体述评、讨论、评议的文学欣赏活动。

阅读的范围要广，古今中外的主要的优秀作品都要适当涉猎。

这里要说到文言文。历来选入语文教材的文言文，绝大多数是文学作品或者是取其具有文学性而入选的其他作品。《桃花源记》《醉翁亭记》《滕王阁序》《岳阳楼记》等是不折不扣的文艺散文。我国古代从来是“文史不分”的，《史记》《汉书》《三国志》等的“列传”以及一些战争记述等都寓于形象性，长于塑造人物形象。介绍哪些历史人物、历史事件，是历史课的特定任务，不是语文课的特定任务，语文教材用《鸿门宴》《赤壁之战》等作为课文是取其文学性而入选的，从历史教学的角度考虑，鸿门宴这个插曲也许并不是很必要的历史知识。《答司马谏议书》是所谓“应用文”的一种——书信，然而选入语文教材并不是用它教给学生怎样写信，当然也不是用它来介绍“变法”之争，表示我们赞成王安石而反对司马光。选用王安石批驳司马光的信，只是由于王安石的信写得富有很强的感染力，“拗相公”的形象跃然纸上。《活板》不是科学论文或科普文章，它本来就是从《梦溪笔谈》这部“笔记小说”里选出来的。所有上述几类课文，用来解决前文第三部分所说的今天和今后青年们普遍需要的语文能力，它们的用处是不大的，甚至是无能为力的，然而作为文学作品，却都是我们文化遗产中的瑰宝，青年们应当读，应当读得比语文教材中现在已经大大增加了的分量还要多些。至于诗、词、戏曲、早期白话小说，其为文学作品更不待言，也需要读得多一些。就凭现在所谓占语文课文 40％的文言文（包括诗以下这些），就要培养阅读浅近文言文的能力，接受我国辉煌的文化遗产，说句不大好听的话，多少有点“花小钱，说大话”的味道。这些应当统统编入增设的“文学”课教材中，并适当增加。

文学课的任务如上述，不要再加给它什么“培养读写能力”之类的任务。文学课的任务是进行文学教育，不是进行听说读写训练的。把这两种任务并列，只能使这门课两不像，两不沾，两败俱伤。写到什么

“大纲”“规定”之类里很容易，看着好像也挺顺眼，但是实际上只是说说而已，做不到。这类只供“阅读欣赏”的“文章”最好少作。

至于说，读了不少好的文学作品，于提高读写能力有助益，那是不在话下的。多读些好的文学作品，可以开阔思路，活跃思想，蓄积丰富的语言材料，接触多样的、高明的运用语言的方式和技巧，当然于读写有益。但是，不要当作一个特定任务交给它。一交，这助益反而会降低。事物往往有诸如此类的辩证关系。其实，读数、理、化教材，读史、地教材，连学习外语，何尝于提高读写能力没有助益？不把提高读写能力作为任务交给这些课程，大家是从来没有异议的。各科之间要有横向的统筹规划，前边着重谈过。笔者不仅不否认，而且主张重视各学科之间的互相渗透，互相作用的关系。然而这与规定各学科的特定任务是两回事，不可混为一谈。各自的任务要明确，不可模模糊糊；相互之间的关系要心中有数，不可绝对地“自扫门前雪”。

5. 按照知识与实践的合理关系组织语文课

语文课的任务是培养前文第三部分提出的下一代所需要的语文能力，简言之，即“处理生活和工作中的实际问题的敏捷准确的高效率的口头和书面语言能力”。在那一部分里又提出了在语文学科内恰当地处理知识和实际的关系的一些粗浅的看法。

根据以上两点，提出这样一个设想：经过了幼教和小学的语言训练和语文教学，十二岁左右的孩子们对语言已经具备了丰富的感性知识和足够的实践活动经验，进入初中之后，应当并且完全可以像其他各门学科一样，以系统的理性知识为先导，并以知识系统为序，组织全部语文课。这样就可以打破若干世纪以来语文教学不科学、无定序、目标不明的杂乱无章的状态，使之有个章法，这章法是面向实际应用的，以科学知识为系统的，循序渐进最终切实完成本门学科所负担的任务的。

需要明确三点。

第一，不能把语文课搞成一门纯粹的知识课，而是以知识为先导以实践为主体并以实践能力的养成为依归的课。

第二，这里说的知识系统是指实际应用语言的知识系统，而不是纯粹的语言理论的知识系统。这一点需要稍稍加以申说。语言理论的知识系统是从小到大的：语素—词—词组—句子—句组—篇章；而实际应用语言却恰恰相反，是从大到小再回到整体的。例如，读一篇文章，是先通读全篇，得其大要，再逐段分解细读，然后揣摩推敲一些特别重要的、突出的、用法和提法新颖的词句，最后再通篇领略一番；绝对不会拿起一篇文章就一个语素一个语素地、一个词一个词地抠起来，接着再抠句子，一句一句地做语法分析，然后才念一段，马上又把这一段分析一番，如此等等，没有人这样读文章；构思一篇讲话或者为一篇文章打腹稿，也是从大到小然后再回过头来考虑考虑全篇。语文教学的知识系统既是实际应用语言的知识系统，就应当是从大到小再回到整体的这种系统。

第三，这里说的实践是把听、说、读、写融会在一起的，丰富多样的，面向实际应用，密切结合生活、学习、工作实际的，因而是生动的，饶有兴趣的，而不是指呆读死记以及无对象、无目的，搜索枯肠，硬“作”文章等那类“实践”。

以上述各点为基础，得出如下的设想。

把基础教育的初中阶段和普通高中阶段联系起来考虑，可能是六年或者七年（依学制而定）。把这六年或七年划分为四个大的段落，每个段落一年半左右，用Ⅰ、Ⅱ、Ⅲ、Ⅳ表示。每个大段落划分为三个小段落，每个小段落大致是一个学期左右，分别用（一）（二）（三），〔一〕〔二〕〔三〕，（1）（2）（3），〔1〕〔2〕〔3〕表示。全部课程的组织安排如下：

Ⅰ—（一）讲授篇章知识，包括主题，思路，条理，层次，前后照应，首尾一贯等这些有关篇章的比较系统的知识；主要从积极方面讲应当如何，也从消极方面讲要避免什么；讲授知识要举实例，结合实际；实例既有口头的，也有书面的，书面的之中也要包括演讲词、辩护词等；实例可举典范的、知名的，也可举一般的以至学生自己的；教师讲授为主，穿插学生的讨论、评议。

Ⅰ—（二）（三）篇章实习，包括听、说、读、写四种活动。例如，教师朗读一篇文章，或者做一篇有准备的讲话，或者请别科教师或校外的人来做一次半小时左右的演讲，要求学生记下要点，然后要学生复述所记的要点，提交给全班讨论、评议。在班内举行课外读书（以文章为主，不以整本书为主）的口头汇报。就班上发生的、校内外发生的或报纸上报道的重要事件，要学生做有准备的演讲或无准备的即席讲话，举行辩论会。教师就班上或校内某事件命题，要求学生拟出叙述性或评论性的作文提纲。写结合实际的，有对象有目的的作文。——方式可以很多，例如教师节写信给本班某老师；写信给班主任建议本班举行什么活动；就社会上的某种风气或个别事件写文章给报社发表意见；等等。

对所有这些实习活动，着眼点主要都在篇章，在整体，至于遣词造句等，不属于重点要求。

Ⅱ—〔一〕讲授段的知识，包括：段在篇章中的地位，段的形成和要求，如统一性、完整性、逻辑性等。顺序可考虑以说明性段落领先，因为这种段是最基本、最集中、最典型的，一般地说，一个说明性段落就是一篇文章的具体而微，它要有个中心意思，要用发挥这个中心意思的各种手段，如描摹，举例，比较，比况，列举数据，引用有权威性的论断或评议，等等，要有结论。其次是记叙、描写性的段落，又其次是论证性段落。

讲授段的知识时要把Ⅰ的篇章知识拉过来，从篇章中提出段落来讲，避免总是孤立地讲段。

Ⅱ—〔二〕〔三〕段的实习

〔一〕的知识讲授应注意之点以及〔二〕〔三〕的实习方式等，可参照Ⅰ的讲授和实习要领来设计，不具列。

Ⅲ—〔一〕词组和句子的知识

—〔二〕〔三〕词组和句子实习

要把Ⅱ的知识拉过来，甚至把Ⅰ也拉过来一些，要在段中讲词组和句子，孤立讲授、实习会流于枯燥，并且脱离实际应用。

其余参照Ⅰ、Ⅱ的要领处理，不具列。

Ⅳ—〔一〕词和语义，语体和风格的知识—〔二〕〔三〕实习

〔一〕可考虑延长一些，〔二〕〔三〕适当压缩一些。到了词和语义，已经细致入微了，知识的难度和实习的要求都比前三部分提高了。这时就可飞跃一步，提到语体、风格上来，再回到整体了。到了这一步，听、说、读、写的实际能力已经具备了进入高等教育所应具备的完整的基础，同时也具备了关于语言的系统知识。所有的知识都落实到实践

中，而实践是在知识的先导下有条不紊地进行的。

从幼教到高中毕业，语文教学如果能这样一步一步进行下来，其成效可能会有比较显著的变化。

职业高中是十分重要的一翼，语文教学有其特点，但是职业教育还在新的成长之中，经验很少而情况相当复杂，本文没有来得及考虑这个侧面。是个不得已的缺陷，留待他日另行探讨。

说工具*

语文是个工具，进行思维和交流思想的工具，因而是学习文化知识和科学技术的工具，是进行各项工作的工具。

对于语文的这种性质，大家多半同意，看法上没有什么出入。但是，语文教学应当怎么办才算是符合语文的这种性质？语文课本的文章应当怎样教才能使学生正确地、充分地掌握语文这个工具？在这些方面还不是完全没有问题。近来我时常被问到这件事，也听到一些有关这个问题的讨论，看到一些情况，因而有些零零星星的不成熟的感想。这里就把这些感想说一说，向关心语文教学的同志们请教。

先讲一件与此有关的事情。

请看哪一个讲法好些？

事有凑巧，在不同的时间和不同的地方，我听见过三位教师讲“破

* 本文刊载于1963年10月10日《光明日报》。收入《张志公文集》第3卷（广东教育出版社1991年版）。

釜沉舟”这个成语。

有一位教师大致是这样讲的：“‘破釜沉舟’表示坚决的意思。做事一定要坚决。无论做什么，只要是正当的、应该做的事，就必须抱定只许前进、不许后退，只许胜利、不许失败的决心，只有这样才能得到成功。如果前怕狼后怕虎，工作还没开始就准备下失败的退路，那样一定不会成功，碰到一点儿困难就向后转了。当然，前进的目的必须正确。在这一点上，古人不能跟我们相提并论。由于时代的局限，古人，尤其是封建统治阶级的人，做事的目的在今天看来很多是成问题的，下定决心做好事是应当的，如果坚决做坏事，那就不应当了。”

有一位教师是另一种讲法，他说：“‘釜’就是锅，‘舟’就是船。‘破’和‘沉’都是动词。‘破釜’是‘使釜破’的意思，也就是把锅砸碎；‘沉舟’是‘使舟沉’的意思，也就是把船凿沉。这样用法的动词叫作‘使动词’。同是做饭的家具，古代叫‘釜’，现代叫‘锅’；同是水上运输工具，古代叫‘舟’，现代叫‘船’；这是古今词汇的演变。像古代叫‘冠’，现代叫‘帽子’，古代叫‘履’，现代叫‘鞋’，都是这种情形。曹植《七步诗》里有‘豆在釜中泣’的句子，柳宗元《江雪》里有‘孤舟蓑笠翁’的句子，这里的‘釜’和‘舟’跟‘破釜沉舟’里的‘釜’和‘舟’意思相同。”

另一位教师讲得比较简单，话说得比较少。他这样讲：“项羽渡河进攻秦朝的军队，渡河之后，把造饭的锅砸碎，把船凿沉，断了自己的退路，以示有进无退的决心，终于把秦军打败了。后来大家就用‘破釜沉舟’这个成语表示下定最大的决心，不顾任何牺牲的意思。”

请想一下，这三个讲法哪个好些？在我看来，三位老师的修养都很好，讲得都对，第一位讲的那番道理，第二位老师讲的那些知识，于学生都是有用的。不过，要是处处都像第一位那样，只说些大道理，不讲字句的本身的意思，恐怕不太好；要是像第二位那样，只讲字句的知识，不管这些字句合在一起表达一种怎样的思想感情，用在什么场合，效果怕也有问题；要是把两种讲法加在一起，每句话都这样讲起来，费时过多且不说它，恐怕对于学生的理解掌握也不见得有好处。因此，我觉得，一般来说，第三位讲法可能好一些，话说得比较少，可是把知识、道理结合在一起了。我找了一些学生测验了一下，证明这个想法大体上符合实际。这三位老师对这个成语的不同讲法，给了我很大的启发。

语文是一个什么工具，怎样掌握它?

语文这个工具和生产上用的一些工具，比如除草用的锄头，平整木料用的刨子等，有同有异。同在都是工具。各种工具总有某些共同的特点，否则它们就不会叫作工具。异在它们的作用。语文有语文的用处，生产工具有生产工具的用处。必须看到那个同，也必须看到那个异，才能比较全面地理解语文的性质，才能比较准确地找到掌握它的办法。

先说同。从大处来说，工具的本身没有阶级性，掌握在谁的手里就为谁服务。在这一点上，语文和其他工具是一样的。封建统治阶级运用语文工具宣扬封建主义的思想意识，资产阶级运用语文工具宣扬资本主义思想意识，无产阶级则运用语文工具宣传无产阶级的思想意识，跟一切的反动的思想意识做斗争。无产阶级必须充分地、高度准确地掌握语文这个工具，让它很好地为社会主义和共产主义事业服务。

凡属工具，最重要的是准确地操纵它，熟练地运用它，只有这样，它才好好地为我们服务。在这一点上，语文跟别的工具也是一样的。如果我们拿着个锄头，不会用，只会说些“锄头可以帮助我们除草，帮助我们生产粮食，而生产粮食是社会主义建设中的重要工作”之类的大道理，或者只会说些“锄头的柄是木头做的，也可以用竹子做，头是用铁做的，头和柄应该成多少度角”之类的知识，就是不会拿上一把锄头去锄地，那是不行的。道理是重要的，知识也是有用的，因而有些人专门研究那些道理和知识；可是无论如何，不会用总不行。不会用，它就不为我们服务，说了半天也生产不出粮食来。语文也一样，要紧的是能听，能说，能读，能写。要是看见个字不认识，有个什么意思写不出来，大道理讲得再多，知识记得再熟，即使道理和知识都不错，也还是没有掌握语文这个工具，它还是不肯好好地为我们服务。

那么，怎样才能达到准确地操纵和熟练地运用，也就是达到充分地掌握呢？凡属工具，要掌握它就要到使用它的现场里去学。在这一点上，语文和其他的工具也没有两样。要会用锄头，就得拿把锄头到地里去学；要会用刨子，就得拿个刨子到木作案子上去学。要是坐在屋里拿把锄头或者刨子讲一通使用的方法，就是不到现场去比试比试，即使讲得都对，还是掌握不了。掌握语文这个工具也一样，也得到使用语文工具的现场去学习。使用语文工具的现场在哪里呢？这就涉及语文工具和其他工具异的方面了。

再说异。生产上用的各种工具，都是生产物质资料的。语文这个工具不生产物质资料，它不是生产工具，而是人们用来思维和交流思想的工具，学习科学文化知识和进行工作的工具。这就是说，语文这个工具和各种生产工具的作用不同。

锄头是除草的，而锄头和草是两码事，锄头和草并不长在一起。语文是交流思想的，语文和思想虽然也是两码事，可是由于语文是交流思想的工具，而思想是抽象的，它要依靠语文这个物质外壳而存在，所以语文和思想老是长在一起，分不开。这是语文工具跟其他工具不相同的一点。“地球是圆的。”你不可能只学“地球”“是”“圆”“的”这些词，“主语＋谓语”这个句子的结构，而不同时学了地球是圆的这条知识。“劳动创造世界。”你也不可能只学“劳动”“创造”“世界”这三个词，“主语＋谓语＋宾语”这个句子结构，而不同时学了劳动创造世界这个观点。换言之，不学会那些词、那些句子，就懂不了那些意思；如果还没懂那些意思，实际上也就还没有真正学会那些词、那些句子。这就意味着，学习语文这个工具的时候，学习怎样用语文来交流思想的技能，跟学习语文所表达的思想本身，是不可分割地结合在一起的。

语言现象涉及三种事物：人，语言，思想。人要掌握语言这个工具，同掌握其他工具一样，得练；语言是交流思想的工具，但由于思想和语言有着不解的姻缘，同草和锄头的关系不大一样，所以在进行语文教育时就离不开语言材料所包含的思想内容。语文这个工具跟其他工具有相同的一面，这就决定了语文教学必须教学生切切实实地在训练中学会操纵和使用语文工具，也就是着眼于掌握字、词、句和篇章的运用能力，不容许离开这种训练去空讲大道理，空讲理论知识；它跟其他工具又有相异的一面，这又决定了语文教学必须把训练学生运用字、词、句、篇章的能力和训练学生理解语言所表达的思想的能力结合起来，不容许把二者割裂开来，对立起来。这样看来，语文教学强调基本功，强调多读多练，强调“文道统一”，这正是由语文这个工具的性质决定的。

第一种讲法，着重于讲语言所表达的思想，而且发挥得有点过分，不注意语言这个物质外壳本身；第二种讲法，只注意了语言这个物质外壳，忘掉了它所负载的思想内容。这两种讲法从不同的方面都忽略了语文这个工具的性质。第三种之所以比较可取，正是由于那种讲法大体上是符合语文这个工具性质的。当然，专从对一个成语的解释来说明这个问题不可能十分确切，不过大致还可以作为参考就是了。

文道统一

教学生掌握语文工具，也就是掌握足够的字和词，掌握句子的构造和用法，掌握谋篇布局的道理和技能，这是语文教学的目的。那么，在语文课里，教学生读一篇一篇的文章的时候，目的是不是就仅仅在于要学生学会文章里的某些字和词、某些句子和谋篇布局的某些方法呢？

我想，教一篇文章的目的和整个语文教学的目的是统一的，又是有区别的，不能混为一谈。

语文课本的课文有的是讲自然现象的，有的是讲地理、历史知识的，有的是诗歌、散文、小说等文学作品，有的是论述政治思想的议论文章。所有这一切，都是作为学习语文的材料，要学生从这些材料中学到读书、作文的能力的。语文教学的目的主要不在于教给学生有关自然的或者有关社会的知识，因为那是物理、化学、生物、地理、历史那些学科的工作；语文教学的主要目的并不在于教给学生太多的文学理论知识或者文学创作技能，因为中学毕业生需要的是一般的读书、作文能力，就是阅读各种各类的书籍、写各种各类的文章的能力，而不是只要阅读文学书籍、必须创作文学作品的能力；语文教学的主要目的也不在于教给学生很多政治思想的知识或理论修养，因为那是政治课的工作。如果把介绍各种科学知识，训练文学修养，解决政治思想问题等，统统作为语文教学的主要目的，这个语文教学该怎样进行法？它哪里有这么大的能力？教学生掌握语文工具的目的又将如何实现？可是，又必须看到，凡是文章，总是记载知识、表达思想的。学生读什么样的文章就会从中汲取什么样的知识，受到什么样的思想感情的感染。因此，语文教学总是在向学生进行语文训练的同时产生一定的思想教育的作用。所以，语文教学就不能不注意这件事，就不能不运用这个向学生进行思想教育的非常方便而有效的阵地。古今中外，没有哪个时代、哪个阶级的语文教学不是带有非常鲜明的时代特点的阶级性的，《三字经》《千字文》在封建社会里只是启蒙的识字教材，封建主义的色彩就已经那么鲜明，至于再高一级的语文教学，就更不用说了。就连只是单字的堆积，并无任何思想内容的《百家姓》，宋朝人编的要用“赵”字打头，明朝的统治阶级就不容许这一点，把它改成用“朱”打头的《千家姓》，而清朝的统治者既不许“赵”字打头，也不许“朱”字打头，要另外编一种新的“御制”《百家姓》。资产阶级的语文教学搞些什么名堂，更是大家所熟知的，这里就不去说它了。今天，我们的任务是要把学生培养成无产阶级革命事业的接班人，难道可以不重视、不占领语文教学这个思想阵地吗？当然是绝不可以的。然而，怎样重视、怎样占领呢？首要的问题在于让学生读些什么，也就是在于课本的选材。所以中学语文教学大纲里规定，语文课本要选“具有积极的思想内容”的文章，要选“有助于培养坚强的革命后代”的文章。同样重要的是教学必须要求学生把这些文章透彻地读懂，一字一句地、整段整篇地都理解得确切，这样才能在学习语文的知识和技能的同时也领悟、进而汲取了文章里那些积极有益的思想。语文教学里的“文道统一”就表现在教材和教学这两个方面。因此，就整个的语文教学来说，还是不能不把教学生掌握语文工具这个目的明确地、突出地提出来。学生学不好字、词、句、篇，他就掌握不了语文工具，这样，他怎么能读懂有积极的思想内容的文章？读不懂那些文章，怎么能从文章里受到教育？

语文教学的目的既然如此，是不是教每篇文章的时候，只要把文章的一些生字、生词、成语、谋篇布局的方法抽出来讲一讲，让学生明白了、记住了就算教好这篇文章了呢？是不是这样教一篇一篇的文章，把初高中十二册课本的文章都教完，就可以达到语文教学的目的了呢？我想，不是的。如果这样，那就可以不用语文课本，教学生读一本字典、一本成语词典、一本文章作法、或者再加上一本语法修辞书就行了。古往今来，没有这样的语文教学；我想，今后也不会有。

语言既是工具，要琢磨它在表达思想时的工具作用发挥得怎么样，就先得弄清它要表达的思想。就是说，教学生读一篇文章，必须把它作为一整篇文章让学生读懂。如果这篇文章是介绍某种知识的，要使学生充分理解这种知识；如果是讲某种道理的，要使学生透彻地懂得这种道理；如果是写人物的，要使学生真正认识这个人物。只有这样，学生才能确确实实地理解和掌握那些记述知识、阐释道理、描绘人物的字、词、句和谋篇布局的方法，他所学到的有关字、词、句、篇的知识才是活的、有用的知识，才具有把知识化为技能的条件。这就是前边说的必须在使用工具的现场里学习才能真正掌握工具的道理。不讲字、词、句、篇，不带着学生好好地读课文，把课文里的思想抽出来，用老师自己的话去讲，不行；不把课文作为一个整体，不启发学生好好地领略课文的思想内容，把课文里的字、词、句和谋篇布局的方法抽出来，用老师自己的话去讲，也不行。

教一篇文章，必须让学生透彻理解全篇思想内容，并且从中得到思想上的教益，知识上的启迪，感情上的陶冶，不这样是不对的，可是办法必须是带领着学生好好地读这篇文章，一字、一词、一句、一段地都读懂，把文章的安排组织都搞清楚，让文章的本身去教育学生；教一篇文章，必须让学生从中学到有用的字、词、句和谋篇布局的方法，从而丰富他的语言知识，提高他的语言技能，不这样是不对的，可是办法必须是指导学生充分理解文章的内容——明了文章所讲的知识或道理，体会文章表达的思想感情，在这过程中学到一些字、词、句、篇的运用。这样，十二册课本教完，大概能达到语文教学教学生掌握语文工具的目的，同时也收到了思想教育的效果。不这样，学生也是不答应的。如果每教一篇文章，总是只讲大道理，只说些抽象笼统的话，学生感觉不到他的读书作文能力有什么长进，听来听去他会腻烦，他会用“思想开小差”来表示异议；反之，如果老是孤立地讲字义，讲词义，讲成语，讲句子结构，学生感觉不到从文章里得到某些启发教育的享受，听来听去他也要厌倦，也会用“思想开小差”来表示拒绝。总之，注意了思想内容而忽视或者降低了语文工具本身的重要性，其结果非但完成不了教学生掌握语文工具的目的，更将“事与愿违”，连自己所重视的思想教育也会受到妨害；反之，把语言文字同文章的思想内容割裂开来，孤立地去搞字、词、句、篇，非但放弃了进行思想教育的很大的可能性，反而连自己所重视的掌握语文工具的目的也达不到。一句话：文道统一！

1963 年 10 月

语文教学需要大大提高效率*

——泛论语文教学科学化和进行语文教学科学研究的问题

多年来，语文教学的效率是不能令人满意的。从小学到中学的十二年或十年之间，语文课所用的教学时间占全部教学时间的三分之一左右，居各门课程的首位。然而，相当大的一部分中学毕业生，语文没有学通。

这种现象，不应当再继续下去了。语文是学政治、学科学、做一切工作的基础工具，普通教育阶段必须让学生充分掌握，能够正确、熟练地运用。儿童、少年、青年，时间和精力是极端宝贵的，不能容许这样浪费——为一门功课耗去了总学习时间的近三分之一而收效不大。在争时间、抢速度赶超世界先进水平的今天，年轻人要学的东西很多，要做的事情很多，不应当把那么多的力量花费在搞基础工具上。汉语、汉文并不难学。从进小学起到中学毕业，把语文学好，是必要的，也是完全

---

* 本文与田小琳、黄成稳两位同志联名发表，刊载于《中国语文》1978年第2期。收入《张志公文集》第3卷（广东教育出版社1991年版）。

可能的。关键在于：语文教学必须大大提高效率。

要提高效率，就得研究一下，以往效率为什么不高，症结在哪里。

原因是多方面的，不同历史阶段，又有不同的特殊原因，比如前几年“四人帮”横行时期对语文教学的严重干扰和破坏。但是，有一个问题是多年来一直存在的，那就是：语文教学缺乏科学性。

这是有历史渊源的。清末“废科举，兴新学”，到20年代初，逐步形成了一套“国文”教学的做法。语文是民族性很强的一种东西。就汉语文而论，有方块汉字问题、汉语的特点和悠久的语言传统问题、文言文问题等，这些，都是我国有而别国没有的独特性的问题。因此，当时的“国文”教学无法像其他课程那样，从别国照搬人家的做法，而是改头换面地承袭了传统的一些观念和做法。不过，19世纪末到20世纪初那段时期的教育改革，是以抄袭日本、欧美为事的，“国文”教学也多多少少从外国搬来了一点东西，虽然远不如别的课程搬得那么多。从传统做法中承袭下来的并不都是其中合理的部分，还有不少糟粕；从外国搬来的东西，很多是生吞活剥、未经消化的。“国文”教学的做法，基本上是这样两部分东西的杂糅，其特点就是不科学。其后，几十年来，从“国文”到“语文”，随着社会的发展，不断有所改变。特别是新中国成立以来，语文教学内容有很大的变化，教学方法也有所改革，只是改革的步子不够大。

从旧传统承袭下来一个很不科学的做法是：语文教学限于书面，忽视口头语言的训练。

在长久的封建社会里，读书人读的是文言，写的是文言，而文言早已和口语分了家，于是在教学中自然而然的只重“目治”，不管口耳之事。唐、宋以后的念过书的大和尚们，宋、元以后的理学家们，有些人用口语记载他们的师傅谈禅或讲学时说的话，即所谓“语录”，多半是些半文不白、似通不通的东西；宋、元以下，有些人用白话写小说，专就语言规范而论，写得好的也屈指可数，《三国演义》《西游记》是文白夹杂的。这些都是属于优秀作品之列，等而下之的就不用说了。像《红楼梦》语言那么好的实在是“凤毛麟角”。吴敬梓的《儒林外史》写得很不错，可是同《文木山房诗文集》比较一下，不难发现，他运用文言的能力似乎比白话强一些。可见，封建文人用白话作文的能力不怎么高明。然而，这并不妨碍他们读文言，写文言，因为文言和白话是两码事。只要能写文言，就能考秀才、举人、进士，就可以做官；白话只能用来写小说什么的，写得好坏，无关紧要。重“目治”，无视口耳训练，这个传统有一千多年的历史，源远流长，根深蒂固，“国文”教学承袭了它，“语文”教学仍旧没有打破它。

文言文时代，不重视口头语言的训练，是错误的。人们是用语言进行思维的，就连封建文人，他们平日想事情，必然也是用他们时代的活语言，不会使用和现实生活脱节的文言。语言是思维的物质承担者。我们进行语言训练的同时，也就是在训练思维；反过来看，不重视语言训练，实际上也就影响了思维训练。这中间的关系，封建教育者们不理解。他们只看到要读文言，写文言，于是就在书面上下功夫，完全不理会口头语言的训练，其结果，“十年寒窗”，背熟了大量文章，终于还是写不通文章的，大有人在。

到了白话文时代，仍旧不重视口语训练，就更说不过去了。如果说，语言训练和思维的关系不十分容易察觉，那么，说的能力和写的能力密切相关，却是显而易见的。一个人口头上词句妥帖，干净利落，写下来就不会残缺错乱，拖沓累赘；口头上有条有理，细致严密，写下来就不会颠三倒四，矛盾百出。基本上照着口头上说的去写，写出来当然还需要加工润饰，然而并不费力。相反，说话支离破碎，语无伦次，到了提起笔来才去选词造句，调理思路，作文成了苦事，写出来再去修改也十分艰巨。这个道理是很清楚的，实例是很多的。

也许有人会说，有的人平常被认为是很能说的，可是写出文章来不怎么高明；也有的人文章写得挺好，可是日常生活中，讷讷于应对，说起话来好像很吃力，这该怎么解释呢？这种例子的确不少，然而都不足以证明口头表达和书面表达是互不相干的两件事。倘若把这些人口头上说的和笔下写的拿来对照分析一下，我们将会发现，每个人说的和写的反映了同一个水平的基本语言能力和逻辑思维能力；换句话说，每个人（已经掌握了常用汉字的人）口头上表现的基本语言能力和书面上表现的基本语言能力，是相应的。至于口齿是否“伶俐”，说话是否“风趣”“动听”，那些差别反映的不是基本的语言能力，而是别的因素，例如性格、心理、生活环境和工作需要造成的习惯，等等。有些人口头表达能力和书面表达能力似乎不很一致，这种现象恰好提醒我们，在语文教学中，口头训练和书面训练不可偏废，应当密切结合，相辅相成，互相促进，使“出口成章”和“下笔成文”真正统一起来。

继续对“语”和“文”采取分而治之，厚此薄彼的办法，很不利于提高语文教学的效率。但是改变这种状况不是一句话就能做到的，有待研究解决的问题很多。在小学前期，怎样处理好识字教学和语言训练的关系；在小学后期和初中，怎样处理好语言训练、阅读训练、书面作文训练的相互关系；怎样从小学起就把实实在在的语法训练和逻辑思维训练（是实实在在的训练，不是空讲知识）的因素融合在语言训练之中：这些，以及别的一些有关语言训练的理论问题和具体方法问题，亟待深入探讨，实地试验。

把提高语文能力看作一种相当神秘的事，看作一种“只能意会，不可言传”的或者“运用之妙，存乎一心”的事，看作一种只能听其自然、任其沉浮的事，是语文教学缺乏科学性的又一表现。

试向语文教学工作者提个问题：“什么是提高语文能力最有效的方法?”回答多半是：“多读多练。”再问：“读些什么，读多少，怎么读?练些什么，怎么练?”大概十个人会提出十种不同的答案，“言人人殊”，或者，干脆哑口无言，提不出答案。

“多读多练”，这是个传统的经验，古人谈论这个问题的很多，随便翻翻古书，不难抄出几十条上百条来。这是个行之有效的好经验。这个经验是应当吸取的。但是，话不能到这里为止，还得继续说下去，也就是要有根有据地、成套地回答好上边提的第二个问题。

读和练需要指导和方法。循着正确的路径，按照合理安排的计划，采取恰当有效的方法，一步一步地读下去，练下去，才能快一些收到好的效果，按照预定的计划，在一定的时间完成一定的任务，达到一定的目标。否则，如果路子不对头，没有合理的计划和步骤，没有恰当的方法，至少是见效慢，成效差，甚至比这更坏一些。

有人认为，学语文不是三加二等于五的事，不可能那么科学。当然，学语文和学数、理、化不一样。但是，不论学什么，都有一定的规律可循。学画，学唱，学弹琴，学舞蹈，更不是三加二等于五的事，都各有它的路径、步骤和方法，为什么独独学语文不能有呢？“拳不离手，曲不离口”，很对，然而，瞎打乱唱是练不出功夫的。教拳、教曲的师傅都有成套的教法，教一个成一个，为什么教语文就办不到呢？

有人认为，曹雪芹没受过什么科学的语文训练，不也成为曹雪芹吗？是啊，李时珍没进过医科大学的药学系，不也成为李时珍吗？“神农尝百草”的时代早已过去了！我们不能再满足于多少年内、在多少人中冒出一个曹雪芹。我们需要的是在尽可能短的时间里让尽可能多的人都把语文学好，够用，够搞四个现代化用。样样工作都要求“多快好省”，语文教学不应例外。讲科学，讲方法，是达到“多快好省”的一个必要条件。

一篇文章，选在某个年级的教材里，甲说“深了，不好教，不好学”，乙说“不深，太浅，教着没意思，学着没味道”。甲、乙两位各凭什么说的呢？是根据生词、难句的多少说的吗？是根据涉及的知识多寡说的吗？是根据事理难易说的吗？仿佛是，又仿佛不是，说不清楚，没有数据，也没有明确的标准。说“深”说“浅”，基本上是凭感觉，至多是凭经验，好像吃菜，是咸是淡只能凭嘴尝，自然就要“一人一个口味”了。学生的一篇作文，拿给十位老师看，大概会批给十个不同的分数，差距可以大到十几分，二十几分，甚至三十几分。老师是凭什么判分的呢？也说不太清楚，基本上也是“一人一个口味”。吃菜可以“一人一个口味”，文艺欣赏也还可以“一人一个口味”；教学生，搞训练，不行，要有规格，有标准。规格和标准不是凭“口味”定的，是根据任务定的，根据儿童、少年、青年语文能力发展、提高的一般规律定的，虽然不是三加二等于五，总也得“八九不离十”。

不能继续把提高语文能力这件事神秘化而听其自然，要力求做到语文教学科学化。当然，语文教学，包括编教材和教学生，也是一种艺术。甲、乙两位编辑或教师，思想水平、业务能力相当，根据的原理、采取的方法相同，而编出的教材有差距，或是教学效果有高低，这种情形，在哪一门学科都有，所以，教学工作要讲艺术，这也是一门学问。但是，教学工作者首先要讲科学。无论说话、听话、识字、读书、作文，能力怎样一步一步地提高，应该有一般的规律可循。摸清楚这些规律，运用它，设计出训练的途径、步骤、规格和方法，就能大大减少教学上的盲目性，提高效率。这就是科学化。当然，语文是一种社会现象，影响语文能力的因素是很复杂的。学自然科学，同一班毕业生的成绩都会有差异，学语文，差异自然更不可免。教育无法“机械化”，培养人不能像机器生产那样，产品一模一样，毫厘不差。然而，科学化总是可以提高效率的。科学种田，长出来的苗也不一样高，可是科学种田总比非科学种田的效率高得多。

要语文教学科学化，就必须对语文教学进行科学研究。这项工作，如果不说还是一个空白，至少，还没有系统深入地进行过。这是摆在语文教学工作者面前的一个重要课题。

在语文教学领域，需要进行科学研究的问题很多。上文提到的语言训练问题，识字问题，阅读训练问题，书面作文训练问题，以及它们之间的相互关系问题，就都是一些很大的研究题目，每个题目都包含着不小的一组更具体的题目。此外，本文还提到过汉语的特点和语文传统问题，文言问题，语文训练和逻辑思维训练的关系问题，这些，也都是一些很大的研究题目。本文只是笼笼统统地提到了这么一些问题，不可能一个一个地展开论述。

上边列举的这些，还只是语文教学中的一个重要的方面，就是进行语文训练、提高语文能力这个方面。

全面研究语文教学，还有几个更大的问题。首先是，语文教学中的语文训练和政治思想教育的关系问题，语文教学如何为社会主义服务的问题。这个问题，新中国成立以来就受到了重视，但是一直没有处理得很好，还有待继续深入进行研究。

此外，还有一个文学教育问题。50年代中期，试行过一段文学、汉语分科教学，随即停止。从那以后，语文教学中不大再提文学了。如果提，就是从消极方面提，比如："不能把语文课教成文学课。"什么是"文学课"？这个概念是不清楚的。鲁迅的《孔乙己》，是一篇文学作品。这篇作品，在中学的语文课里应当怎么教法？在中学的"文学课"里又应当怎么教法？区别在哪里？能够说得清楚吗？如果说，教这样一篇作品，大讲"作者生平""时代背景"，然后把作品放在一边，不念，也不管学生懂不懂，大讲其"主题思想""人物形象""文学技巧"，反复"分析"，总共要讲到五六课时，甚至七八课时，所谓"教成文学课"就是指的这种教法，那么，这种教法的确应当反对。然而，这说不上是"教成了文学课"，不知道这该算是什么课，也许，比较恰当的名称是"浪费时间课"。直至今日，这种教法并未绝迹。看来，需要的是从积极方面研究，在中学的语文课里，应当怎样对待文学作品，怎样在进行语文训练的同时，也进行一点必要的文学教育。文学，是意识形态领域一个重要部门。大概可以说，没有任何一个人一辈子不和文学打交道，连不识字的人也还要看戏、看电影嘛。意识形态领域的一切部门，包括哲学在内，普通教育阶段都有一门功课管一管它，为什么独独文学没有一门功课管一管呢？事实上，语文课从来都管的。翻开任何一本语文教材，里边都有比例不小的文学作品。一个重要的东西，客观存在着，硬装作看不见，不去理会，那是不行的。需要研究积极的办法。这个问题，当然可以包括在前边说的“读什么，读多少，怎么读”那个题目里去研究。不过由于它有点特殊性和复杂性，所以也还需要提出来着重研究一下。

还有，语文教学与知识教育的关系问题，也是很值得探讨，而过去一直被忽视了的。这个问题在小学阶段格外突出，在中学阶段也还有。在普通教育阶段，各门功课分工而不合作的现象，不能认为是合理的。尤其是语文，它和每门功课都有关系，无一例外，为什么不应当、不可以做一些“统筹办理”的考虑呢？

要使语文教学科学化，全面研究语文教学中的一系列问题，要从大量的艰苦的调查工作开始。要向从事语文研究的专家调查，向语文教学工作者调查，向社会调查，向工农兵群众调查，向各行各业的同志调查，向从事教育学、心理学研究的同志调查，向小学生调查。了解语文教学的历史和现状，了解迅速发展的社会主义革命和建设事业对语文教学的要求，总结语文教学改革的好经验，发现存在的问题。我们的调查不仅限于国内，还要向国外调查，外国在训练学生掌握本国语文方面采取了哪些科学的有效的方法，也是可以借鉴的。只有在充分调查研究的基础上，对各种问题分门别类做大量的分析研究工作，才有可能得出科学的结论。

语文教学的科学研究问题，不仅是中小学语文教师的事，而且应该是从事高等师范教育的教授、教师们义不容辞的责任。这个工作不是可有可无的，要对亿万中小学生负责。迅速提高青少年一代的语文水平，使他们在尽可能短的时间内掌握好语文这个工具，这对他们向科学文化的高峰进军是至关重要的。语文教学的科学化，实在是关系国家实现四个现代化，关系提高我们民族的科学文化水平的事情。

除了从事语文教学的同志外，我们还要呼吁研究语言、文学、逻辑、教育学、心理学等各方面的专业工作者、专家们，都来关心和积极支持语文教学的研究工作，出主意，想办法，提要求。希望有关的报纸杂志经常刊载语文教学研究的成果，开展广泛的讨论，以期引起社会上的重视，共同努力，把这件事办好。

1978 年 5 月

再谈语文课的几个问题*

今天再就语文这门功课谈几个问题，向同志们请教。

首先是语文基本技能和基本知识的范围、内容和规格应当有明确规定的问题。

大家一致认为，语文课要有效率地提高学生的语文能力，包括口头的，特别是说话的能力，和书面的，也就是阅读和写作能力。过去由于种种原因，这方面的训练，效率不高，效果不尽令人满意。我们同意这些看法。不过只是说提高学生的语文能力，或者说提高学生的读写能力，还嫌笼统空泛一点。教育部制订的《全日制十年制学校中学语文教学大纲》（试行草案），既然是个大纲，在许多方面就只能提出些概括的原则性的意见，不可能规定得很细。但是在教学工作中，对于培养语文能力就要考虑得细致、具体，并且一段一段的时间、一个一个的项目都要有明确的标准，严格的要求。

培养和提高语文能力首先是一种技能训练。凡属技能训练，都要有

---

* 本文刊载于《中国语文》1978年第11期。收入《张志公文集》第3卷（广东教育出版社1991年版）。

一定的规格，明确的标准和要求。比如体育运动，各种基本训练项目就有明确标准。《国家体育锻炼标准》中规定，跑一百米，少年一组（13—15 岁）男生要求 15 秒，女生 17 秒 4，少年二组（16—17 岁）男生要求 14 秒 4，女生 16 秒 8，等等。工业方面，国家有统一规定的各级技术工人“应知应会”的工艺项目；一个厂里生产的某种机器的某种零件，误差率必须在多少以下才算合格，上差、下差各有限度。语文训练也应当有规格，有标准。小学低年级、小学高年级、初中、高中几个不同阶段，语音、文字、词汇，说话、读书、作文等几个方面，都应当分别有明确的规定。

为了做出这些规定，并且每项规定都有比较科学的根据，需要赶紧做一些研究工作。比如文字，过去有个三千五百字的常用字表。由于语言文字的发展，由于简化汉字的推行，那个表不准确了，应当重新统计。统计得比较准确了，比如有三千二，或者二千八，然后就需要排排队，幼儿园大班能不能识一些，小学一年级上学期、下学期，二年级，识多少，识哪些，识了这些常用字之后，还要补充哪些，初中毕业、高中毕业总共要识多少，识哪些，才算合格，都定出一个谱，在这个方面，就有了规格，有了标准了。词汇，似乎还没有一份适应教学用的现代汉语常用词表，要赶紧搞这么一个表出来。可以运用电子技术来做，如果汉字编码问题解决了，能够很快做出来，用不了太多的时间。有了这么个表，教学也就有一个基本依据了。之后，还要根据难易，根据需要，排好次序和进度，定出各个学习阶段掌握这些字和词的深度和熟练度。例如“度”这个字，可以单独用在“二十五度、三十度”这些词组里，可以用在“温度”“高度”这些词里，可以用在“程度”“制度”

“适度”这些词里，可以用在“度过”之类的词里，可以用在“度量”“气度”之类的词里，可以用在“置之度外”这样的成语里。这些，能够在学生第一次遇到“度”字的时候一股脑儿教给学生，一股脑儿要求“掌握”，要求熟练运用吗？反之，能够心中无数，初一、初二、初中毕业，高中毕业，学生对这个字掌握到哪一步，听之任之，会多少算多少吗？恐怕都不行。这两种办法（或者说态度），都是不科学的。以上仅仅是一个小例子。造句、成篇，叙事、说理，都应当一学期有一学期的要求，一年有一年的要求，小学毕业、初中毕业、高中毕业有明确的规格。代数，某年某学期要学会分解因式，要分解得对，还要分解得快，要熟练到一看就分解出来，用不着再画图配合，那么语文就不可能定一定，某年某学期要把某种句子练熟，开口说不错，下笔写不错吗？我们认为定一定是必要的，也是可能的。

为了培养、提高语文技能，需要教一些有关的知识，比如语音知识、语法知识，等等。究竟教哪些，教多少，教到什么程度，也就是知识的范围、分量、深度都要清楚。哪些是属于基础知识，必须在普通教育阶段教给学生的，哪些技能可以让学生仅知其然，不一定知其所以然的，从小学到高中也要有个安排。

我们常说，为了适应四个现代化的要求，语文教学除了吸取多读多练的传统经验，还要力求科学化。一个好教练训练运动员是有严格的训练计划的，计划的安排是很科学的，否则就要影响运动员出成绩。语文训练也应当有并且可以有科学的方法。学习不是要循序渐进吗？那么，就需要有一个明确的、合乎科学的序，教和学才能有所遵循。循着这个序，一步一步、踏踏实实地教下去，学下去，才可能有好的效果。当然，语文课的序，不一定和数学、物理、化学课或者历史、地理课的序一模一样。但是，总得有个序，这个序总得是说得出科学道理的，明白可行的，依次做下去能够收到实效的，因而也就应当是严格的。要力求做到每上一节课都让学生有所得，每一周都有个明确的目标；要教些什么知识，训练学生掌握什么技能，达到什么程度，心中有数。这样，就不会再出现这样的怪现象：学生因事因病缺了几个星期语文课，一点儿都不着急，也不用补课，而数理化缺了课就非补不行；或者，问语文学得好的同志的学习经验，回答往往是靠了课外阅读，而不是受益于语文课。

就语文基本技能和基本知识的范围、内容和规格要求做出一套完整的、妥善的规定，不是一件容易事，并且如上所说，条件还不完全具备。然而，也并不是完全没有条件，并且，任何工作，都不能等到“万事俱备，只欠东风”的时候才动手，相反，工作条件往往都是在实践中逐步完善起来的。这里，我想到几点，不知对不对、行不行，姑且说说，供参考。第一，可以先由一个地区甚至一个学校参照教学大纲的规定和新编教材提供的粗线条的轮廓，分别拟定细目，试行起来，边做边改，边充实，到一定的时候，各地各校一起来交流、总结，得出共同一致的方案，在更大的范围以至在全国推行。第二，不要把技能和知识混淆起来，要分别规定清楚；要以技能为主，知识密切配合培养技能的需要，要少，要精，要切实有用；规定不要陷于烦琐，但是要尽可能具体，让人摸得着，抓得住，不要含含糊糊，笼笼统统的。第三，可以先着重考虑现代语的，目标是提早一些达到完全过关；至于文言技能和知识，缓一步再说。第四，技能，包括掌握语音和普通话，掌握文字和词汇，掌握基本的造句能力和成段成篇的能力，叙事、说理的能力（成句、成段、成篇，叙事、说理，都包括口头的和书面的；叙事、说理都包括局部的、片段的和整篇的，包括模仿的，有依据的，如复述，改写等和创造性的）；有的要有数量的规定，例如文字、词汇、阅读量；有的要有程度和速度的规定，例如读和写；各种技能都要有熟练度和准确度的规定。第五，要从幼儿园的语言训练考虑起，一直考虑到高中毕业为止，做全面的安排，不要一段管一段，井水不犯河水，各自为政，互不相谋。大体上可以分幼儿园早期，幼儿园后期（能不能识点字？），小学前期（前三年），小学后期（后两年），初中，高中六段，每段之中再按年、按学期以至按月、按周来分别规定。

下面，想就读写训练和政治思想教育的关系谈点想法，向大家请教，跟大家商量。一个人从儿童到少年、青年时期，在他成长的过程中，要不要进行道德、品质，理想、情操，趣味、风格这一类的教育呢？我相信，大家一定会同意进行这种教育，培养我们的青少年具有共产主义的道德品质，远大、崇高的理想，使学生具有优美的内心精神世界，具有无私无畏，愿为共产主义奋斗终生，牺牲小我，并且以此为荣、以此为乐的人生观，这是教育工作者义不容辞的责任。而今天，在“四人帮”对青少年的毒害既深且重的时候，这个问题不是更为突出一些吗？那么，可能不可能由某一门课来着重地考虑一下这方面的教育问题呢？诚然，这种教育不是一门课程能够单独完成的。然而，不仅是这种教育，任何一种教育都不是任何一门课程能够单独完成的。就拿培养语文能力来说，难道语文课就能“包打天下”吗？实际上，各门课，以至于课外读报，听广播，看小说，等等，都在对学生进行着语文训练。

但是毕竟语文课要着重地有计划地进行语文训练，并把这件事定为任务。历史知识和地理知识，涉及上下几千年，纵横几万里，历史课和地理课那么几十个课时能“包打天下”吗？不能。事实上，学生平时看小说，看电影，看戏，参观展览会、博物馆、博览会，看画展，听音乐等，都会增长许多历史知识和地理知识，以至形成某些观点。但是我们毕竟不能不要求历史课和地理课着重地有计划地进行这方面的训练。那么，在学前教育和普通教育阶段，哪门课进行道德、品质，思想、情操，趣味、风格的教育更合适、更有力呢？不要说数学、物理、化学，就是用政治课来同语文课比较一下，哪一门的条件更优越一些呢？

古今中外，就我们所知道的，由于读了类乎语文课这类内容的东西，而产生某种思想，陶冶了某种情操，以至参加了革命性活动的，颇不少见。英国女作家伏尼契的小说《牛虻》对许多革命者起了鼓舞作用，它曾对《钢铁是怎样炼成的》作者奥斯特洛夫斯基产生了很大的影响，我国的青年读者也十分喜爱牛虻这个爱国志士的英雄形象，从牛虻身上学习到了有益的东西。杨沫的长篇小说《青春之歌》被介绍到日本后，产生了很大影响，一些和林道静处境相近的青年，从林道静的思想发展中受到启发，走上了革命道路。这样的例子不难举出一大本。我们老一辈的革命家中不少人都可以从他们年轻时候读的好文章、好作品中找到引导他们走上革命道路的因素。

如果进行上述那些教育确是必要的，如果语文课在这个方面的能力确是大于别的一切功课的，那么，在语文课里是有意识地、有适当计划地做一些考虑和安排好呢，还是不这样考虑，听其自然，碰上什么算什么好呢？我个人倾向于前者。那么，这是不是语文课的外加的差事呢？

会不会影响语文训练、削弱语文训练呢？我觉得不是，不会。这一点，留在下边，和就要谈的另两个问题合起来谈。

和上一个问题密切联系的，是在语文课中究竟应该怎样对待文学教育的问题。文学是意识形态领域里很重要的一个门类。在讨论语文教学时，常常说到，语文课的教材要选典范文章，要选“名家名篇”，其中包括了比例很大的优秀文学作品，而同时又提出，“语文课不能教成文学课”。怎样理解、对待这个问题呢？我觉得，要做实事求是地分析，要谈得更具体一些。语文课要搞语言训练，而文学作品是“语言的艺术”，优秀文学作品的语言是丰富的，运用得一般是比较精到的，像曹雪芹的《红楼梦》，像鲁迅的作品，像朱自清、叶圣陶、老舍、曹禺、巴金、赵树理的一些作品，还有许多其他作家的作品，在运用语言方面，都足以作为学习的楷模。但我们让学生学习这些并不是为了使他们成为文学家。正确地学习优秀的文学作品，受益是多方面的，包括一般日常运用语言的能力。不是有好些在语文方面有成就的人（其中也有不少科学家）都宣称他们的语文能力是得之于年轻时课外自己读了好些书吗？请问，是些什么书呢？在老一辈人，所读的不就是《红楼梦》《三国演义》之类吗？中年人除了那些古典作品，不就是三十年代、四十年代那些作家们的创作和翻译作品吗？在学习语言的同时，学习文学作品对前边提到的培养青少年的道德、品质，理想、情操，趣味、风格，影响很大。它通过形象的感染，使学生潜移默化地受到思想感情的陶冶。这种力量之大，是人所共知的，不待多说。

至于说，受过普通中等教育的青年，应该具备必要的文学常识，似乎也不能全然置之不顾吧。他们应该具有最基本的（或者说最起码的）

文艺理论知识，具有一般的艺术鉴赏力。大概可以说，任何一个人一生都和文学脱离不了关系。他总是要看点小说，看点电影，看点戏的，至少要听听故事、传说吧。这就需要从小教他能够欣赏好的，受到教育；能够批评坏的，不受其影响。他们对于祖国的和世界的丰富的文学宝库，也不应当一无所知或者所知太少吧。前几年，由于“四人帮”对文化教育的破坏，有些青少年在这方面相当无知。虽然年年端午节吃粽子，可是当上映电影《屈原》的时候，不少青少年不知道屈原是人名还是地名，那就更谈不上对屈原的作品有什么了解了。高考中出的类似的笑话更多。这样的教训还不够沉痛吗？

文学作品既是学习语言的好材料，又是进行上述那些教育的好材料。正因为如此，古今中外，各个阶级没有例外地都用相当多的文学作品对下一代进行教育，有的并且是以此为主。我们是不是需要有意识地、比较有计划地做些考虑和安排，运用文学作品来进行语文课所应当进行的各方面的教育呢，还是只需盲目地随便抓一点来，碰上什么算什么呢？我个人倾向于前者。

在语文课里教文学作品，不应当把课文抛在一边，不论是一首二十个字的五言绝句还是一篇三千字的翻译小说，由教师大讲抽象的理论知识，什么时代背景，作者生平，主题思想，段落结构，人物形象，写作技巧，等等，这的确应当反对。然而，不应当因此否定文学教育的重要性。培养语言能力同样不能靠老师大讲特讲语文知识。教法不对头和应当不应当教，是两个问题，不能混为一谈。此其一。其次是，我们说文学教育应当重视，应当有意识地考虑，有计划地适当安排，并不意味着语文课里只要教文学作品。这又是两码事，不能混为一谈。

再一个是关于思维训练的问题。

培养学生具有逻辑思维能力，对于他们学好各门课程，向四个现代化进军，关系极为密切。可以想见，一个人思维缺乏条理，思路混乱，怎么能学好各门功课，进而研究各门科学呢？培养逻辑思维能力，同样是各门课程共同担负的任务。比如数学课，算一道题，常常是由已知求未知，常常用到演绎的推理方法。生物课的形态学部分要讲生物的分类，各类的定义，这对于进行概念、概念的等级、分类、定义等训练，很有帮助。其他各门课程，都对于思维训练在某一方面有或多或少的作用。在语文课里，要进行组词成句、连句成段、布局谋篇的训练，进行各种文体的写作训练，进行口头表达的各种训练，在这种种训练的过程中，实际上是从概念到判断、推理、论证，到逻辑思维的基本规律（同一律、矛盾律、排中律）进行了很全面的逻辑思维训练，可以说，比任何其他课程都更全面些。如果我们说，全部语文训练和全面的思维训练是同时并进地进行着，相辅相成，相互为用，大概这个话不为过甚。而思维能力的高低对于一个人学习任何文化知识、科学技术，做任何工作，都具有很大的作用，这一点是不言自明的。

语文课既然是最能全面地进行思维训练的，而思维能力是至关重要的，那么，在语文课里要不要有意识地、比较有计划地加以考虑和安排呢，特别是在我们的中学里并不开设逻辑课的情况下？我个人的倾向性的答案是肯定的。

又是语言训练，又是道德品质等的教育，又是文学教育，又是思维训练，语文课的负担不是太重了吗？在“语文”这个专职之外不是加给它的“兼差”太多了吗？我认为不是这样。这几个方面是密不可分的，谁都离不开谁的，都是语文课要干的事，不论你主观上怎么认识，客观上它都在干着，因而，没有哪一样是外加的，统统是它本身固有的。既如此，与其无意识、无计划地干，就不如有意识有计划地干。认为语文这门课只有一项专职，不过它这个职务繁重些，头绪多些，也行；认为它是“能者多劳”，专职之外还有几项兼差，也行。总之，几件事它都得干，干了甲有益于乙、丙，干了丙有益于甲、乙。

从上边提的几个问题可以看到，语文这门课的内容相当复杂，大概比别的课都要复杂些。这里又产生了一个问题：语文教材到底应当怎样编法？这个问题里包含一串具体问题。

语文教材的主要部分当然是读物。学生要提高语文水平，除了口头训练，主要就靠阅读各种读物，从中吸收养分，不断纯化自己的语言，增强自己对语言的敏感性，提高鉴别语言的能力，进而把吸收到的东西化为自己的，从而充实、提高自己运用语言的能力。进行语言教育是离不开读物的。读物有各种各类：古今中外的；文学的和非文学的；非文学读物中又有社会科学的，自然科学的；等等。教材中究竟要哪些，不要哪些？各类读物选用的比例如何？

教材的数量应当怎么规定？太少了当然不行。少就起不到从中吸取营养、纯化语言、提高能力的作用。培养语言能力是一个过程。很多东西需要多次反复才能充分、熟练地掌握。这就要求有一定的量。进了小学的儿童，他们入学前就掌握了口头语言的最基本的东西，具备了一定的知识，有了一定的思维能力，小学低年级就可以识不少字，程度好的小学高年级学生，就能读大厚本的白话小说，到了中学阶段，除了一些内容高深的读物，普通的读物，一般的文学作品，都应该能够看得懂了。从这个实际情况看，教材也可以多一些，少了不管用，多一些有可能。过去，在相当长的时间内，我们的“国文”、语文教材的量是偏少的，甚至是过少的。我们语文教材的本子几乎是世界上最薄的，比几个主要国家的同类教材都少得多。不知道这和若干年前教材主要是文言文，因而不可能多搞，只能少少地念一点有没有关系？恐怕是很有关系的。把那个传统沿袭下来，教材编得少就成为一种习惯势力，视为当然了。每个学年开始，学生拿到一本新的数学课本，他自己是很难读得下去的，可是拿到新的语文课本，如果编得还不太坏的话，学生用不了几天就看完了，完全看不懂的，等着老师讲的地方有一点（主要是文言文里），但是不多。这种事实不是教师同志们都知道的吗？当然，过多也不行。那么，多少分量是适度的呢？

教材中除了读物，还要有些讲语文知识的材料。知识和读物二者要结合，关系要处理好。它们都是教材的组成部分，搞得全然无关，当然不行。但是要求它们密切无间地融为一体，显然又有困难，知识有它的系统，读物有它的安排，互相迁就的结果往往是互相干扰，这个问题怎么把它解决好呢？

还有读和写的问题。是要求写什么，教材里就编什么，也就是都（或者主要）编一些“葫芦”文章，以便于学生可以比着“画瓢”呢，还是读的文章可以深，当时只能欣赏欣赏，或只能局部地学一点什么，等着读多了、长大了慢慢去消化？还是有深有浅，既有“葫芦”文章，又有主要是读还不易模仿的好文章？或是读和写各搞各的，不去互相迁就？

由于教材中存在上述这些以及还没说到的一些问题，我们想到语文教材的分合问题。教材内容十分丰富，几方面的内容有着错综复杂的关系，那么，语文教材究竟是像现在这样把这许多内容都合在一本里好，还是可以适当地分一分？如果分，要研究怎样分法。比如，分为阅读教材和语文训练两个本子，阅读教材选得多些，涉及的面广些，程度深些，并且有必要的阅读指导，教以自学的方法等；语文训练教材主要提供经过系统安排的各种练习，从最基本的一直到要求比较高的写作练习，选上点"葫芦"文章，提供点必要的语文知识和写作知识指导，这样行吗？要很好地研究怎么分才能比较科学，不烦琐，不加重教和学的负担，而能收到更好更快的效果。分开后的教材，应该做到既有分工，互不干扰，互不扯腿，而又能互相配合，不是互不相谋。如果不分，那就要研究怎样能把各种内容熔为一炉，把上述的几种关系处理好；还要避免头绪繁多，哪一头也没顾上的毛病。

解决上述教材方面的问题，要通过大量的调查和充分的科学研究，要能提出言之成理的设想，进行认真的试验，并根据试验的结果，总结、研究、改进，形成方案。是不是有的地方、有的学校愿意有领导地慎重地做做这类试验呢？教材一定要进一步改革，当然不能急躁从事，也不宜迟迟不前。

最后，谈谈语文课的值得注意的两个特点。

语文课不同于别的课，学生不是从全然不知到知，从全然不会到会，而是原来就会的。不像数学课，比如，原来不知道什么叫"开方"，当然也不会开方，上了几课，就知道了，会了。语文不是这样。拿初中一年级的孩子来说，听话，说话，读书，作文，他原来都会的。上语文课，是个在学生原有的语文知识、技能的基础上进一步充实、加工、提高的过程。这是第一点。其次，影响学生语言能力的因素十分复杂。从妈妈的语言、哥哥姐姐的语言，直到学校里各门功课，社会上无穷无尽的运用语言文字的场合，都在对青少年的语言能力施加着巨大的影响。语文课在培养学生语言能力上，既是责无旁贷的，而有时候又仿佛无能为力。

由于这两个特点，语文课的教法应该比别的课要求更高。上面提到，语文课可以长时间不听而不用补课，语文学得好的都说不是受益于语文课。如果听任这种现象存在下去，那么语文课岂不是可以取消了吗？（有的人确实这样说过——除了小学低年级的语文课要教识字，不得不保留之外，小学高年级以上的语文课用处不大，可以取消。真是概乎言之！）不少语文老师慨叹，很多学生不重视语文课。这是事实。不重视的原因不止一端，有的不是我们自己解决得了的。这也是事实。但是，在我们从事语文教育的人来说，首先应当考虑的是咱们自己的工作。如果咱们能让学生每上一课都感到有所得，每一周、每一月、每一学期，他们都能看到自己的进步，也就是说，他们感到这门课于他们确实有用，他们就会重视了，就会有兴趣，愿意上这门课了。否则，光对他们说语文课多么多么重要，恐怕效果是不大的。我们都说高考是“指挥棒”。高考，不论考文，考理，考工，考农，考体音美等各种专业，统统要考语文，这个“指挥棒”还不够厉害吗？为什么他们还有些人不重视呢？这是很值得咱们想一想的。其次，咱们教语文的老师还得想出办法来帮助学生从他们周围那多种因素中吸收好的影响，排除不好的影响。这也是一桩十分吃力的工作。

要针对存在的问题研究教学方法。教学法要作为教育科研的专门题目来探讨。现在大家谈到老师在课堂上讲得太多。这确是个毛病。但教学法绝不仅仅是老师在课堂上讲多讲少的问题。这里面有教育学、心理学的诸多因素，都需要研究。要提高语文教学效率，教学法的改革必须引起我们的充分注意。此外，老师自己的基本功问题，也是十分重要的。身教重于言教。教学法问题要专题研究，这里只是提一下，不多说了。

1978 年 10 月

语文学科的现代化问题*

一

人民教育出版社中学语文编辑室于1979年末在少数地区就中学生实际语文水平进行了一次调查，写成一份调查报告。进行这类实地调查是一项很有意义的工作。目前，如何有效地改革各级各类学校的语文教学，提高教学质量，是全社会普遍关心的一个问题，也确实是关系到文化、教育、科学的发展从而关系到四个现代化建设进程的一个十分重要的问题。进行改革，提出可行的改革方案，需要对历史上的和近若干年来的经验教训进行实事求是的整理、分析、总结，需要了解国外的有关经验，需要从语文学和教育学，特别是教学论的角度进行理论的探讨，需要尽可能充分地掌握当前的实际情况，包括学生的情况，教师的情况、现行教材的使用情况、教学情况以及与语文教学有密切关系的其他方面的情况。进行实地调查就是为掌握现实情况必须做好的一项工作。

* 本文刊载于《中学语文的教材和教法》（人民教育出版社1982年版），这里删去了第五部分讲教学法要现代化的内容。收入《张志公文集》第3卷（广东教育出版社1991年版）。

当前中学生的实际语文水平，只是现实情况的一个方面，不是全面，而且这次调查的地区和类型还不够广，因而调查结果的代表性还不够大，然而这个开端是可贵的，调查结果无疑具有一定程度的代表性，对研究语文教学问题是有参考价值的。今后还需要不断进行调查，方面要逐步增广，严密性和科学性要逐步提高。和任何工作一样，不可能毕其功于一役。这次的调查报告为今后的调查工作打下了基础。

就调查报告本身来看，材料相当切实；对材料的整理、归纳和分析，条理是清晰的，能够说明问题的。稍嫌不足的是，调查报告没有透过调查材料去看语文教学，也就是说，没有把所调查的中学生的语文水平同所调查的那些学生的学习情况和所接受的语文教育情况联系起来考察，从而就改革或改进教学提出据此材料可以提出的某些（哪怕只是一点两点）设想。不过调查者和报告执笔者的意图本来就是着重在提供可靠的材料，而把如何运用这些材料的工作留给语文教师和语文教学研究工作者，那么这种调查方式和报告方式也还是可以的。

调查材料表明，所调查的中学生中有的语文能力很不错，但是相当大的一部分能力不足，反映出的有些问题令人触目惊心。为什么会产生这种现象，出现这样的问题呢？无疑，从这里我们看见了十年动乱期间留下的恶果。但是，话不能说到这里为止。我们不能不在接受这个刺激的时候把语文这门学科认真探究一番；特别是当我们往前想，想到今后应当怎么办的时候，相信不会有人同意这样的结论——只要恢复到十年动乱以前的样子就行了。即使说，50 年代到 60 年代初我们的语文教学有过这样那样好的经验，取得过这样那样的成绩，我们总也不能忘记，如今已经进入 80 年代了。在当今的世界，二十几年，三十年，意味着什么？摆在我们面前的是大量的新情况，新问题，新任务。我们不能退回到二十几年前的地方去，重新走。时代不允许我们这样做。我们得迎头赶上！当然，我们不能不理会经过了十年动乱的今天的实际，异想天开，搞理想主义；我们也不能蜷曲在十年动乱加于我们的重负之下，裹足不前。我们要立足于现实，又要着眼于未来；既扎扎实实，不急躁，又勇于突破障碍，不停滞。在语文教学问题上我们尤其不应忘记，源远流长的旧传统还在影响着我们，遏制着我们的思路，障蔽着我们的视野。那些旧传统在历史上确实曾经有过好的作用，其中有一些做法经过充实发展或改造仍能为我们所用，但是，如果我们单纯依赖那些传统的办法，就远远不能适应今天的需要了。可是由于我们对它太熟悉了，习焉而不察，特别当我们一想到十年动乱的恶果，不期然而然地又回到旧传统的路上去，把它看成改革和前进的有效途径。这是我们在谈论改革语文教学的时候不能不正确对待的一个问题。要研究传统，继承其优良有用的东西，对历史传统不能采取虚无主义态度，又要敢于革新前进，不能满足于旧日的经验。

这里打算像调查报告一样，把具体分析调查材料的工作留给更有发言权的语文教学第一线的同志们，只是在调查材料的刺激和启示之下往前想一想，就语文学科的前景提出一个问题，做一点初步的和粗略的探讨，就正于关心这件事的前辈和同道。那就是，语文学科的现代化问题。

二

什么是语文学科的现代化呢？

首先是语文学科的要求要现代化。要考虑现代文化科学教育的发展、现代社会的各项工作，对于每个受过一定教育的人在语文能力方面有哪些要求。这些要求有的可能是古今中外共同的，有的可能是过去就有而现在格外突出了，有的可能是现代社会提出的新的要求。编选教材和进行教学，都必须从这些要求出发设计方案，决定内容，采取措施。古今中外共同一致的那些要求大家都会注意到，而后两种要求却往往被忽视。研究语文学科的现代化问题，要着重考虑这两种要求。

例如，教育工作者从来是考虑到如何发展学习者的智力的。孔子说："学而不思则罔。"思就是培养学生思考问题的能力，就是培养智力。他要求学习者能够"举一隅以三隅反"，能够"温故而知新"，用现代术语来说，大体上是和所谓知识的迁移相通的，也是一种发展智力的要求。然而，到现代社会，对智力的要求格外突出了。具有高的智力，不再是所谓神童才子所特有的，而成为对年青一代的普遍的要求。原因是，如我们大家都已经知道的，知识的增长和发展越来越快，许多统计数字表明，文化科学各个领域之内的知识量，几年就要翻上一番，今天学到的新的知识，过不了太久就会过时，就会老化，需要更新。在这种形势之下，人们必须具备足够的智力，才能跟上这样的发展形势，不断地吸取新的知识，改造旧的知识，来适应新的需要，免得在奔腾前进的知识潮流中落伍下来。因此，发展智力，培养能力，成为当代教育工作的一项突出任务。那么，语文教育也必须在它的领域之内把这项任务很好地分担起来。古人就说过“记诵之学不足为人师”。死记硬背，学一些死的知识是不够的。今天，这个问题更应该引起我们的重视。比如，在语文教学中，常常要学生做一些改错、填空之类的练习。一个有毛病的句子，甲学生只会一种改法，乙学生知道两种改法；填一个空白，甲学生只知道填某一个词，乙学生知道可以填两个词或三个词，并且知道填这个词或那个词在表达上有一些什么样的差别。乙学生显然比甲学生的智力发达。如果在指导做这类练习时，不仅允许学生一题多解，像演算数学题一样，并且有意识地引导学生，使他们善于思考，对于一个病句能够想出不同的改法，以致想出在不同的上下文里哪一种改法更好，这样做比刻板地要求学生只按一种答案来改，对于发展学生的智力更有益处。又比如，同一个作文题目，写学校所在的地方，假定是苏州，可以启发学生采取不同的写法。不仅可以写大家最容易想到的苏州园林之美，也可以经过查考资料、访问当地居民写一些这个地方的历史沿革、发展，还可以根据学生实际所知道的以及参观访问之所得，写一写苏州有名的工业，如刺绣之类。即使写园林景物也可以有各种不同的写法，可以专门写寒山寺，既写它现在的景象，又考据它的来历；或者专门写沧浪亭、虎丘塔等。这样，把学生的思路打开，把他们的视野放宽，帮助他们实地去观察，找人去访问请教，查阅文献资料，这对于发展学生的智力会有很大的作用。再比如，指导学生读一篇文章，除了把这篇文章读懂，并且知道写作上的特点之外，再和另一篇写法不同的文章做一些比较，使他们理解到两篇文章为什么分别用不同的写法，不同的写法产生什么样不同的效果，这样对于提高学生理解文章的能力也会有更多的帮助。总之，无论在知识的教学、写作和阅读训练的各个方面，都有训练培养学生观察能力、分辨能力、思考能力等的余地。在这许多方面突破一些旧的框框，从发展智力、培养能力的角度着眼，设计办法，反映在教材和教学里，是完全可能的。

又例如，现代文化科学的发展速度非常快，新的知识、新的技术层出不穷，各种形式的出版物成倍地增加，现在世界上每一年的出版物几乎抵得上过去几千年出版物的总和。同每个人研究范围、工作性质有关系的新出版物非常多，这些出版物当然不可能都读，但是总需要尽可能地多读一些，至少要知道和自己有关系的这一门学科的动向、动态、重要的新的理论、新的学说、新的做法，等等。这种客观现实的需要，要求每一个人具备尽可能快的阅读能力。过去传说某某神童、某某才子能够“一目十行，过目成诵”，现在具备一目十行、过目成诵的能力已经不再是神童才子的事，而是每个人应该具备的阅读能力。中国和外国过去也并非完全不重视阅读的广度和速度，我们中国的古人说，要“读万卷书，行万里路”，意思无非是见闻要广。又说“读书破万卷，下笔如有神”，无非是说读的东西多，头脑里积累的知识、素材丰富，才有东西可写，才写得好。要“读书破万卷”，自然非读得快不可。所以我们既讲精读，讲“熟读精思”，也讲浏览涉猎。英国的培根说过：Some books are to be tasted，others to be swallowed，and some few to be chewed and digested。这几句话直译是：有些书只需要尝一尝，另外有些书要吞下去，少数的书需要咀嚼、消化。所谓“尝一尝”，不过是翻一翻，知其大意而已。所谓“吞下去”，大体上就是我们常说的粗读，全文读，但并不逐字逐句仔细地推敲揣摩。这两种读法和我们说的浏览涉猎意思差不多。其所以提倡这一类读法，无非是要读得快一点，多一点。庄子说过：“人之生也有涯，而知也无涯。”庄子的时代已经感觉到知识是没有穷尽的，而人可以用来求知的时间是有限的，这中间存在着矛盾。那么今天，这个矛盾显然尖锐得多了，因为知识比庄子的时代不知增加了几百倍、几千倍，而每个人可以用于求知的时间并没有增加。所以必须找到有效的途径、有效的办法来克服这个矛盾，其中非常重要的办法就是提高阅读能力，特别是速读的能力。这在许多科学技术先进的国家已经引起重视，已经有国际性的阅读协会在研究阅读教学面临的各种新问题。我们今后的语文教学不能不从新的角度来研究处理阅读教学问题。以往在阅读教学方面，我们重视理解和记忆。表现在教给学生读的东西要反复细致地分析，以至达到“满堂灌”的程度。用意无非是帮助学生把所读的东西理解得尽可能透彻一些。另外要求学生把读的东西记住，以至于能够背诵。但是，对于训练学生具备快速阅读的能力，重视是不够的，基本上是听之任之。学生能够读得快一些固然好，读得不快，也不去管它。总之，并不设计出有效的办法培养学生这方面的能力。理解和记忆当然是不能忽视的，但是如上边说的，速度问题不能不提到日程上来了，而这三个方面又是互相有关的。要读得快，同时就要求理解得快，并且理解得准确，能够很快地从所读的东西中得到所需要的主要的东西，而没有重要的遗漏，没有错解或者理解得不太够的地方。读得快，也要求记得快，要在几秒钟、几分钟，总之很短的时间之内，把理解了的需要的东西输入脑子里去。因此，快速阅读的能力包含着快速理解和快速记忆的能力。快容许略，不容许粗，更不容许错。快速阅读的能力不是一个孤立的能力，理解、记忆、速度三个方面构成阅读能力的整体。阅读教学必须从这样的角度考虑，设计办法。从这个意义上说，满堂灌、死记硬背都不仅仅是方法上不得当的问题，而是不能适应今天和今后需要的问题。阅读的材料必须增加，阅读的速度必须加快。把很少的阅读材料慢慢地嚼得稀烂，吞进去，记住了，即使材料再好，是古今中外文章的精华，也是不够用的。

从以上谈到的两个方面，即注意发展学生的智力、注意培养学生快速阅读的能力，必然引出来一个问题，那就是教学或教材既要符合学生的能力基础，也就是过去常说的“量力性原则”，又要有一定的量，一定的难度。这两个方面必须很好地统一起来。不适应学生原有的能力基础，不量力而行，过度地加重学生的负担，这样做不仅不能提高学生的能力，不能增加学生学习的兴趣，反而于学生有害。但是，给学生的材料分量不足，对学生的要求偏低，表面上看是减轻了学生的负担，实际上减少了他学习的兴趣，使他得不到经过努力而有所得的愉快，得不到在一定的力所能胜的困难之中经受锻炼、提高能力的愉快，其结果是阻碍了他智力的发展，降低了他的水平，使他在新知识、新技能面前处于无能为力的状态。这从某种意义上说，恰恰是加重了他在学习上的精神负担。所以合乎时代要求的教学和教材，必须非常慎重地处理分量和难度的问题，包括读的分量、读的难度，写的分量、写的难度，知识的分量、知识的难度。各个方面都需要从新的角度做全面的考虑、安排。

三

语文学科现代化的第二个方面是内容，也就是为适应现代化的要求，教学内容要现代化。

首先，要对“语言是交际工具”这句话有现代意义的更具体的理解。所谓交际，指的已经不是个人与个人之间，小集体与小集体之间的交际，而是指全国范围的以至世界范围的交际。我们的语言是国际通用语言之一。在国际事务中，在国际的文化科学交流之中，我们的语言是重要的交际工具。另一方面，语言已经不仅仅是人同人之间的交际工具，它已经开始成为人和机器的“交际”工具。从这两个意义上说，教给下一代掌握的语言，必须是全国通用的、在国际上通用的、规范化的标准语言，笼统一点儿说，就是我们所说的普通话。特别是在现代社会，运用口头语言的机会越来越多，口头语言能力的要求越来越高。因此要求学生充分熟练地掌握普通话，已经远远不是为了个人之间交往的便利，而是一个时代的要求，现代化的要求。那么，提供给学生听和读的材料，要求学生说和写的，都应当是普通话，或者有助于学生很好地掌握普通话的。在现代，无论是口头上说，或者书面上写，必须是能够让所有听或读的人很快很容易理解的。只能让少数人顺利地理解，或者佶屈聱牙，不普通，不流畅，让多数人理解有困难的，这样的话，这样的文章都不仅仅是风格不够好的问题，而且是不符合时代要求的。语文课的教学内容要严肃地考虑到这个问题。

在现代社会，所有受过教育的有文化的人都离不开写，要靠写来办事，要写各种各样的文体。比如，公事往来常常写各种的公文；工作中常常需要记载一些事，需要写笔记，写报告，写总结；搞技术工作，新机器、新工艺使用情况需要记载，采取新的办法进行试验要写试验报告，试验成功，产品向外推广要写说明或者广告；做研究工作、宣传工作的更是离不开写。总之，写是为社会中的各行各业所需要的。语文教学中训练学生具备写的能力，这是时代的要求。就我国的传统来看，若干世纪以来要求写的不是上述那些东西，而是写八股文，后来虽然不写八股了，但是八股的影响仍旧存在，常常是让学生写一些不着边际的东西，写一些在实际生活、工作中很少用到的东西，比如抒情散文之类。这种传统的影响还是很深的。并不是不可以写抒情散文一类的文章，但是，训练写的能力不能不从现代社会发展的需要着眼。目前，中学毕业生乃至大学毕业生在实际工作中不会写所需要写的东西，这种情况很普遍。尽管小学、中学、大学作过多少作文，但是一动笔仍然感到困难，这困难还不是轻而易举就能解决的。当医生的写不好病历，或是繁简不当，或是不准确；实验室的实验员写不好实验报告；做机关工作的不会起草公文，写不了调查报告；等等。学会写现代社会中常常用到的各种文体，是要经过训练的。学生在学校里就应该接受这种训练。从未受到这种训练，到了工作中才去从头摸索，这在时间上是一种浪费。因而，语文教学要教给学生写什么，是很值得考虑的。

语文课中进行文学教育，运用文学材料进行语言训练，这都是必要的。可是，当处理文学教育和运用文学材料进行语言训练的时候，要联系前面说到的两个问题做全面的考虑，并采取适当的处理办法。教材中所选的文学作品，一般地说，语言是优美、精当的。也有的作品由于某些原因，个别地方语言不够规范，或者运用方言过多，这在教学中就要做适当的处理。到底文学作品读哪些比较合适，读的量应该是多少，读多了不行，读少了也不行，这个问题从现代化的角度考虑是值得深入研究的。

语文知识在我国的历史上是曾经被忽视的。人们认为不用语文知识，靠读写实践就成了。后来在我国和别国又曾经有过教学语文知识分量过多，讲法不当，采用学院式经院式的讲法，教学效果不好的情况。这种情况也助长了忽视以至于否定知识教学的倾向。这种倾向，目前在有些学校、有些教师同志之间有所滋长。从现代化角度考虑，这是不适当的。别的国家近一二十年有过不少研究和试验，证明对青年、对少年儿童也可以介绍一些理性知识。建立一些抽象概念，具备一定的理性知识，这对发展智力、培养能力是有益处的。我们应该借鉴别国成功的经验，总结自己国家多年来的经验，对知识教学的安排做全面的考虑，而不应轻易加以否定。人类若干万年以来天天吃饭，并不讲营养学，发展到了今天，人口越来越多，难道我们因此就要否定营养学的研究吗？具备了营养学的知识，也不一定就身强力壮起来，难道因此就否定营养学吗？难道因为古代的工匠没学建筑学、水力学、桥梁工程学而修筑了万里长城、都江堰、赵州桥，我们就可以否定现代的建筑学等吗？难道因为现代的大学建筑系毕业生不一定能设计出虎丘塔、岳阳楼，我们就否定现代的建筑学吗？人们并不否定营养学和现代建筑科学等，为什么以不学语文知识也会说话，也能写出《红楼梦》等伟大作品为理由在语文教学中否定知识教学的必要呢？这里既有传统经验的影响，又加上过去教学中存在的问题，于是使人产生错觉，认为知识教学没有用，这种想法是可以理解的。然而毕竟是错觉，是不对的。今后，我们应从现代化的要求出发，处理好知识教学的问题。不是简单地肯定，大量地教；也不是简单地否定，不教。知识的分量、广度、深度都要处理得当，同发展智力、培养能力联系起来考虑。

四

说到语文学科内容的现代化，不可避免地要涉及我们语文教学中的一个难题——文言文问题。

这里首先要说一句：绝不能因为文言文不是现代的，那么，既然谈语文学科的现代化，就必然要排除文言。这样的逻辑推理是站不住的，不应当得出这么一个公式：现代化＝不要一切非现代的东西。这不是现代化，而是简单化，绝对化，片面化。我们不赞成这种简单化的态度。

本文作者不仅不赞成简单地排除文言，相反，很重视文言问题，认为文言应当郑重对待，妥善处理；不仅不认为所有的人都不应当学文言文，相反，认为需要有些人把文言学好，比现在的中学毕业生要学得好得多。

为了真正做到正确对待，妥善处理，需要认真地研究一下文言是什么，它在历史上起过什么作用，在当前有什么用处，在今后将怎样发展；学，应当怎么学；当前需要怎么办，从长远看，有哪些工作要做。如果不研究这些问题，忽视必须加紧进行的工作，采取与简单排除相对的另一种简单化的态度，也是不可取的。

文言文是我国的一个特殊的问题，并且是一个相当复杂的问题。所谓文言文，是秦汉以下以先秦的典籍所反映的古代语言为基础形成的一种定型化的书面语言。人们口头上实际使用的语言是不断发展的，因而这种定型化的书面语言同人们口头上实际使用的语言产生了距离，并且这个距离越来越大。这种和实际使用的语言距离越来越大的文言之所以能够几千年地流传下来，是靠了两个因素：一是汉字；二是全部封建社会直到进入民国的半封建半殖民地社会中，官方文书一直使用它，各级各类的考试一直要求使用它。倘若没有这两个因素，就是说，倘若我们用的不是汉字，而是一种拼音文字，倘若不是历代的官府和考试制度这样严格地要求使用它，它是不能流传到现在的，先秦典籍一定会像用古希腊文写荷马史诗、亚里士多德的哲学著作，像李维用古拉丁文写的《罗马史》以及用古拉丁文写的《十二铜表法》等一样，成为专门家研究的材料，而不是一般人接触的书籍文献了。文言文在历史上有很大的功绩。靠了文言文取得了我们这个人口众多、方言复杂的民族的书面语言的统一；靠了它记载了我们历代的高度发展的文化成就。这个功绩是不可磨灭的，到今天我们如果要接触、整理、研究我们的文化遗产，还不能不凭借用文言保存下来的那些文献。由于几千年长时间地使用文言，产生了许多用文言写出来的优秀作品，这些作品现在还很值得欣赏，并且对我们运用语言具有很好的借鉴作用。但是，文言也有另一方面的非常明显的问题。由于它脱离人们实际使用的语言很远，所以它从来就是流行在一个狭小的范围之内，而不是全民共同使用的；它从来就是文化教育科学普及的一个障碍。近代的资产阶级知识分子，尽管他们自己学的是文言，他们十分熟悉文言，写日记、互相通信也使用文言，然而他们凡是主张普及教育的，都不赞成文言。至于具有更先进的思想以至于具有无产阶级思想观点的就更不赞成文言。突出的例子是鲁迅。虽然鲁迅是精通文言的，他是现代写旧体诗写得最好的几位诗人之一，可是他强烈地反对文言。我们有许多很好很有用的遗产，如传统的医学、天文学、数学，等等，正是因为使用文言记载的，使得广大的人民群众无法接触，就连在知识分子中间，能读懂《伤寒论》《九章算术》等这些著作的人也是越来越少，几乎快要没有了。能不能靠在普通教育阶段要求学生多读一些文言文，把我们下一代、再下一代的人阅读文言文的水平恢复到二百年前、一百年前甚至几十年前的知识分子那样的水平呢？这个答案恐怕是很清楚的。文言文因为它是文，所以它一定负载着古人的思想意识、风俗习惯、典章文物、思想方法，等等。其中有的东西，比如典章文物，今天不存在了；思想意识，今天则大大地改变了；风俗习惯、思想方法，今天则发展得很远了。因此，要现在的青年和今后下一代再下一代的青年能够像我们的上一代再上一代的前人那样理解文言文，运用文言文，客观上是不可能的。它将离我们的后代越来越远，这种发展趋势是历史的必然，是不以人们的意志为转移的。有人说，现在不少年轻人看《甲午风云》都看不懂，甚至问这是哪国的电影。其实这并没有什么奇怪。不仅二三十岁的人，恐怕六十岁以下的人，没有几个见过马蹄袖、红顶子、水晶顶子，没有几个听见过“中堂大人”“军门大人”“标下”这些称谓，怎么能看得懂呢？靠读《醉翁亭记》《滕王阁序》等能解决看《甲午风云》的困难吗？从社会和语言的发展趋势是不难推想文言文的前途的。从清朝末叶算下来一百来年了，从来没有停止过教学文言文，可是现在就连最普通的古代的掌故、寓言故事，例如刻舟求剑、揠苗助长、郑人买履、叶公好龙等等，知道的人是越来越多了呢？还是越来越少了？仅仅几十年前对于读过中学的人还是一个普通常识的东西，现在对于进了高等院校文科的学生甚至毕业生都成为相当生疏的东西了。原因就是那些古代的好的东西被文言这个外壳包起来了，而人们对于文言接触越来越少，于是这些好的东西跟人们也离得越来越远了。从继承优良的文化传统的角度来看，文言文所起的作用恐怕远不是积极的。

学习文言文过来的人，熟悉文言文的人，往往觉得学好文言文一定可以学好现代文，甚至于觉得不学好文言文就不可能学好现代文。这恐怕是一种误会。能否学好现代文，首先决定于学了多少现代文，是怎么学的。写《三国演义》的罗贯中，写《西游记》的吴承恩，写《儒林外史》的吴敬梓，写《红楼梦》的曹雪芹，都是学文言出身的，可是他们运用他们时代的现代语文水平有很大的差异。赵树理同志，还有别的一些现代作家，恐怕并没有读过多少文言文，至少，赵树理读的文言文大概不会多于吴承恩吧，可是，单就语言来说，赵树理、吴承恩谁运用得更好一些呢？只有小学文化程度甚至程度更低的根本没读过一句文言文的工人农民，是不是现代语都说不通呢？鲁迅还有别的好些位现代的作家，不承认他们能够写出那些作品是得力于学了文言文。当然，学点文言文对于学现代文肯定是有些帮助的，是有益处的。文言文和现代文的文字语汇有许多相通的地方，古文的写作方法有不少值得借鉴的地方，读一些当然有好处。但是，值得考虑的是：这种帮助、这种益处是必不可少的决定性的因而必须依赖的呢，还是辅助性的？这种帮助、这种益处十年二十年之后、三十年五十年之后是愈来愈大呢，还是愈来愈小？仅就当前来说，为了让中学的甚至于小学的孩子普遍地学文言，所付出的劳动同它所起的作用比较起来是否相称呢？古代的读书人十年寒窗，就是读文言，写文言。搞点科学研究的，如李时珍、方以智等，在封建社会后期是为数很少的。十年寒窗之下，经史子集读的数量是很可观的，作文写得很多，远不止“两周一次大作文”，然而究竟有多少人学通了呢？我们的眼睛不要只看见曹雪芹。那是几百年才出了那么一位啊！《古文观止》中的文章的确大都写得不错，很多是所谓脍炙人口的，可是那是从《左传》开始直到明末的两千多年的著作中选出来的二百二十二篇。20世纪20年代出生的人，今天都已六十来岁了，他们在读中学的时候，国文课里百分之百是文言，并不是如我们现在规定的百分之二十、二十五、三十五、四十五；他们作文、考试统统要写文言文。可是他们之中能够没有多大困难地驾驭古籍的，又有多少呢？直接通过文言来接触古籍，绝不像我们想象的那么容易。恐怕一个合格的中学毕业生，看《三国演义》《聊斋志异》都是连蒙带猜的，因为有故事情节，能够对对付付读下去就是了。进了高等学校哲学系的，有多少能读先秦诸子著作？进了历史系的，有多少能没有太大的困难地阅读《资治通鉴》、二十四史？进了医学院的，有几个能读《黄帝内经》《伤寒论》？进了数学系的，如果想研究中国数学史，有几个能阅读《九章算术》的？这些摆在我们面前的事实值得我们深思！那么可能不可能让所有的中学生普遍地大量学文言文呢？不说像封建社会的读书人，能像四十年前五十年前的中学生读的那么多吗？时代许可吗？现代科学技术的发展许可吗？这都是值得深思的！所以，在我们完全不否认学一些文言文对于掌握现代文有帮助、有益处的同时，我们不能不认真地深入地考虑以上这些问题。

总体来说，不论从继承、发扬文化遗产来看，或者从学好现代语文的需要来看，不论从当前实际来看，或者从今后发展趋势来看，怎样对待和处理文言文问题，是一个很需要加深研究的相当复杂的问题。在这个问题上，要有眼前的办法，要有长远的打算。这是语文教学需要解决的问题，也是我们文化政策中的重要问题之一。

就当前来看，要求中学生接触一些文言文，还是必要的。因为具有中学毕业以上文化水平的人，颇有一些需要接触文化遗产，而我们还没有给青年们准备下不凭借文言就能接触文化遗产的办法。用文言或者半文言写下的文学作品不少，这些作品是世界文学宝库中的精华，我们的下一代对此不应当毫无所知。读这些作品，使青年人了解我们的文化传统，更加热爱祖国。值得研究的是，读多少，怎么要求，以及是不是所有中学生个个都要达到同样的水平——今天我们还没有能够普及中学教育，然而在进行四个现代化建设的过程中，普及中学教育不会是遥远的事情。如果普及了中学教育，并且要求中学毕业生都得具备相同的文言文水平，那就意味着要求全民都通晓文言文。这样做的必要性和可能性是值得研究的。从这个角度考虑，我认为初中可以读少量很好的旧体诗词、文言散文、早期白话小说（这其实不是文言文），等等。主要目的在使年青一代接触一下文化遗产的这个方面，知道我们祖国有这样一种优秀的遗产，但是不做什么要求。正如同有机会应该去看一看万里长城，看看都江堰，赵州桥等那些珍贵的文物一样，作为一个受过中等教育的中国公民，不知道祖国的这些文物是不行的，然而我们并不指望年轻人从万里长城、都江堰、赵州桥学到什么建筑技术。高中可以编一种文言教材。这部教材，要有足够的分量，要运用关于古代汉语、古代文字的科学知识，要有效率地进行教学，要做一些文言的练习——像现在这样教文言，不要求听，不要求说，不练习写，也极少琅琅诵读，怎么能学会学好文言呢？学语言而不通过听说读写的实践训练，就能学会，学好，这恐怕是不符合认识规律、学习规律的假想。总之，既学就要学好，学到管点用，不能一个学期读它四篇五篇，并且是没有任何要求，只靠教师翻译来知其大意，然后背诵一部分那样学法。高中的文言教材不要求普遍地学，可以作为选修教材，不具备现代语文的必要的基础，没有明确的学习目的，没有足够的学习时间的，可以不选或者不许可选。既选就要学好，只有学好，花的时间、精力才不是浪费的，付出的劳动才是有实效的，才能凭借文言接触点文化遗产，并且有助于学好现代语文。马马虎虎学一点，不管用，什么问题都解决不了，实质上是一种浪费。

从长远来看，需要加紧做两项工作。其一是立即组织力量有计划地全面整理古籍。现实意义极小的古书（如巫祝卜筮之书等）可以束之高阁，留给极少数专门研究者去用。其他还有现实意义的古籍，应当分别进行校勘、标点、注释、精选，以至把某些应当普及的并且能够改写的古籍，用现代语文改写出来。（优秀的古代诗词曲之类，是不能也不必改写的。因为文学是语言的艺术，那些作品之所以成为优秀的作品，是包括着古代语言运用的精当在内的。）这项工作必须加紧做，十分迫切。现在虽然已经晚了一点，但是把现有力量很好地组织起来，还勉强可以做；再过十年二十年，想做就更困难了！这是一项百年大计的工作，是真正重视文化遗产，继承文化遗产，发扬文化遗产，为子孙后代负责的一项工作。在许多国家，尽管他们的历史没有我们这么久，这类工作却早就做起来了。西方的儿童不知道《鲁滨逊漂流记》的很少，然而他们读的已经不是十八世纪笛福的原文，而是用现代语改写的。改写本不止一种，有适合儿童看的，有适合少年看的，有适合一般青年看的。希腊神话故事、莎士比亚戏剧，在西方对于多数受过教育的人不是生疏的，他们读的也是用现代语文改写出的各种本子。连他们的《圣经》，现代用的不仅不是拉丁文的了，也不是宗教改革之后用各种民族语言翻译的那些本子，而是用现代语文改写的本子。我们应当比他们做得更好，而不应当让我们的后代由于语言的障碍同我们的文化遗产距离越来越大，越来越感到文化遗产十分生疏。再一项工作是应当在全国范围内建立若干所“古文学院”，招收初中毕业的学生训练六年，或者招收高中毕业生训练四年，培养确实通晓文言、熟悉古籍的专门人才。这样的人才不经过专门训练是很难培养出来的。这样的人才不需要太多，但是需要相当的数量，因为整理古籍，培养这方面的接班人，进行一些专题的研究，等等，这些工作是长期需要的。虽然不是人人都要做的，总要有一些人把这项工作担任起来并且传递下去。同整理古籍的工作一样，现在赶紧设立一些这样的学院还是力所能及的，再过些年，困难将要更大，因为师资会越来越贫乏。与其把为数不很多的真正通晓古代语言文字、熟练掌握古籍的人过分分散地使用，使他们不能充分发挥其所长，远不如适当集中一批力量，把培养这方面人才的工作很好地担负起来、完成它。

以上说的有关文言文的这些想法，有的部分超出了本文所要谈的语文教学现代化的范围。因为这个问题同语文学科内容的现代化有关而又不仅仅是个教学问题，所以连带地把别的有关问题也说了说，向关心这个问题的同志请教。这一部分既是从语文学科内容现代化生发出来的，因而接着内容问题说开去，单另成为一节。

有的同志可能觉得：调查报告反映出的中学生的现有语文水平存在那么多的问题，要解决这些问题已经很不容易，哪里顾得上研究什么

“现代化”！这不是当务之急，现在提出“现代化”是不切实际的。

我不这样看。假如我们认真探讨探讨本文提出的这些问题，采取一些措施，恐怕对于解决调查报告中反映出的各种问题是有益的，有相当效果的。语文教学之所以有那么多问题，和我们在教材工作、教学工作中一切“率由旧章”不无关系。

本文提到的有关语文学科现代化的几个问题（当然提得还很不全面，很不深刻），并不难解决。这里没有全然脱离现实的想象。每一点，例如在语文学科中如何发展智力，如何提高学生学习兴趣；如何结合实际需要训练写作，等等，都是很容易做到的。做到这些，不仅使语文学科带有较多的现代气息，有利于今后的发展，同时也正是解决当前存在的问题的途径。回顾昨天，看到今天，想到明天，这里边存在着统一性。

因此，我不认为看了这份调查报告而谈语文学科的现代化是离题的。最后把这个想法说一说，请见到本文的同志们指正。

1981 年 2 月

谈谈单元教学*

中学语文按单元编教材并进行教学，在我国已经有相当长的历史了。在这些方面，语文界的同志们已经进行了一系列的探索研究，积累了丰富的经验，发表了很好的意见。对单元教学问题，本文不打算做全面的论述，仅就以下几个问题谈一些不成熟的看法，就正于语文界的前辈和同道。

一　什么是单元教学

教学任何一门学科，包括语文学科，教学既有连续性、循环性，又有阶段性（每个阶段解决一定的问题，完成一定的任务，达到一定的目的）。在教学过程中，如果忽视连续性和循环性，只注意阶段性，就会把教学搞得七零八落，不成为一个有机整体；如果只注意连续性和循环性，不重视阶段性，整个教学会成为囫囵一块。总之，在教学过程中，

* 本文与张定远联名发表，刊载于《语文教学通讯》1981年第7期。收入《张志公文集》第3卷（广东教育出版社1991年版）。

三方面要相辅相成，互相作用，互相配合。这种情形在中国或外国，在中国古代或近代，一些学者和教师并不是没有注意到，但是不很自觉，在处理上往往只是不很科学罢了。例如传统的语文教学，它有启蒙阶段，先学“三”“百”“千”，进一步读经，进而作文章，而在启蒙阶段，先念《百家姓》，然后是《千字文》和《三字经》，也有一定的阶段性。所以古人在编书和教学时并不是完全忽视这三性，只是不很自觉，往往凭经验办事，处理上不大科学。近几十年来，语文工作者和教师在编排教材和教学时，有意识地注意以上三性，按照由浅入深、由易到难的原则，分单元编选教材，按单元进行教学，使教学成为有机的整体。

关于语文教学的连续性和循环性的问题，大家已经发表了很多意见，就不多说了，这里仅就阶段性的问题，简略地谈一些意见。所谓阶段性，就是在一定时间内，完成一定的教学任务。阶段有大阶段和小阶段之分。比如，普通教育阶段，专业教育阶段，这些就是大的阶段；在普通教育阶段中，又有学前教育阶段，小学阶段，初、高中阶段，这就是较小一些的阶段；一个学期，一个学年，是更小一些的阶段，如此等等。单元教学则是教学过程中最小的一个教学阶段。这个阶段虽小，但毕竟还是个阶段，有它特定的目的，完成特定的任务。正因为如此，它有一定的内容，有一定的组织结构。

二　单元的组成

单元组成有多种形式，不是只有一种模式。我们常见的有以下几种：

（一）把体裁相同或相近的几篇课文组织成单元。这种单元可以指导学生在一段时间内比较集中地学习几篇体裁相同或相近、而写法又各有特点的课文，从而使学生在读写的某一两个方面得到提高。现行通用语文课本，大多是根据听、说、读、写的要求，按文章的体裁来组织单元的。

（二）课文加知识短文组成单元。从语文教学来说，这种单元可能同时指导学生集中读一批某一类型的课文，理解这一类课文的某些重要特点，学习有关的必要的知识，从而在阅读或写作说话的某一方面或两个方面，培养学生一定的技能以至于能力。例如，现行通用教材初中第六册第三单元，选入三篇议论文（《放下包袱，开动机器》《论“同甘共苦”》《“友邦惊诧”论》），通过这一单元的教学，着重使学生懂得有关立论和驳论的知识。在这一单元的后边，编写了《立论和驳论》的知识短文，让学生进一步掌握立论和驳论的有关知识。

（三）以知识为主，以文章为辅组成单元。这种单元可以教给学生一个方面的某一个内容的知识，同时给他们提供读、写、说的实际例证。天津新华中学语文教改试验方案的单元编排基本上属于这种类型。每个单元的第一篇文章就是知识短文，然后编选若干篇课文与之配合。例如初中第一册第一单元是这样编排的：第一篇是知识短文——把握事件，归纳中心；把握顺序，划分段落。紧接着编选五篇课文，即《一件小事》《老山界》《清贫》《挺进报》《同志的信任》。

（四）以语文知识为主组成单元。用这种方式组织的单元，可以使学生比较透彻、比较全面地掌握某一方面的知识，在某一方面形成技能。我国50年代编写的汉语课本，就是以知识为主组织单元的。最近福建省福州三中编写的语文试验教材，初中第一册第一单元也是以知识为主来组织的。这一单元围绕字、词的有关知识，编写了四篇知识短文，即《字的构成》《词的构成》《词组的构成》《词的称呼》。

（五）运用比较的方法组织单元。在组编单元时，可以有意识地就读或写或说的某一方面进行比较，也可以就某一类型的文章与另一类型的文章进行比较，还可以就某一类型的知识与另一类型的知识进行比较。通过比较，加深学生对学过的东西或新学的东西的理解，使他们对所要讲授的东西理解得更鲜明、更深刻、更容易吸收，进而形成分析、比较的能力。这种单元也可以叫作混合单元。比较的内容可以是不同的写作方法，不同体裁的文章，不同风格的文章，不同内容的知识。例如，全国通用语文教材初中第五册（1964 年版）第二单元就是这样一个混合单元。这个单元一共有三篇课文，即，毛泽东同志的词《蝶恋花·游仙（赠李淑一）》、叶圣陶同志的散文《五月卅一日急雨中》、王愿坚同志的小说《粮食的故事》。这几篇课文，思想内容相近，但体裁不同，写法又各有特色。编排这一单元的目的，就是要求老师讲授时，采用比较的方法，让学生了解类似的主题，可以采用不同的体裁和不同的写法来表现，从而在读写能力方面得到提高。

（六）按作家的作品组织单元。这样组织可以使学生对某一个作家不同时期的作品或某一个时期的作品有比较全面或比较透彻的了解。例如，现行全国通用教材高中第三册，安排了鲁迅先生 30 年代写的两篇文章。一篇是《为了忘却的记念》，另一篇是《“丧家的”“资本家的乏走狗”》。通过这两篇课文的学习，除让学生学习一些写作方法外，还让学生比较全面地了解这一时期鲁迅先生的政治态度和创作思想。

（七）按年代组织单元。这样组织可以让学生比较系统地学习一些课文，对不同时期的文章有比较系统的了解。现行通用语文教材高中各册的文言文，基本上是按照时代先后的顺序编排的。

此外还可以有别种方式的单元。不论单元组成有多少样式，都有其共同性。（一）不管按哪种方式组织单元，一定要有明确的目的。（二）一定要把文章、知识几种东西综合起来，使知识和技能有机地统一在一起，提供新的知识、材料，训练、培养学生的语文能力。（三）单元组成一定要瞻前顾后，每个单元只是一系列单元中的一个，在一系列单元中起一定的作用，它是总体中的局部，既有独立性，又有前后相互依存性，不可偏废。所以，组织单元要有总体观念，共同达到一定的目的，完成一定的教学任务。这样整个教学才是科学的、统一的。

三　单元与单元之间

以相连的两个单元来说，它们之间的关系应该是这样的：第一个单元所学的知识、技能和能力要迁移到第二个单元，第二个单元不是把已学过的东西简单地再现一次，而是从那些知识与能力中引申出新的知识，使学过的知识、能力，得以巩固、加深和发展。在这些知识与能力中，可以以其中的一项为主要目的，也可以以其中的两项为主要目的。总之，它们之间是继承的关系，迁移的关系，而不是简单地、机械地再现。例如，现行全国通用教材初中一册的第二和第三单元之间，基本上具有这样的关系。这两个单元都是记叙文，是这一册的教学重点，但要求不同。第二单元侧重记事，写了有关的人。这一单元有三篇课文：

《老山界》《一件珍贵的衬衫》《"红军鞋"》。第三单元侧重记人，写了有关的事。这一单元有三篇课文：《草地晚餐》《生的伟大，死的光荣》《人民的勤务员》。编选这两个单元的目的，不仅让学生在思想上受到教育，而且着重让学生学习记叙文的基本要素和记事、写人的一些方法。第二单元着重让学生学习以某一事物为线索记叙事物的方法，同时初步学习写人的一些方法。第三单元着重让学生学习通过人物的言行表现人物性格和品质的方法，同时进一步学习一些记事的方法。

每个单元也要同后边的单元有联系，要考虑到以下的单元，或者从知识上，或者从训练的技能与能力上，为后边的单元打下基础，为后边的单元做些准备工作。可以使后边紧跟着的单元，产生这样打基础的关系，也可以让这一单元同后边紧跟着的一个单元，分别从不同的方面共同为更后边的一个单元打基础、做准备。总之，一个单元要同前边的单元有联系，也要同后边的单元有联系，不能是悬空的，而应该同前后有这样或那样的联系。例如，北京景山学校编选的几个说明文单元，彼此之间的联系就比较紧密。第一单元有两篇课文：《雄伟的人民大会堂》《向沙漠进军》。这一单元主要让学生初步学习说明文的特点；学习由表及里地把握被说明事物的本质；用数字、比喻等方法来说明事物等，为提高学生阅读和写作说明文打下基础。第二单元有三篇课文：《中国石拱桥》《景山学校简介》《一间屋子》。这一单元主要让学生继续提高阅读说明文的能力，要求学生运用已学过的说明文知识，同时借鉴所学的课文，克服中心不突出、方位顺序混乱的毛病，提高说明文的写作能力。第三单元是一篇知识短文和作文题。结合已学过的说明文，向学生比较系统地阐述有关说明文的知识，通过写作文，让学生运用已学过的写作方法。

还有一种情况，要是某一方面的教学内容涉及的面比较多，组织一两个单元不能完成教学任务时，可以编排若干个单元进行教学。例如，辽宁鞍山十五中学欧阳黛娜老师编写的初一阅读教材就属于这种情况。这一册的第三单元着重培养学生的记叙能力，为了便于教学，一共组织了五个小单元。具体安排如下：一单元，怎样写一件事，课文六篇包括《老山界》《小桔灯》《社戏》等；二单元，怎样写一个人，课文四篇包括《梁生宝买稻种》《分马》等；三单元，怎样写一段生活，课文两篇包括《从百草园到三味书屋》《风筝》；四单元，怎样记叙一个地点，课文两篇包括《第比利斯的地下印刷所》《雄伟的人民大会堂》；五单元，怎样记叙一种感情，课文两篇包括《春》《瑞雪图》。

四　单元教学的作用

单元教学运用得好；可以有下列几种作用：

（一）按照单元进行教学使一个阶段（一个月、半学期、一学期、一学年）的教学确实能够成为一个整体，教学效果会显著提高。采用单元教学，可以避免一些不必要的重复，又不遗漏重要的环节，还可以起到由已知到未知，以新知巩固旧知，用旧知来推动新知等符合认识规律、符合能力发展规律的作用。（二）采用单元教学，可以使学生由浅入深、由简到繁，循序渐进地学习课文和有关的语文知识。（三）采用单元教学，可以使学生每学一个单元，就必定有所得，从而提高学习的积极性和严肃性。学生学了一个单元，一定会感到知识和能力有所增长，如果少学一个单元就会感到一定的缺憾，再学下去会或多或少地感到困难。这样就可以改变大家常说的“语文课是橡皮课，学与不学没有多大关系”的状况。这里顺便指出一点：如果要求每上一节语文课，每读一篇课文，每做一次作文，必须有显著的收获，有较大的提高，就语文课的规律来说不是很现实的。但是，每学一个单元使学生感到有所得，则是可能的、现实的。

组织单元进行教学，有两种做法可取。一种做法是，先就一个阶段（比如说，一个学期）的教学，做出计划，根据这一学期的教学目的、任务、要求，设计出几个单元，然后根据计划，选材料，组单元。另一种做法是，根据一个学期的教学目的、任务、要求，先把材料、内容选出汇集起来，做一番分类和排队的工作，根据实际情况，把这些材料组织成若干单元进行教学。但有一种情况是不允许的：既不是根据教学计划组元，又不是根据实际材料组元，而是带有盲目性、随意性，把几种东西牵强地硬凑成单元，或者没有明确目的地随便凑单元。这种为单元而单元的做法不会产生积极的效果。

单元教学是一个很值得研究的课题。单元的大小，单元内部的结构，单元间的相互关系；教学的哪些内容宜于连续组织几个单元，一步一步地、一个方面一个方面地进行教学，哪些内容只要组织一个单元大略教学一次就行，哪些内容宜于每隔一段组织一个单元，反复加深几次；在什么情况下需要有一个缓冲性的、调剂性的单元，避免直线前进可能产生的单调感或沉重感，在什么情况下需要有一个加强性的单元，把教学的深度和难度显著地提高一步，换言之，怎样运用单元的配合使教学带有一种节奏感：所有这一切，都是大有文章可作的。在一个教学阶段或一个教育阶段中编组若干教学单元，一要根据语文知识、能力进展的规律，二要根据教学规律，三要考虑到不同阶段的学生的学习心理之类的因素。单元教学体现教学的科学性，也体现教学的艺术性。对于单元教学，我们有过不少朴素的经验，这些经验是可贵的；为了提高教学效率，有必要以那些朴素的经验为基础进行一些理论的探索，这将是一件很有意义的工作，也是一件饶有兴趣的工作。

汉语文教学的过去、现在和未来*

前言

这篇论文的意图在于回顾汉语文教学过去和现在一些主要做法的得失利弊，展望一下今后改革的趋向。

这里所谓“过去”，指的是20世纪20年代五四运动之后，当时的国民政府公布《新学制课程标准》之后，直至1949年那段时间。“现在”指的是1949年中华人民共和国成立至今，但是“文化大革命”期间的不正常情况不考虑在内。

对过去和现在汉语文教学情况的概述和评价，对今后前进中应当着重考虑的问题和应当重视的趋向，完全是本文作者个人的观点，不反映任何政府部门，任何学校，任何学术团体的意见。在那些地方，可能有人完全或者部分同意我的观点，也可能有人很不同意或者不完全同意我的观点。

---

* 1984年8月，香港中文大学召开“应用语言学研讨会”，本文是提交给会议的论文。收入《张志公文集》第4卷（广东教育出版社1991年版）。

谈汉语文教学本来应当包括国内少数民族学习汉语文，也就是国内的双语教学问题，以及外国人学习汉语文，也就是把汉语文作为外国语文的教学问题。但是限于篇幅，本文不涉及这两个方面。

一　20世纪20年代之后

20世纪初，清政府宣布废除科举考试，废除八股文，开办新式学堂。办新学堂，从学制到课程设置，以至各级各科教材，大都是从东西方几个国家引进的。只有“国文”（即汉语文课）教材无法从别的国家引进，因而这门课从内容到教学方法可以说是率由旧章，只不过形式上变一变，教材编成一本一本的，每个学期一本，每本里边分成若干课，如此而已。真正有所改革，是20世纪20年代以后的事。

20世纪20年代之后，进行了哪些改革？

五四运动提倡白话文，提倡“国语”（即现在说的“普通话”，在台湾仍称“国语”，推行的成绩很好，香港不少人也习惯于称为国语），发起国语运动。经过了相当长时间的努力，终于取得胜利，白话文合法化了；与此同时，教育界人士认为小学语文教科书应当以白话文为主，因为这才符合儿童的语言实际。此后，国民政府公布《新学制课程标准》，规定小学改称“国语”。（中学仍称“国文”，以文言文为主。）虽然当时的白话文也还只是比较接近实际口头语言的一种新的书面语言，但毕竟不是与实际口头语言完全脱节的文言了。虽然在全部普通教育阶段（小学至中学毕业）学生仍旧是以读文言文、写文言文为主，但是毕竟可以读一部分白话文，至少小学阶段可以写白话文了。打破以往从启蒙开始一直完全读文言、写文言的状况，这不能不说是一项重要的改革。

1898 年马建忠发表了我国第一部系统的语法著作《马氏文通》，他的意图是作为教材使用，给传统的语文教学注入一点科学因素，以提高教学效率；但是他的尝试没有成功，就是几年后全面废除科举考试和八股文，开办新学堂之后，也没有把语法教学纳入国文课之内。直到 1924 年黎锦熙发表《新著国语文法》，陆续有了一些学校在国文课之内照黎氏著作多少讲一点语法。另外，与此先后，唐钺发表了《修辞格》，张弓发表了《修辞学讲义》，到 30 年代，陈望道发表了《修辞学发凡》，陆续有少数学校也教一点修辞学知识。还有，叶圣陶（当时用名叶绍钧）、夏丏尊等发表了《文章例话》《文心》等著作，讲作文的知识，有些学校也教一些。虽然并不普遍，教的也不多，大都不成系统，但是，毕竟打破了国文课内完全不教有关语文的科学知识那种局面。

汉字注音是一个困难问题。传统的办法有两种，一是用甲字注乙字，一般叫作“直音”或“读若”。这种办法当然不准确。另一种稍后起的是“反切”，这种办法比较麻烦，有时候也并不准确。到了近代，逐渐有人设计各种不同系统的字母，但是都没能通行。20 世纪 20 年代之后，随着国语运动的进展，陆续产生了两种比较科学的注音办法，一种是“注音符号”，在一段时期内曾被广泛采用（目前我国台湾地区仍在使用），另一种是“国语罗马字”，没有通行（但是在美国有一些教汉语文的一直在使用它。最后了解到，我国台湾地区教育行政部门公布了经过修订的国语罗马字——修订的主要点是不再用字母表示声调，而改用注音符号的那四种符号，也就是汉语拼音方案所用的四种符号标调，把它作为国语注音第二式，与第一式即注音符号同样合法使用。我个人赞赏这个决定）。为教汉语文而采用一种新的注音工具，也应当看作一项很有意义的改革。

从 19 世纪末叶开始，直到 20 世纪初中叶，逐渐有些人把欧洲，后来加上美国的教育学、心理学的若干不同流派的学说引进我国。首先是通过翻译某些重要论著，然后在有的高等师范学校开设课程，还有少数学者进行了一些专题研究，其中有的与汉语文教学有直接关系，例如陈鹤琴研究幼儿教育，第一个做出了基本常用汉字的统计，艾伟研究识字心理学，等等。这些侧重理论的探讨研究，尽管所起的实质性作用并不大，但是对于传统的汉语文教学或多或少是有所冲击的。

积弊未除

传统的汉语文教学实行了若干世纪，积累了不少好的经验。作者曾经就此进行过一些探索，整理和研究，在 60 年代初写了一本小书《传统语文教育初探》。当时由于种种原因，对那些经验研究得不够深透，还计划做进一步的工作，对那本小书进行增订补充。传统经验是历史存在，不容否认，并且其中有些部分对于我们今天和今后的工作仍旧很有参考价值。

然而，毋庸讳言，实行了若干世纪的以封建主义为基础的汉语文教学，必然也会有不少弊端，正因为时间久，传统深，那些弊端逐步形成了相当固执的难于动摇的力量，甚至使人们习焉而不察，视为理所当然，于是代代相传，积累得越来越厚，成为一种“积弊”。

20世纪20年代之后虽然有了如上所说的几项重要改革，对传统语文教学有所冲击，但是改革的时间不长，范围不广，冲击的力量不大。传统的积弊依然存在，并未消除，至少，改变是微乎其微的。

传统的积弊，最突出的是只重书面，严重忽视语言实际。一个客观原因是，汉字是一种独特的文字系统，学习运用，尤其是在初学阶段，困难相当大，因而人们在语文教学中首先把注意力集中在识字、写字上，从而投入很大的力气去突破这个难关。社会的原因是，政府提倡熟读古代经典，并且以文取士。于是，全部语文教学的内容就是识字，写字，读古文，写古文。人们没有感觉到学习当代实际语言和训练口头语言能力有什么必要性；没有觉察到口头语言能力和书面语言能力之间有什么重要的联系；没有体会到有目的有计划的口头语言活动对于活跃学习生活，形成孩子们的性格，发展孩子们的智力有什么重要意义。其结果是，古文未必学通，因为它与实际的活的语言没有联系，从而也就与实际生活甚少联系，而运用实际语言，特别是口头上运用的能力很差，元明清几代的早期白话作品的语言大量不通，可以证明。

另一项突出的积弊是严重忽视应用实际。教给学生读的是古圣先贤的经典和历史的名家名著，要求学生写的是模仿前人的用字造语、布局谋篇等并不切合当世当代实际应用的文章，以至写完全程式化的，没有实际内容的，毫无实用意义的，只备参加科举考试用的八股文。其结果是，语文教学和生活、工作、科学技术研究完全脱节，或至少在极大程度上脱了节。

再一项突出的积弊是严重忽视语文知识的教学。我国本来有历史很久的，很发达的文字、训诂之学和声韵之学，但是在语文教学之中并不教给学生这些知识，也极少运用这些知识去处理文字教学和文章教学；尤其是稍后起的已经比较接近近代语言科学的声韵之学更被视为一种艰深奥秘的东西，不教给学生（事实上多数教师也不懂），至多，只有习诗者知其然不知其所以然地了解一下韵部，知道某字属某部而已。

还有一项也应归之为积弊的是相当严重地忽视文学教育。我国本来有历史久，内容十分丰富，数量很大的文学遗产（其中自然也有比较薄弱的方面），但是在语文教学之中完全不予重视。诗，已经不属于语文教学的正当内容（只有在启蒙教育阶段，为了便于背诵，教儿童读很少量的短诗），习诗者大都是自学的或者另行单独拜师学习的，不是在语文教学中作为正常课业学来的。至于戏曲、小说则完全被视为歪门邪道的东西，不仅不教，甚至禁止孩子们阅读。属于教学内容的名家名篇中有不少是文艺散文性质的，然而并不把这些作为文学作品来教，而是作为文章范例，供背诵模仿之用。

20 世纪 20 年代之后，上述各项传统积弊不能说丝毫未受触动，然而由于传统力量强大，触动很小。识字加作文章就是语文教学，这个概念牢固地植根于人们的思想中和语文教学的实践之中。

二　1949 年以来

1949 年，中华人民共和国成立，至今即将满三十五年，其中 1966 年至 1976 年经历了一场十年动乱，除去这十年，只有二十五年是正常工作时间，而这当中，1966 年之前也已有某些失误，1976 年之后不免有一段恢复时间，所以完全正常工作的时间实际上是很有限的。在这很有限的时间里，汉语文教学有了相当可观的发展和改革，尤其是进行了一些很有意义的探索、研究和实验，并且目前正在更加积极地进行中。

1949年以来，汉语文教学有过哪些进展、变革和实验

学校里汉语文学科的名称问题，看起来不是什么大事，却也在相当程度上反映人们对这门学科的观点和认识。前边说过，最初称“国文”；以后小学称“国语”，中学称“国文”。1949年之后，小学、中学一律都称“语文”，“语文”的“文”指什么，人们有不同的理解，但“语”是“语言”，这一点，大家的理解是完全一致的，并且是没有人不赞成的。这就意味着，在全部普通教育阶段都应当进行语言教育，这个观点已经被人们普遍接受了。在那么悠久的以文为主的传统语文教学之后，经历了几十年的往复激荡，终于建立起来语言教育这个观念，这是十分值得重视的。尽管在做法上还有不少问题（下文将会谈到），单说建立起这个认识的本身，已足可以认为是一件有划时代意义的事情。

1949年之前，中学仍以读文言为主：在绝大多数学校，作文必须写文言；中学以上所有的考试，作文必须用文言。1949年之后，中学虽然还读一些文言，但是退居次要地位了；作文，都用白话，不要求写文言了；中学以上的所有考试，作文也不要求写文言了。（在社会上，政府公文，报纸期刊，文件文献，科学论著，统统使用白话，不用文言了。）这个变化的意义，也是十分值得重视的。

50年代中期，经过学术界和社会各界反复研究，讨论，最后由政

府公布了简化汉字方案，汉语拼音方案，并且决定了在全国范围内推广普通话。这些决定立即实施，在短短的三五年时间内收到了很好的效果。语文教学不仅实施了这些决定，并且成为推广实施这些决定的首要阵地，起了很好的作用。

也是在50年代中期，进行了一次变革相当大的实验：把中学的语文科分为文学和汉语两科，分别编出文学和汉语两套教科书。初中文学教科书以中国近代现代文学为主，加入少量外国文学作品的现代汉语译文，按照文学体裁编排；高中前两年是中国文学，按照文学史的顺序由古至今编排，第三年是外国文学。汉语课只在初中开设，教科书按照语音、文字、词汇、语法、修辞的知识系统编排。1954年做出决定，随即着手准备，1955年在少数学校试教，1956年在全国所有中学推行。但是实验进行了不到两年就废止了，停用了两种教科书，恢复了语文课，重新编写了初中和高中的语文教科书。由于实验是半途而废，一直总结不出那次实验的得失利弊。但是，毕竟实验是以失败的面目而告终的，因而产生了两种十分明显的副作用。一是比以前更加不谈文学教育了，一是比以前更加不谈系统的语言知识教育了。这种情况一直持续到现在。近两年来，作者个人逐渐认识到那次实验真正的缺失所在。

60年代初，有几处学校参考传统教学的经验，试行在小学前两年进行集中识字教学，取得很好的成效。其中比较突出的是辽宁省黑山县的北关小学和北京的景山学校。他们都能够在小学一二年级，不影响其他功课的正常进行，不加重孩子们的学习负担，使孩子们学会二千五百个以上的字，为小学后期开展大量阅读和作文训练打好基础。他们的这种实验，和本文作者当时探索传统经验，提倡集中识字有关，尤其是景山学校，曾为此聘请作者担任该校顾问。他们这两所学校至今仍在实行集中识字的做法，另外还有些学校也在实行近似的做法；当然，并不是所有学校、所有研究这个问题的教师和学者都赞同集中识字教学法，有的并且很不赞成。

从 1982 年开始，黑龙江省在三个县市的共六所小学中（每所小学用两个班）进行一种称为“注音识字，提前读写”的实验。试行两年的成绩表明，效果是良好的，小学二年级的孩子们的阅读量大大超过了非实验班的同龄学生，作文的能力也远远超过了他们。有些报纸期刊报道了他们实验的情况和取得的成绩。现在，上海、广州等地已经有学校开始参照他们的经验进行实验或者准备进行实验。这种实验的特点在于充分利用汉语拼音来推动识字和读写，以提高效率，加快进度。这是“注音识字，提前读写”与“集中识字”两种实验的主要区别。本文作者和这种实验也有关系，是以吕叔湘先生为首的实验领导小组的成员之一。

1979 年以来，随着各项事业的发展，在汉语文教学领域，研究实验之风大盛，有关的学术团体纷纷建立，前不久还设立了专门机构“课程教材研究所”，工作范围当然包括对汉语文教学的研究。探索、研究、实验，涉及汉语文教学的各方面，尤其是阅读教学和作文教学，研究成果更多。口头语言训练开始受到部分教师的重视。有些人在探讨如何把教学论几种新的流派的理论有选择地运用于汉语文教学。如何分担开发学生智力的任务也被很多语文教师纳入自己探索研究的范围之内，汉语文教学正在朝着提高效率的现代化、科学化的方向前进。

传统教学积弊的影响尚在，有待进一步研究改革之道。对于语文教学，人们还是习惯地把更大的注意力放在字和文章两件事情上。不是说字和文章不需要重视，绝对不是。重视读和写的能力的培养是完全必要的。文化、科学、技术的发展使得出版物不是越来越少，而是越来越多，多到使人目不暇接，必须具备更科学更快捷的阅读能力才能应付。自然语言永远不能取代书面语言。每个受过教育的人都必须会写。无论通信技术和信息技术多么发达，也很难想象人类可以回到没有文字，没有书籍文献的原始生活中去。然而让字和文章过多地减弱了对语言实际和应用实际的重视是不可取的。现代通信技术以至信息技术的迅速发展，对于人们运用自然语言的能力的要求越来越高，“讷讷不能言”已经绝不再是应当提倡的美德，而是急需克服的缺陷了。现代技术使得人们可以用自然语言迅速地处理工作，用自然语言指挥机器。会说，话说得好，越来越成为生活、工作、生产发展的必要条件。这一点，在传统积弊很深的汉语文教学界是很难被理解、重视得足够的，或者虽然理解了，重视了，然而在教学实践中是很难做得足够的。为作文而作文，为考试而学作文，不是为实际应用而学作文，这个传统积弊的影响很大。本文作者从几个地方的二十几所中学收集了近年来教师出的几千个作文题目，绝大多数是介乎诗文之间的抒情散文性的，很少数是没有实际目的议论性的，绝少切合生活工作实际需要的说明性的。就连试行文学、汉语分科教学的那个短时期（作者是参与其事的，是汉语教科书的主编者），今天回顾一下，作者认为那次实验的真正缺点也在于忽视了语言实际和应用实际。识字，读文章，作文章，这就是语文教学，这一点不能说毫无改变，然而改变确实仍旧不大。九十高龄的叶圣陶先生从二十年代起就从事国文课程标准的制定，从事国文、国语、语文教科书的编审，近年来曾慨叹地说：“六十年来的语文教学没有什么改变。”他是语文教学的老前辈，在这条路上走过了六十个年头，他是最有发言权的，他的慨叹发人深思——促使人们去认真地深入钻研，寻找出语文教学历经多年多种变化而效果至今不能令人满意的症结所在，进而寻求改革前进的道路。

三　今后改革的趋向

要进行改革，应当先弄清楚有哪几个必须解决而一直没有解决或者解决得不够好的重要问题。

首先是汉字问题。汉字这种文字系统和汉语这种语言的特点是相适应的；在历史上，汉字有过很大的功绩；在应用上，它有许多优越性。然而，对于五或六或七周岁初入小学的儿童来说，是他们急于要求开展阅读的拦路虎。他们已经从生活中学会了丰富的语言，他们的智力发展已经到了相当的水平，他们已经有了强烈的求知的愿望和兴趣，他们也迫切需要接受更有条理的语言训练，然而汉字这种文字系统在认识五百个之前只能读简单的句子，至少要一千个才能读内容极简单的，落后于他们的语言、智力和求知兴趣很远的小文，必须有二千多个才能大体和他们的需要逐步适应起来。照一般常规进行，学会二千个字需要相当艰巨的努力和相当长的时间。在这段时间里，字不够用简直成了他们成长提高的障碍，以致成了对他们的压抑。汉字有用，今后还要用下去，所以必须学，并且必须学好，可是在开始阶段却对于儿童如此不利。这是一个极大的矛盾。古人摸索出一套集中识字的办法是为了解决这个矛盾；黑山北关小学、景山学校实行经过改造的集中识字，乃至最新的黑龙江的“注音识字”，也都是为了解决这个矛盾。矛盾是否已经很好地解决了呢？汉语文教学究竟是如千百年的传统那样从字出发呢，还是应当从语言出发？有没有办法使初入学的儿童从字那个紧箍咒中解脱出来而最终又能把汉字学好呢？（现在，字学得不好，真正学会的不多，写得很差。）这是一个有待研究的根本性的问题。

文言，是又一个我国特有的问题。文言文负载着我们丰富的文化遗产，丢弃不得。像许多珍贵的文物一样，文言必须保护好，不容许抛弃。然而它和现在的实际语言已经离得那么远；它很难学；它不能解决我们的孩子们今天和今后所需要的语文能力的问题。由于文言这个障碍，我们的年轻人对祖国的文化遗产知道得越来越少了。难道能让他们花费更多的时间去学更多的文言吗？不，又怎么办呢？这是又一个有待认真研究解决的困难问题。

口头语言能力（听和说），书面语言能力（读和写），都需要，都重要，训练起来各有各的困难，它们相互为用，相互促进，没有孰难孰易，孰轻孰重的问题，更没有谁可以取代谁的问题。怎样把二者的关系处理得恰到好处呢？如果说，前两个问题是汉语文教学所特有的，那么，这个问题应当说是各种语文教学所共有的。但是，也正由于有了前两个问题，这个问题在与别种语文教学的共性之中也有了它一定的特殊性。

知识，能力，应用，是汉语文教学中一直没有解决好的一项重大问题。人们不能对于日夕不可离的，并且在工作和生产中越来越重要的语言继续处于朦胧混沌的状态之中了。应当对它有科学的认识，具备必要的科学知识，然而语文是一种能力，不应当为知识而知识，要学以致用。语文的应用范围是非常广泛的。现在，且不说中学毕业，就是大学毕业，做财贸工作的写不好商品说明，做医务工作的写不好病历，做行政工作的写不好公文的，比比皆是。可是三百六十行，行行有他们实际应用的东西，语文教学显然不可能样样都教到。那么，如何找出有助于实际应用的共性的东西作为语文教学的基本内容，就成了语文教学必须研究的一个重要课题。语法修辞等知识的教学，说话作文等能力的训练，应当把帮助学生学好规范化的语言，能够用最经济的语言传递最大的信息量，取得最大的表达效能作为自己必须完成的一项重要任务。同前一个问题一样，原则上说，这是汉语文教学和别种语文教学共同的，然而汉语文有汉语文的特点，共性之中又有它的特性。

这里又不得不说到文学。文学教育是一种精神教育，思想教育，美学教育。同时它又是一种非常有利于智力开发的教育。学文学有助于发展联想能力，想象能力，创造性的思维能力。文学和科学绝非没有关系的。作者很同意这句名言："很难说牛顿和莎士比亚谁需要的想象力更多一点。"在普通教育阶段，文学教育是绝对不应忽视的。不需要每个受过普通教育的人都成为文学作家，然而非常需要每个受过教育的人都具备一定的文学素养——文学的理解力，欣赏力，鉴别力以及联想力和想象力。鉴于我国的历史特别长，文学遗产特别多，鉴于我国的文学遗产中有大量的文言作品，又鉴于我国历史上从来是把文学和非文学并合在一门学科里进行教学这个传统（除了那不成功的文学和汉语分科教学的两年实验期），从而也就把文言和白话杂糅在一起进行教学，带来了一些明显的困难和不可避免的副作用。那么，今后的汉语文教学应当怎样处理这个问题，也是需要认真研究解决的一个并不简单的课题。

作者认为，今后汉语文教学改革的趋向，主要是在研究解决上述那些问题的基础上形成一整套从小学到中学到高等学校，特别是高等师范学校的课程和教材的合理方案。方案可以有一套，也可以有几套，但是必须成为整套的。不能只管一点或者一段，必须能解决上述那一串问题，不能只解决其中某一个问题。

本文作者构拟了一套方案。由于还不是很成熟很细致的，也由于本文篇幅所限，这里只把这个总的趋向的设想提出来，至于方案本身，留待适当时机另文专论。

在《现代汉语》统编教材审稿会上的发言*

对教材我看得很粗，提不出很多意见。我倒是想借这个机会，替语文教学来说几句话。近来对语文教学有一种说法，我自己也这样说过：别的功课（如数、理、化）缺了课必须补，而语文缺了课则不必补。现在我否定了这个说法。这次会议，我迟到了，缺了课，不补简直不行。我补了补课，看了看记录，知其大要。看到很多先生的发言很好，我都同意。简单地说吧，这个教材有不少优点、特点，作为高等学校《现代汉语》教材来用是合适的。还有几种教材我都见过，这本教材也是其中之一。如果投票的话，我各投一票，这本当然也照例投一票。这部教材确实有它的优点，所以，不准备多说了。要提意见，也提不出多少具体的，先说点儿空的。看了记录，知道吕叔湘先生说了个“三难”，我觉得很有道理。因此，我恐怕连东施效颦也说不上，只是步长者的后尘吧。我也说几点一般性的想法，不逐条举例。虚实分开，先空说几句关于教材的看法。

---

* 本文作为内部资料，收入《〈现代汉语〉统编教材审稿大会发言汇编》，这里只节取了前边总体论述教材的部分。《现代汉语》，指黄伯荣、廖序东主编的《现代汉语》（试用本）。

第一，教材的科学性。教材具有科学性，科学性就是要准确、严密，言之成理，持之有故。我想在科学性的题目之下，提出两点感想说一说。

1. 一是一，二是二，毫厘不爽，这是科学性。说话就说实实在在的，有根有据；需要数目字，就有确确实实的数目字；是为何不是为何，仍旧说是为何不是为何。另一方面，该说活一点儿的，不说死了，避免绝对化，这也是科学性。有的话就得说死一点儿，如，圆周率 π，你说 3.1 不行，3.14 也不行，3.141，还不行，3.141 6，3.141 59，以至说到小数点后十位、十二位、十四位、十六位，越说到这种程度，越接近于准确。能说到毫厘不爽，最好，那是科学性。不那么死的呢，那就老老实实不把它说死了，这也是科学性。你本来还没算清楚，只算到 3.1，3.14，底下就大概 3.145 吧，这个不行。但是，我确实仅仅知道个 3.1，3.14，那就如实地说："我只知道 3.14，再往下还没算。"该怎样就怎样，实事求是。科学性就是实事求是。能够说得确切的，尽量把它说确切；需要说活的尽量说活，特别避免绝对化。我们吃绝对化的苦头很大。若干年来，我们在若干问题上就爱搞点绝对化（这并不是指这部教材或现代汉语这门课）。如：说"凯洛夫"好，好得不得了，那几乎成了经典，搞教育工作都得学习，能背诵最好；说坏就坏透了，里面一句对的话也没有了。搞任何工作都要记取这个教训。

2. 科学性也表现为逻辑性。逻辑有四个基本律：同一律、矛盾律、排中律和充足理由律。有的逻辑学家不承认第四个是律，我认为论证个问题，有充足理由总归是对的。前面三个都成为律：同一律，自己使用概念要统一；矛盾律，不能自相矛盾；排中律，不能既是甲，又是非甲。大概这些总要遵守。讲科学性，讲个道理有根有据有充足理由，这是主要的一面。但是，还有另一面，就是所谓统一、不自相矛盾。就是说在一些基本的概念、基本的观点上，必须如此。而不是说在表述的行文上一定做到这里这样说，那里也必须这样说，不容许有点灵活。我们的汉语，词很多，有的地方用这个词，有的地方有意避免重复，换一个词，换一种说法，大概这个不违反同一律吧？如果理解为前面怎么说，后面也得怎么说，一字不能差，这种行文恐怕就有点可怕了。表述上的灵活性，一定的变通、省略等还是许可的。甚至某些地方强求一致，反而不见得准确。

第二，教材的行文举例表述要多从教和学的角度考虑。教材不是学术论文，也不是一般知识性读物。教材在教学法上有它的要求，要切合于教和学。

1. 教材特别需要言简意赅。为什么？其一，有利于学生思考，给学生留下思考余地，锻炼他们发现问题、思考问题和解决问题的能力。你把话说完了，里面再没有问题思考，这就不是教材所宜取。有的地方要让学生去查考，学生一切等现成的，连该查字典都非得等老师给查出来不可，中学生都不该如此，何况大学生？有的就是要学生去查考，去找参考书。这样对学生是有利的。我们现在普遍感觉到（在座的比我更有直觉），现在的学生不会做大学生，而像小学生、中学生。一切等老师讲得一清二楚，等教材写得一清二楚。否则，叫他们自己干点这个、干点那个，几乎不知如何措手足。这恐怕都是同教材、教学制度和考试制度等有关系。教材也得给教师留下余地。教材都说完了，老师还讲什么呢？学生自己看看就懂了。逼得老师旁生枝节，这恐怕是因素之一。

教材留有余地，让教师发挥。教师确实有所得、有所见，他可以发挥嘛。“百花齐放、百家争鸣”，他也可以真正地鸣一鸣嘛。教材如果要比较、要竞争，那就是同一门课。比一比哪本教材最薄，而不是比哪本教材最厚。前面说到教材特别需要言简意赅的问题。这儿顺便说说，有的地方如果不言简意赅，还会出毛病。前半句是正确的，后半句一补可能产生点疑问，比如说“××几个词合在一起是一个词组，如果有了一定的语调，它成为一个句子，就不成为一个词组了”。就是说成了句子就不再是个词组。是这样吗？如，他是个人。他要是当了校长，就不再是个人了？这总不行吧？还得是个人嘛，不过他现在有了职务了，人还是人嘛。是个词组还是个词组嘛，不过这时候它具备了某种条件，取得了这么一种资格了。所以后半句一加，至少引起了点值得商量的问题。

2. 举例在讲语言的书里非常重要。例句本身要优美，不能老是“我吃饭”（主动宾）。例句要值得读，使学生爱读、背下来。语言这门课有点干巴，凡是考中文系的学生都不爱读语言专业。这是很不合道理的。举个例子，你问学生：为什么不学语言专业？他说：“我喜欢文学，不喜欢语言。”奇怪，这等于说：“我爱吃包子，不爱吃面。”这话通吗？文学是语言的艺术，文学就是语言作皮包起来的一个包子。爱吃包子不爱吃面，那就等于说爱吃肉丸子，不爱吃肉。讲语言讲得很干巴，要对学生多少负担一部分责任。这干巴巴的很重要的一个方面是举例问题。举例要注意使句子具有吸引力，当然也不一定都是文学性的语句。吕先生的《汉语语法分析问题》一书里有一个例子：“老张和老李是山东人。”“老张和老李是同乡。”两句结构相同，而内容大不一样。“老张和老李是山东人”，等于老张是山东人，老李也是山东人。“老张和老李是同乡”，不等于老张是同乡，老李也是同乡。这样的例句值得琢磨，耐人寻味。

第三，解放思想的问题。这个问题在编写教材中并没有完全解决，所以必须真正解放思想，使教材有本身的特点。所谓有特点，并不在起个名目上面，而在整体上、全貌上，思想解放。

1. 有根有据有所本的说法，我们自己未必理解得清楚，从而也未必能说得清楚的话，是否可以不去说呢？这涉及“禁区”问题。如斯大林同志的《马克思主义与语言学问题》中，一处讲“语言是个社会现象”，一处讲“语言没有阶级性”这两句话都是正确的，可是连起来怎么理解？是什么关系呢？既然是一个社会现象，社会是有阶级的，那么为什么语言没有阶级性呢？这个问题想不清楚，所以就不说，现在把它当作一个疑问提出来。现在人家搞了个社会语言学来了。这在我们还是个缺门。最近知道，有一位陈源同志写了本《语言与社会生活》。他一稿两投：香港的三联书局和我们内地的三联书局。香港的那本已经问世，我们的这一本尚在排印中，预告还没发，许多同志不知道。北京语言学会请了他，说书还看不到，请先来讲一讲“语言与社会生活”。

2. 从来大家都那么说，而我们比较有把握地认为可以不那么说或者不宜于那么说，那么可否就不那么说呢？为什么提这个问题呢？那天朱星先生也谈到教材要有继承性。教材里面要有比较成熟的东西，甚至比较有定论的东西。那天朱先生也讲了，还得发展，不能老是这一套，三百年前这么讲，今天还这么讲，所以合起来就是个批判继承的问题。

要继承性，可继承、当继承，就得继承之；可不继承者或不可继承者，则不继承之。标新立异，写篇论文，写本书，完全可以，编教材则不可。一定要有点与人不同，这个不好。大家谈的是一个问题，谈法又是对的，那么，你也这样谈，我也这样谈，不要避免这种类同。这个谁也没有抄谁的嫌疑，谁也没有短于谁的意思。但是，比较有把握地认为可以改变一些说法，或者需要改变一些说法，不一定务从众，可以不从众，这才有特点嘛，否则特点从何而来？

第四，教材要有点时代性。过去咱们提得更多的是阶级性，我想阶级性可包括在时代性里面。阶级性不是全部书每个地方都有，如，“ABCD（英文字母）”有什么阶级性？但是，教“ABCD（汉语拼音字母）”而不教“ㄅㄆㄇㄈ”就有点儿时代性了。我们这本教材是此时此地编出来的，翻开一看，就看得出来，这是中华人民共和国八十年代编出来的教材。近一两年才有机会接触外国教材，不看出版者，翻两下子看一看，可以看出是什么时间出的，是哪个国家出的，哪怕同时用英语写的两本书，可分辨出来是英、美，还是加拿大的。

第五，“零件”问题。中国书和外国书的差别之一是“零件”的有无。咱们的书普遍不搞或绝大多数不搞“零件”。外国书（包括高校教材、科学论著等）附“零件”，里面内容有二：一个是参考书目，一个是索引。我在五十年代写的小册子《汉语语法常识》，日本人把它翻译过去了，出版后寄来给我看。我一看至少在一点上吃惊并感到惭愧。他们编了三个索引：①示象索引，即名称俗语索引；②词语索引；③引例示典索引。那本小册子引的例句基本上引自文学名著，可是我注得非常懒，引自鲁迅的，只注个“鲁”，引自老舍的注个“老”，引自丁玲的注个“丁”。人家编了小索引，把例句编了号，再注某句见某书某页某行。这是大海捞针啊！这个工程量多大？但是，大有好处，给读者以方便，对读者负责。

新编中学外语课本所体现的教学目的和具体要求*

新编中学外语（俄语和英语）课本是根据中学外语课的教学目的编写的，即：使学生初步掌握一种外国语，具有初步阅读外语书籍的能力。

这里谈一谈我们对所规定的这个教学目的是怎样理解的。

（一）

一个高中毕业生，无论升学还是就业，具有初步阅读外语书籍的能力都是必要的。

升入高等学校的学生，需要懂得一点外语，以便参考与所学专业有关的外语书籍；高等学校还需要培养一些从事各项有关国际交往工作的外语人才。这些，都是大家所了解的。既然升入高等学校的学生有掌握

* 本文刊载于《人民教育》1963 年 4 月号，发表时署名张耕。收入《张志公文集》第 5 卷（广东教育出版社 1991 年版）。

外语、阅读外语书籍的需要，那就应当在中学阶段培养他们初步具有这种能力。因为学习外国语，越早越容易，越晚越困难，而且升入高等学校之后，专业课程的负担很重，不能花费很多的时间精力去补学外国语。如果升入高等学校的学生外语基础太差，非补学几年不能管用，甚至补学几年仍旧不管用，那对于我们高等教育的发展，对于科学技术的发展，从而也就是对于社会主义建设事业的发展，将是十分不利的。

当然，中学毕业生并不都升学。但是，究竟谁升学，谁不升学，在进入中学的时候是无从断定的，也就是说，个个中学生都有升入高等学校的可能性。那么，所有的中学生也就都应当学到升学所应具备的外语能力。

中学毕业，不再升学而去参加工作的青年，同样需要初步掌握外国语这个工具。学了一种外国语，有助于开阔眼界，扩大知识领域。随着我们与世界各国人民的交往日益广泛，随着科学技术的不断发展，各方面的工作人员，不论他是中学毕业还是大学毕业，今后在工作中都将有或多或少的接触和运用外语的机会。中学毕业就参加工作的青年，以后还会通过函授、业余学习等种种途径去接受高等教育，那就更得运用外语。所以，对不升学的青年来说，学会一种外国语总是有用的，绝不是什么浪费。考虑中学外语教学问题，不仅要从目前的需要着眼，更应当从长远的需要着眼。而且，外语这种东西，既学就得学到初步管用。能够初步看看外语书籍，所学的外语知识和技能才可以巩固下来。如果中学毕业的时候，外语知识还全不管用，连看看浅近的外语书籍的能力都没有，毕业之后略微荒疏两年就会丢掉，当初学习时所花的时间精力，倒真的成为浪费了。

综上所述，要求中学外语教学达到培养学生初步掌握一种外国语，能够初步阅读英语书籍的目的，我们认为是必要的，对所有的学生都是适当的。

达到这样的目的，是否可能？要求是否太高了？

我们理解，所谓初步阅读外语书籍，这不是一个很高的要求。“初步”大致包含着这么两点意思：第一，这里所说的外语书籍，是指一般的，比较浅易的，无论就内容或者语言说，都不深奥的书籍。第二，只是说大致能读得下去，还不是流畅无阻地阅读，还要借助字典，甚至还要查考语法书，等等。

我国的和外国的经验都证明，达到这样一个要求是完全可能的。如果教的人和学的人认识明确，积极努力，方法得当，用上五六年的时间，只会超过这个目标，收到更高的成效。有些外国青年，只花四五年时间学习汉语，就大致能够阅读《人民日报》，阅读我国当代的一般书籍，而我们的汉语、汉文，并不是比别的国家的语言文字更容易掌握的。

（二）

中学外语教学要使学生具有初步阅读外语书籍的能力，这里边包含着口头运用（听、说）和书面运用（读、写）的各项具体要求。不能认为只是要培养阅读能力，而不在其他方面提出并且保证达到应有的要求。外语教学当然不能培养一些只会听听、说说，而读不成书的人；然而也不能培养一些只会读书，开不得口，动不得笔的人。那样的外语教学是畸形的，不健全的，效率很低的，培养出来的人才也是不符合需要的。

那么为什么教学目的首先提出阅读方面的目标，然后再提其他方面的具体要求呢？我们是这样理解的：

第一，我国大部分中学生学习外国语的最直接的目的是阅读外语书籍；中学毕业生的绝大部分都会有阅读外语书籍的需要，而在口头上和笔下运用外国语的机会比较少。首先把培养阅读能力的目标明确地、具体地提出来，符合这个实际情况。

其次，提出培养阅读能力的目标，可以作为达到的程度的一个标志。具有某种程度的阅读能力，意味着在其他方面也具有大致相当的一些能力。本来，无论说的能力，读的能力，写的能力，都反映一个人掌握所学语言的程度。不过，就表现出来的实际运用能力来说，口头和书面表达的熟练与否，更多地依靠语言环境。所以，在母语环境中用普通的方法学习几年外国语，就一般情形而论，说和写的熟练程度往往低于阅读。我国大多数中学生，平日在学校外语课的课内课外活动之外，接触外语，听听、说说、写写的机会很少，情形更是这样。因而用说或者写的能力作为程度的标志，不如用阅读能力作为标志更能反映所应达到和能够达到的实际的语言水平。

总之，具体地提出培养阅读能力的目标，是作为一个标志，表明中学外语教学所应达到的程度，并非说这是外语教学的唯一要求。

我国有句古话，说学习语文必须“口到，眼到，手到，心到”。学习外国语也是这样。听、说、读、写几方面的训练是不可分的，相辅相成，互相促进的，因而是不可偏废的。必须多读，熟读，从读之中不断地扩大词汇，不断地巩固和加深语法的知识技能，说和写的能力才能得到更好的发展；必须发音准确，能够流利地朗读，能够听听，说说，还必须常常动笔，能够写写，译译，在这些实际活动之中不断地运用所学的词汇和语法知识，阅读能力才能得到提高。因此，在全部教学过程中，应当始终把语音、词汇、语法的教学，把听、说、读、写的训练，紧密结合起来，每个学年，每个学期，都应当在这几个方面定出具体的要求。当然，会话、阅读、作文，这几个方面的要求可以有所区别，会话、作文的要求要定得适当，不宜太高。无论如何，高中毕业生在听、说、读、写几方面都要具有一定的能力，虽然这几方面能力的水平和熟练程度可以有所不同。在读的方面，借助字典和其他一般工具书，应当能够读懂普通的外语书籍，只要所涉及的思想内容和知识内容是能够理解的，只要语言方面没有什么特殊的现象，就应当理解得大致准确，并且能够用汉语翻译；在会话方面，凡是学过的东西，特别是日常生活的话，就应当听得懂，说得出，至少可以彼此大致了解，即使不够流利、熟练；在写的方面，至少应当能够写写普通书信之类的很简单的东西，能翻译内容和语言都不复杂的文字，用词、造句没有很大的语法错误。

为了达到这样的要求，一方面，全部教学过程中始终要进行全面的训练，使听、说、读、写几方面的工作互相配合；另一方面，各个教学阶段，各个年级也应当各有不同的重点。比如在入门阶段着重语音训练，在低年级着重基本的语法训练，综合地进行会话、阅读的训练，在高年级则比较地侧重阅读的训练，以及作文和简易的翻译训练，等等。

新编中学外语课本的内容，大致就是本着对外语教学目的和要求的这样一些认识来安排的。上边粗略地做了一些说明，供教师同志们研究外语教学问题的时候参考。

中学英语教材的现状与未来*

自1977年7月根据邓小平同志的指示，重新编写全国通用的中小学教材以来，到现在已有整整十个年头了。《全日制十年制学校中学英语课本（试用本）》于1978年秋季开始使用。1983年增编了高中三年级英语暂用本（全一册）。从1981年起根据原教育部颁发的《六年制重点中学教学计划试行草案》和经过修订的《五年制中学教学计划试行草案》，并参考各地教师在试用期间提出的意见，将初中试用本六册、高中试用本两册及高三暂用本一册修订成为现行的《初级中学课本英语》第一至六册和《高级中学课本英语》第一至三册。到1987年秋季，这套课本（包括试用本和正式本）已完成了五轮教学。同时，为适应农村和边远地区的需要，从1982年起开始编写出版了供高中开始学习英语的班级使用的英语课本第一至六册。

近几年来，由于有了相对稳定的教材，师资培训和教学研究有了一定的条件，中学英语教学逐步走上正轨，教学改革实验日趋活跃，教学

---

* 本文与刘道义联名发表，刊载于《中小学英语教学与研究》。收入《张志公文集》第5卷（广东教育出版社1991年版）。

质量逐步有所提高。现在使用中的中学英语教材，十年来做出了贡献。然而，无疑它存在着若干缺点和问题。目前全国各地很多教师和教研人员正在遵照“教育要面向现代化，面向世界，面向未来”的方针，积极地探索中学英语教学和教材改革的路子，以适应我国社会主义经济建设的需要。在这样的时刻分析一下现行教材的基本情况是很有必要的。

一、现行中学英语教材的理论背景及特点

（一）现行中学英语教材的理论背景

这里只说“理论背景”“理论影响”，而不说理论“基础”或“依据”，因为无论在教学大纲里或教学参考书里都没有明白地打出任何理论流派的旗号；并且，编出的教材也的确不是单一的、典型的、某一种外语教学理论的产物。不过，既是一整套自成系统的、有计划有步骤的、有若干明显特点的教材，就不可能没有一种理论体系的基本原则或精神作用于它的编著过程之中。尽管可能不纯，或多或少还杂有别的理论的因素；尽管编著者也许并非都很自觉地、充分有意识地以某一种理论为指导思想来进行工作，然而客观上不能没有一个主导的思路，这思路往往是受到学术潮流或学术动向的影响逐步形成的。

70 年代初期，中美关系正常化，中国恢复了在联合国的合法地位。80 年代，中国开始实行对外开放政策，与欧美的经济贸易和文化交流日益频繁。形势的发展对外语教学，尤其是英语教学起到了极大的推动作用。在这个时期，结构主义语言学、行为主义心理学、认知心理学、社会语言学和应用语言学等理论纷纷传到我国。其中以结构主义语言学

对我国近十几年外语教学的影响最大。（应当附带说到，汉语语言学，尤其是汉语语法学的研究和教学，也受到结构主义语言学很大的影响。）

以结构主义语言学和行为主义心理学为理论基础的语言教学法名称不一，有的叫听说法，有的叫口语法，有的叫结构法或句型法。尽管名称不同，但都是以结构主义语言学为基础来研究外语教学的，就连视听法和情景法也是以它为语言方面的理论基础的。结构主义语言学的代表人物有布龙菲尔德（L. Bloomfield）、弗里斯（C. C. Fries）、拉多（R. Lado），还有英国的杭恩比（A. S. Hornby）等。以结构主义语言学为基础的外语教学，其心理学理论基础则是行为主义心理学，其创始人是华生（J. B. Watson）和斯金纳（B. F. Skiner）等。

近十几年来，我国引进了很多外国英语教材，这对现行中学英语教材的编写有相当大的影响。在教材编写过程中，经常参考的教材有：《这样学英语》(English This Way)、《情景英语》(Situational English)、《看、听、学》(Look，Listen and Learn)、《新活用英语》(New Active English)、《捷径英语》(Access)、《英语 900 句》(English 900)、《新概念英语》(New Concept English)，等等。这些英语教材几乎都是 60 年代末和 70 年代初出版的，基本上都是以结构主义语言教学理论为基础编写的。

现行的中学英语教材，自然不可能不继承新中国成立以来以至更早些的英语教学和教材编写的经验，不可能一下子完全抛弃我国自己的传统方法，例如，课本的框架结构基本上同以往的英语课本相似，每一课都是以课文、生词表、注释、语音、语法练习等几个部分构成的，语音和语法的体系也大同小异。然而，在编写现行教材的过程中，由于接触了一些新的理论，参考了上述引进教材，也就自觉不自觉地吸取了这些理论和教材中的某些东西。开头所说“背景”“影响”，指的就是这些；简言之，主要是结构主义语言学及由此产生的外语教学理论和实践。

（二）谈谈结构法与语法翻译法

前边说现行英语教材的路子受了结构主义语言学较多的影响，为了进一步论证这一点，有必要把结构法和传统的语法翻译法的区别搞清楚。因为有些人认为这套课本“以语法为纲”或“以语法为主线”，断言是以“语法翻译法”为理论基础的教材。（或者，含糊一点，说它是“以传统教学法”为基础的，这里，直截了当，索性就说“语法翻译法”，不用“传统”那个模糊概念。）这个论断是不符合事实的，需要辨明。这倒不是为了现行教材的“名声”问题，而是因为：只有把现行教材分析透彻了，对它的优缺点，特别是缺点，看得准确了，才能稳妥地设计出切实可行的改革方案。今后的新教材的路子不可能是一夜之间从天上掉下来的，或者原封不动地从外国搬来的，与原有的基础毫无瓜葛的“全新产品”，也不应当是改头换面、旧瓶装新酒那一套。准确地知道了路是怎么走过来的，才有利于更好地往前走。把“语法翻译法”看成“十恶不赦”坏透了的东西，恐怕未必十分妥当，如果再把一切对语法教学有所考虑的做法一概称为“语法翻译法”，那恐怕对研究外语教学的工作更是无益的。为此，这里有必要把“语法翻译法”和结构法做一简要的对比，把两个概念先搞清楚。

1. 语法翻译法

（1）强调掌握书面语言的重要性，主要以培养阅读和翻译能力为目标，对语音和口语不重视，最极端的甚至不反对只能“目治”不动口耳的“哑巴英文”。

(2) 重视系统的、详细的语法知识教学，多采用由词类而句法，注重定义解说的教学方式。揭示语法规则的主要途径是演绎，即先讲授语法规则，后举例并译成母语。

(3) 不提倡用外语作为教学手段；课堂上绝少用外国语讲课，会话。

(4) 课堂上阅读量少，通常总是详细分析课文和语法结构，翻译，反复朗读，并要求背诵。

(5) 书面练习的目的主要是熟悉和应用语法的规则。

2. 结构主义语言教学理论

(1) 口语是第一性的，文字是第二性的，语言首先指口头说的话，而文字则是记录口头语言的，是第二性的表现形式。所以在外语教学中应当以听说训练为主，听先于说；读写为辅，读先于写。

(2) 语言是一种线形结构，是由不同层次的小的结构一层一层地组成的，而句是基本的结构。因此，句型是语言教学的基础。无论是语言材料的安排还是语言技能的培养都要以句型为出发点，以句型为中心来进行，句型操练是主要的教学方式。

(3) 语言体系的形成是由自身的规律支配的，不依任何个人的意志而改变。语言教学过程是一种新的习惯形成的过程，语言习惯形成的过程犹如动物的行为一样，是一种“刺激——反应”的过程。因此，弗里斯主张学生把85%的时间运用在反复模仿、记忆、重复、交谈等实践练习上，使得语音、词汇、语法结构达到不假思索脱口而出的境界，形成自动化的习惯。

（4）语言教学是教语言本身。而不是教有关语言的知识。要求通过模仿和反复大量的操练，使学生养成正确运用外语的能力，首先是听说的能力，也就是纯熟的语言习惯。换言之，语言教学是培养能力，不是教知识。

（5）教学要借助直观手段、语言环境（即情景和上下文等）来进行，要用所学外语直接教授。

（三）现行中学英语教材的特点

上边比较了“语法翻译法”和“结构法”各自的特点，下边我们来考察一下现行中学英语教材，看看它究竟是属于哪个范畴的。

1. 现行中学英语教材讲一点语言的基础知识，很少，并且不作为教学的重点；重点是培养学生运用英语的技能。

中学英语课本从第一册就明确提出“外语是一种工具课”（参见《初级中学英语第一册教学参考书》前言），掌握工具的主要途径是练，学习外语是一个练功夫的过程。英语语言知识和规则必须学一点，但是只有在足够的操练中，才能领会和运用所学的知识和规则。

中学阶段的英语知识，主要是指语音、词汇和语法的基础知识。课本根据中国学生学习英语的特点，做了循序渐进的安排。这种安排是通过大量的语言实践进行比较归纳，使学生逐渐领会语言中的一些基本规则的。例如，课本中对于语音强调以模仿为主，让学生通过朗读字母、单词、句子和课文逐步学习发音和语调，通过学习大量单词的拼法和读音逐渐记住必要的拼读规则。又如构词法，也不是先教构词规则，而是通过练习归纳派生词、合成词和多义词，等到感性知识较多时，在高中一年级才出现一点有关构词法知识的小结。至于语法，课本主张精讲多练，反对注入式，采用句型训练和语法归纳相结合的方法。

课本重视听、说、读、写的综合训练。在初中阶段，尤其是初中一、二年级，以听说训练为主，逐步进行适当的读写训练，这一阶段，句型练习和反映日常生活内容的课文在教学中占的比重较大。到了初中三年级，逐渐扩大阅读的分量，高中课本在继续进行听、说训练的同时，侧重培养阅读理解能力。这一阶段以课文为中心，辅以大量的口头和书面的练习。

2. 重视语音和口语训练

课本明确指出："语言，首先是有声的语言，书面语言是在口头语言的基础上发展起来的。"因此，在初级阶段必须十分重视听说训练。

为了发展听说能力，课本在初中阶段采用了句型教学的方法，逐步从以句型训练为主过渡到以课文为中心的教学，目的是以此培养学生听说的习惯和能力。教材接受这样的观点：典型的句型练习，有助于掌握句子结构，使学生容易说出完整的句子，表达思想；句型练习的句子要简短，容易上口，便于模仿和实践；多数句型和句型对话要尽可能结合学生生活实际。为了便于学生开展英语口语活动，课本中还编入了一定量的日常用语（参见《初中英语教材分析与研究》的附录部分）和反映日常生活题材的对话与课文，例如打电话、问路、看病、上商店等。每一课的练习大部分都先要求在课堂上口头进行，然后在课外书面完成。

既然重视口语训练，就必然把语音教学放在重要的地位。课本把学好语音看作学好英语的基础，因而把语音教学列为入门阶段的重点。在字母教学阶段，通过教字母和单词，教学了五个元音字母的发音。起点年级的词汇和句型的选择充分考虑到语音教学的需要，例如尽量选择符合拼读规则的单音节词，使学生在初中第一册课本结束时可接触到英语的绝大部分音素。第二册第1、2课集中教学国际音标，以后又不断反复进行拼音和辨音的练习。初中第一至三册课本中专门安排了语音和语调练习，后三册课本各课练习中也编有语音练习，这样来保证初中阶段始终把语音教学放在重要的地位。语音训练不单纯依靠课本中的语音练习来完成，它贯穿初、高中课本的各个部分内容之中，无论是教学句型、对话或课文，还是做口语练习，都要求语音语调基本正确。

3. 采取句型操练（Drills）和语法知识归纳相结合的方法

课本的编者认为，学习外语不可能完全不理会语法，但是语法教学不能靠讲解术语、概念、背诵定义和举例来进行。以大量的句型练习提供典型结构才是进行基本语法教学的一种有效方式。因此，课本中以基本的句型操练为主，或者说以句法为主，词法结合句法学习。各课以句型为核心，由它来体现各课的语法重点。首先教学生确立句子的观念，学习句子的基本结构和基本用法，掌握简单句的各种基本句型，初步掌握一般复合句的结构和用法。一般在学生对所学句型有了一定的感性认识，通过模仿和实践掌握了该句型的结构和意义之后，在当课或几课以后再进行语法规则的小结。一个语法项目或一次小结完，或连续几次，或分布在不同年级逐步归纳总结，这些安排都是有计划的。

4. 尽量使用英语，适当利用母语

为了使学生的思维尽快地与英语联系起来，在英语教学中要尽可能使用英语，以排除对母语的依赖和母语的干扰。课本从起始阶段就注意提供大量插图，教学课堂用语，用英语说明练习题的要求，便于教师使用直观手段来解释词义、教学课文等，培养学生直接理解、直接学习和直接应用英语的习惯，使学生初步养成用英语直接思维的能力。随着学生英语知识的增长和运用英语能力的提高，在课本中编入了用英语解释生词的练习；在教学参考书中也提供了用英语来介绍新课文的范例。

课本的编者提倡利用英语进行教学，但并不像早期“直接法”的推崇者那样完全排斥母语。课本的编者认为，在学习外语的过程中，外语与思维的关系要经过一系列复杂的变化。初学外语时，学生已充分掌握了母语这个思维工具，运用它已经成为自然的习惯，因而，通过母语的中介作用（心译活动）与思维联系起来，这是不可避免的。学生习惯于用母语思维，在学习英语时，必然会受母语的影响。因此，如何利用母语的正迁移并克服其干扰，是英语教学中的一个重要问题。课本根据英语和汉语的异同，确定了语音、词汇、语法教学的重点，而且在课本中编入了英译汉、汉译英的对比练习。

5. 图文并重，利于进行直观教学

初中六册课本共有428幅插图。这些图画帮助学生直接理解英语词语、句子和课文的意思，使英语的文字同这些形象代表的语义和概念直接联系，不采取翻译的办法，这样非常有利于英语听说实践，而且也易于吸引学生的注意力和兴趣。

基于上述分析，可以看出，现行中学英语教材从指导思想到编排体系，从根本上不属于传统的语法翻译法的范畴，而是接受了结构主义语言教学理论的许多观点，带有结构法的特点。上述这些特点对于语法翻译法来说，是很大的进步。值得注意的是，结构法本身也有它的缺点，这些缺点在现行教材中有所反映，下边就谈谈这个问题。主要表现在以下三个方面：

（1）对作为交际工具的语言功能重视不够

课本的编排体系受结构主义学派的影响，基本上着重考虑英语语音、词汇、语法这些语言要素的特点，以句型为主要脉络把诸种要素贯穿起来，组织编排语言材料。课本对语音训练和语法训练等的安排比较细致，系统性也比较强，但是对于语言的交际功能和交际中需要理解和表述的意念重视不够。在教材编写的过程中，对学生的需要，也就是学生想运用英语达到什么目的：想听什么、说什么、读什么、写什么，研究得不够。尽管课本里出现了不少日常用语，但缺乏周密的计划来使学生通过反复操练能在实际的交际活动中运用。课本中脱离语境的句型练习较多，有的在实际语言生活中并不存在，是为句型而句型的练习。例如，手里举着一本书问："Is this a pen?"生活里不会说这种傻瓜话的，只是为了让学生练"No，it isn't. It's a book."这个句型。课本中训练学生运用语言进行交际的练习较少，缺乏像沟通信息（Crossing the Information Gap）和完成任务（Getting Things Done）这一类有实际意义的练习。

重视语言的结构形式，而对语言的内容和意义有所忽视。这一点是结构主义语言学理论带给以它为基础的教学法的通病，过于机械的句型操练，形式上活跃，但并不能有效地培养在生活实际中运用语言的能力。例如提供很多动词短语套进"Can you...?"的句型中，可以说很多句子，然而对 can 这个词在不同句子中的真正含义仍然不甚了了，运用的能力自然也就不高。就是理解了句子的意思，如不了解应在什么时候、什么场合、对什么人、用什么方式说这个句子，那就可能说得不合乎习惯，或者不得体，也就是缺乏社交上语言的妥适性（Appropriateness）。现行中学课本在这些方面是考虑得很不够的。尽管课本也强调培养运用语言的能力，其实确切地说，这种所谓能力主要是指转换句型等那一类的能力，与运用语言进行交际的能力还有一段距离。

（2）阅读量小，生词率高，重要语言现象的复现率低

以初中六册课本为例，在修订课本的过程中，曾设法把选定的 800 个英语最常用词编入了课本，保证了常用词在总词汇量中占绝大多数。但是，课本的阅读总量不大，词的复现率也就比较低。六册课本的课文（包括句型练习），仅有 24 000 多词，加上练习和阅读材料也不过 63 000 多个词。六册课本的生词为 1 250 多个，生词率约为 5.1%，词汇平均复现率为 50 次。然而，引进教材《这样学英语》的前六册课本的阅读总量为 108 368 词，生词为 1 415 个，生词率为 2.2%，词汇平均复现率为 76.59 次。

由于课本的阅读总量不大，各种重要的语法现象不能得到多次复现的机会，这对学生理解和掌握所学语言现象来说自然比较困难。加上教学中往往要求过高，就必然会加大难度。

（3）课本的趣味性不够强

主要表现在：①在编写课本时，对学生的生理和心理特点缺乏深入的研究。课本注意到青少年的某些特点，如 12—13 岁孩子模仿、记忆力强，爱开口、爱活动、羞怯感少等，在入门教学中侧重听说训练。但对学生的思维能力与英语语言能力有很大的差距这个特点注意不够，对学生的需要和爱好了解不够。初中课本，特点是入门阶段内容单薄，信息量小，有些内容显得过于幼稚，不足以引起学生的兴趣和满足他们的

求知欲。②课本重视语言的形式，机械的句型练习较多，缺少生动活泼的、有交际意义的、有助于发展能力的练习。学生在学习过程中不能经常感受到“学了英语就能用上”的乐趣。③课本编排方面的缺陷，如阅读量小、重要语言现象复现率低，要求不分层次，没有领会（Receptive）和复用（Productive）的差别，这就增加了教学的难度。如果教法又不当，学生就学得更加费力，兴趣就不易保持。

（四）弥补现行中学英语课本缺陷的一项措施

为了配合课本的教学，帮助学生巩固课本中所学到的材料和提高运用英语的能力，更好地贯彻大纲的精神，人民教育出版社组织编写出版了与现行课本配套的同步教材，即初中和高中的阅读训练、听力训练、练习册等。此外，还有《初中英语句型情景教学》、《中学生英语读物》（共50本）及一套初中外语教学挂图。

配套教材编配了很多培养学生语言能力的练习，成倍地增加了阅读量，并且加强了趣味性、知识性和实用性。如能有效地使用配套教材，是可以弥补课本的一些缺陷的。

二、中学英语教材改革的方向

（一）结合中国的国情，吸收现代语言教学方法的优点，探索改革中学英语教材的路子

1. 谈一谈当前国外流行的外语教学法——功能法

70年代初期以来，现代科学技术日新月异，随着电脑的出现，通信联络空前发达。在这样的信息社会中，国际间政治经济、文化科学技

术的交流对语言教学的要求比历史上任何时期都要高。西欧共同体国家，以英国为中心，研究出了功能法（又称交际法或意念法）。功能法是以语言功能为纲，培养交际能力的一种教学方法体系。功能法的代表人物有特里姆（J. L. M. Trim）、范埃克（J. A. Vanek）、威尔金斯（D. A. Wilkins）、亚历山大（L. G. Alexander）和威多森（H. G. Widdowson）等。其理论基础，除了上述语言学家的理论，还有以海姆斯（D. H. Hymes）和韩礼德（M. A. K. Halliday）等为首的社会语言学、有关意念这一概念的心理语言学和乔姆斯基的转换生成语法学。目前，功能法流行相当广泛，尽管有些国家的有些教师还并不完全赞同、采用。

所谓功能法有以下几个主要特点：

1）培养学生掌握交际能力。语言是人们在社会生活中进行交际的工具，这是语言的基本功能。那么，教学语言的终极目的就是让学的人具备发挥这种功能的实际能力。安排教学就应当以交际功能为主要线索，要同时考虑意念、情景、话题、语音语调、词汇和语法结构，以及语体等，而不应当以语言知识为线索，或者以语言形式（如句型）为线索。

2）教学过程交际化。功能法把外语教学过程设计为语言交际的过程，在适当的语言情景和适当的交际情景中恰当地使用语言，使得学生感受到运用所学语言成功地达到交际目的后的愉快，改变完全或主要从语言形式出发、句型练习机械、生硬，乏味的弊病。这样做有利于调动学生的积极性。一旦学生对外语学习产生了兴趣，就会形成极大的动力，去克服困难，获得成功。

3）鼓励学生多接触和使用外语，特别是真实的语言（Authentic）材料，即实用性强的、来自实际生活的活的语言材料，而不是为了教某种语言知识或某种语言形式人为地造出来的、生活中并不存在的语言。反复使用真实的语言，才会逐步做到正确地使用语言。学习语言必须经过一个由不完善到完善的中继语言阶段（Interlanguage）。

功能法能够抓住语言的本质职能，掌握语言发展的规律，而且善于发挥学习者的主观能动性。目前，功能法在全世界受到重视，许多地方都在采用，是不无道理的。

2. 功能法应当重视，应当参考，但是不能照搬，结构法不宜全盘否定

1）我国中学外语教学是基础教育的一部分，不具有专用性质。学生需要的是基本技能，而对实际交际能力的需求是有限的。

2）教学条件的限制，不可能使功能法全面推行。功能法教学要有良好的语言环境，交际的场合，交际的对象——所学语言国家的人，语言水平较高的教师，小的教学班，不同的教学小组以利于因材施教，有现代化的教学设备，等等。这些，都是我们绝大多数地区和学校不具备的。

3）功能法本身也存在难以解决的问题，并不是完美无缺的。例如，如何协调语言功能和语言结构形式之间的关系就是一个难题。以功能项目为纲，为了表现语言功能，适应交际活动，势必会出现难易程度不等的语言结构，这就会影响教学循序渐进原则的贯彻。其次，功能法既以实际生活语言为基础，就不得不容忍运用语言中出现的各种错误。任何学科的教学固然都不可能过分性急，希望毕其功于一役，既教过就不再

出错，而往往是在不断出错、不断改正的过程中逐步接近于完善；然而，听之任之，放任自流，也并不是可取的。

在我国，中学既不可能普遍推广功能法，而以结构主义理论为基础的听说法、情景法、视听法、句型法等已为不少教师所熟悉，颇有生命力。这是不可忽视的实际情况。

这当然并不是说，结构法在中国就不需要改进或改革了。结构法需要改革，其改革主要可以体现在引进功能法中可引进的确有成效的部分。在不少问题上，我们需要多搞点科学分析，少来点主观随意性；多搞点唯物辩证法，少来点极端化、绝对化；多讲求实效，少来点形式主义。具体到外语教学和教材，取功能法和结构法以至别的什么法之长，为我所用，结合我国的实际——多方面的实际情况（下文会谈到）、实际需要等，探索出一条改革我国中学英语教材，适合我国国情，适合以汉语为母语学习英语的最有效的路子。

（二）改革中学英语教材需要研究解决的几个主要问题

任何一门学科的教材工作，涉及的问题都很多，需要处理解决的矛盾也很多。外语教材在各科教材中可能是比较突出的一门。有些属于一般性的问题，早已经过各方面多次讨论，例如所谓“文道关系”，也就是思想教育与知识教育及技能培养的关系；知识性、科学性与趣味性的关系；以至于教科书的用纸、版式字体设计、插图、装帧与节约的关系，等等。这些，这里就不谈了。下边扼要谈几点在英语教材中比较难于处理的问题。

1. 学习与应用

学以致用，这是无论学什么都应当遵循的原则。学是为了用，不是为学而学，用什么学什么，尽可能地边学边用，尽可能在用中学，避免学、用脱节，避免为某种理论系统所囿，学很多无用的东西。这恐怕是各种教学论、教学法流派，从所谓语法翻译法到各种牌号的直接法，到结构法、视听法、情景法、认知法，到最时髦的功能意念法（交际法）等所共同持有的信条和追求的目标。就连为大家认为最陈旧、过时，只重知识、忽视能力的语法翻译法也没宣称它是不管应用的，而且用那种法教出来、学出来的人的确也不都是只会背诵语法条条，完全不能应用的。至于此后的各种法，更无一不是标榜从语言实际（首先是口语实际）中学习实际应用的语言。学以致用、学用结合，这是一句不需要议论的话题了。

然而，一切学科，学习和应用完全、绝对同步前进的，或者更进一步，完全按应用方式学的，恐怕没有。就连本国语文，似乎是同步的，实则也不是。中学毕业，以至大学毕业，学了十多年本国语文，终于不能正常有效地应用，说起话来结结巴巴，前言不搭后语，音不准，调不对，随便写个什么简单的东西写不通，甚至错字连篇，语无伦次，实在不乏其人。不独中国如此，教育普及、发达的国家也不例外，程度不同或者不足的方面不同而已。自然科学诸学科的学习大体上都有基础、技能、技术应用几个层次，不能一蹴而就，尽管在开始学习之前都有了若干感性知识，会做若干有关的事情。比如，每个六七岁的孩子都会拉一下开关的拉线让灯亮起来，可是离开会应用电还有不小的一段距离呢！学习和应用差距最大的可能要算外语吧？因为，学习基本上是从零开始。各种教学法流派，说到底，无非是想方设法力求尽可能快地缩短这个差距而已。

所谓“想方设法”包括进行理论探讨，科学实验，难度很高。这样做十分必要，意义十分重大，各种流派研究出的、所倡导的各种“法”，都做出了贡献，十分可贵，值得我们重视。不过，这项工作很难，因为有关的因素异常复杂，其所以有多种不同的流派相继产生，正是由于这个缘故。在多种有关因素之中，最重要的一种是母语与目的语的关系。以英语或法语为母语的中学生学法语或英语，学习与应用间的差距假如是1，那么，以汉语或英语为母语的人学英语或汉语，学习与应用间的差距大概不会小于3。这是仅就语言体系本身的差异而言。如果再考虑到语言身上背负着的社会、文化、历史背景以及民族生活的风俗习尚，社会、政治、经济的发展道路逐渐形成的语言心理的各种差异，那么，后一个数字将会比3再大许多。此外，从儿童时期开始学还是从进入中学的少年时期开始学；在纯粹的母语社会中学，还是在多语社会中学，还是到目的语社会中去学，这个数字又有变化。（在中国的绝大多数的地区和学校是从初中开始在纯粹母语社会中学。）

总之，必须加紧研究以最便捷有效的合乎语言科学和教育科学的方法尽可能快地缩短学、用之间的差距。尽可能快地达到学、用一致，这是英语教学工作者，包括外语教学理论工作者，英语教材工作者和英语教师们共同的责任，这一点是毫无疑问的。不过，在这样做的过程中，必须把上述那种有关的主要因素以及其他一些因素充分考虑在内。否则，只凭某一种理论（就其本身而论是言之成理、持之有故的理论，可信的理论），例如“语言是一套符号系统”“语言是一套形式系统”“语言是一种社会行为”“运用语言是人类共有的一种潜在能力”“语言是交际工具，交际功能是语言的本质功能”等，而不考虑教语言、学语言的其他多种因素，这样得出的教学法、教材体系，结果是很难期望达到完善的。在这里，我们不得不遗憾地说，过去曾经有过的和目前还在使用中的各种“法”，很少考虑到汉语与印欧语的差异对教学方法所产生的作用。这一点，我们绝不能责备那些不了解汉语和中国社会种种情况或者了解不够多的西方外语教学法专家们，而应当“反求诸己”。这正是我国外语教学工作者迫切需要进行深入研究的一项重要课题。

2. 知识与能力

这里所谓“知识”，指的是有关英语语音、词汇、语法的一般常识，例如，元音和辅音，清音和浊音，单元音和复合元音，短元音和长元音，舌位和口形，辅音的发音部位和发音方法，音节的构成，开音节和闭音节，重音和轻音、弱化、语调等，此外，语汇和语法也有一些类乎此的常识。

英语教学的最终目的无疑是培养实际应用英语（口头上应用和书面上应用）的能力。有关英语这种语言的上述那些常识的教学与实际应用英语能力的培养，关系是怎样的呢？应当怎样处理呢？这是英语教学和教材工作中需要认真研究处理的重要问题之一。

在英语教学的历史上，有过过分依赖知识讲授的教训。讲了许多语音知识，并没能使所有的或大多数学生发音正确，语调入耳。讲了许多语法知识，许多学生说得出若干语法规则，背得出若干语法概念的定义，如果出一些填空、改错之类的单项的测验题，考一考学生对那些规则、定义等记得对不对，熟不熟，多数学生能得到不低的分数。于是认为讲授这些知识很有用，因而教材也就按照知识系统来编。这就是所谓“语法为纲”。可是学到末了，听的能力差，反应迟钝，跟不上，头一句还没听清楚，人家已经又说了两三句了。心里有什么想说，说不上来，要先用母语在脑子里起个稿，然后默默地译成英语说出来，即使译得没有语法错误，却往往不合习惯，不得体，或者说成了笨拙累赘的“书呆子腔”（bookish or awkward speech）。写，一般也是写不成，或者效率极低，和上述说的情形差不多。能读些东西，但是速度慢，还往往理解得不准确。大家逐渐明白过来了：知识≒能力。这其实不是新鲜问题，我国从古代就不断讨论“知”与“行”的关系了。有“知难行易”说，有“知易行难”说，有“知难行也不易”说，有“知行合一”说，现代教育家陶行知先生的名字就是来源于知行观的演变的。在发现了过分强调以至依赖知识而忽视通过语言实践培养语言能力的弊害之后，大家（无论是持哪种外语教学理论的）都重视了从语言实践中学习语言，培养实际运用语言的能力这条原则。但是，逐渐也出现了走向另一个极端的倾向：从主张简化知识，寓知识于实践之中（例如：通过模仿学会语音，通过句型操练理解、掌握语法规则，等等），终于有了否定知识，以至把知识和能力对立起来的苗头——讲授知识必然会削弱能力的培养，把学生语言能力不足完全或主要地归过于讲多了知识。事情往往有从一个极端发展到另一个极端这种现象，可是我们知道，极端化、绝对化是不符合客观实际的，带有很大片面性的，因而是不可取的，不会有良好效果的，除去了某一种弊端，同时又带来了另一种弊端。知识≒能力；能力的形成≒取消知识教育。“知识就是力量”，知识是取消不得的。现代人与原始人的主要差别就在于现代人对于自然界，对于社会，对于人活着所须臾不可离的东西（例如空气，阳光，水，也包括语言），对于人本身，知道的比原始人多得太多了。人对语言各方面知识的发展，成十百千倍地增长了人对语言驾驭运用的能力。人已经能用自然语言指挥机器了。如果语言方面的知识太少，不懂得语音合成等那些知识，那是不可思议的。

说来说去，还是个教学问题——在教学语言的过程中，怎样最恰当地处理知识和能力的关系，这又是个十分复杂的问题。

首先，还是要问母语与目的语的语言体系差异大小。母语的名词有性、数、格的变化，学另一种也有性、数、格的变化的语言，关于性、数、格的概念不难形成，心理上没有什么奇异感，不难建立正确运用的习惯，养成运用能力，不需要多少知识讲授；以根本没有性、数、格的变化的语言为母语学那些形态语言，情形就有所不同了。如果用一个理论框框来套，都不讲，或者都讲一样多，都用一种讲法，恐怕不行。中国孩子学英语，学俄语，学日语，办法恐怕也不能一样。

其次，又是开始学英语的年龄段和学习环境的问题。儿童学语言主要是靠耳濡目染的模仿，他们不大问“为什么这么说，不那么说”这类问题。进入初中后的少年，尤其是进入高中后的青年，如果又是在纯粹的母语环境中学外语，缺少耳濡目染的机会，他们往往就不安于总是知其然不知其所以然的单纯模仿，而希望知道为什么这样而不那样的道理。在已经学了一些数学、物理、化学、动物学、植物学等知识，已经有了较高的推理能力，也有了推理习惯的少年和青年，知道些道理很有好处。他们能够举一反三，触类旁通，增长运用知识于实践的能力，收到事半功倍、提高语言能力的效果。在我国，一个中学生除了在每周 4 节左右外语课的课堂上至多再加上有条件的学校和教师设计的数量不多的一点课外活动之外，再没有或者很少有接触外语的机会了。在这些实际情况之下，一个中国的中学生学英语，比一个，比如说，法国学生学英语，对语言常识的需要必然会有些不同的。

总之，办什么事都要从实际出发，讲求实效，外语教学不应例外。考虑英语教学和教材中的任何问题，必须充分重视以汉语为母语、中学生在纯粹的母语环境中学习这些实际。脱离了这些实际将会使工作遭遇困难。而密切结合这些实际来研究问题、处理问题的责任，和前边所谈的同样又落在了我国英语教学工作者的肩上。

无论如何，中学英语教学和教材中进行点有关英语的语言常识的教学，绝对不应贪多求全，烦琐艰深，而学了又用不上。中学语文教学大纲关于汉语文常识的教学提出六个字的要求："精要，好懂，管用。"这个原则，也许可供编写英语教材时参考。

3. 形式与意念

语言是形式（包括语音形式和语言成分的组合形式）和意念的结合体。形式表达意念，意念靠形式表达。二者是不可分的；教/学语言，二者不可偏废。要教/学的是如何把生活中、工作中实实在在有的，要表达的意念用正确的、合乎习惯的（至少没有太大毛病的）形式表达出来。外语教学中，母语和目的语的形式有所不同，意念有同有异。把这两者的关系处理好，又是个重要问题。

这里，也许会令人生厌地又不得不说到以汉语为母语带来的必须着重考虑的问题了。汉语的形式上的独特性太大了。语音形式的独特性就不小，这里存而不论。组合形式的独特性就更大了，可以说，它与任何一种印欧语言的组合形式都有本质的差异——它根本不以形态变化为组合手段，语序这个手段的灵活性也很大。这个特点使得说汉语的人很自然地在表达中首先考虑的是意念而不是形式。产生“洋泾浜英语”（“中国式英语”），这是个重要的而往往为人们所忽视的原因。以汉语为母语的人学习包括形态变化已经脱落不少的英语在内的印欧语，需要多重视一点形式训练，也是这个缘故。结构法在中国流行得快而广泛，不是没有原因，而是有语言上的需要，不论人们意识到或者没有意识到。

说到意念，说汉语的人与西方人有同有异，而异的方面也颇不小，因为意念这东西与文化传统、社会风习、思维方式的关系十分密切。你称赞一位中国主妇做的菜肴做得好，她当然有回答一句有礼貌的客气话的意念，然而她不会有“谢谢您的称赞”“我很高兴您喜欢它”这类念头，想说的往往是“粗茶淡饭，不成敬意”之类。这也是产生“洋泾浜”的一个重要原因。实质上，这已经远远超出纯语言的范围了。

编英语教材需要设计两张目录，一张语言形式目录，一张意念目录。设计这两张目录很需要下大功夫，不是轻而易举的。

4. 量的问题

编英语教材，必须有量的观念。量必须适当，因为量与质有关系，与教学难易有关系。太少了不行，太多了也不行，上下都得有个度。

好几个方面都有量的问题。最常被谈起的是“词汇量”。

一说到词汇量，不免又要絮叨絮叨汉语问题。印欧系诸语言有大量的同源词（都来源于古希腊语或古拉丁语），有大量互借词。语言系属近的，或者历史上有过特殊接触的，更为突出。字典，法语是 dictionnaire，英语是 dictionary，两方的教材里可以都不列入“生词表”。汉语与此大不相同，它同印欧诸语言，同源词、互借词，极少极少。这个因素绝不能不考虑在内。

与此有关的还有一个所谓“复现率”的量。只说“复现率”，太笼统，要分析。有一些词，如冠词 a，the；若干介词，of，at，in，on 等等；若干基本的常用动词，do，have，take，make 等，都会自然地成百上千次地“复现”，不需要教师和编辑操心。要考虑的不是它们露面多少次，而是它们有哪几种意义和用法（凡这种词都是多义、多用的），应当在什么时候出现，哪几种意义和用法要多出现几次。有些在课堂上是常用的，如 chalk，eraser 等，在生活里并非常用词，但是在课堂里几乎天天说，也不必操心。为了教学需要，有时候讲个故事，谜语，读首小诗，会碰上少量罕用词，这些，也可以不操心——难于“复现”，因不复现而记不住也无所谓，因为罕用；事实上，这种怪词往往遇见一次就记住，再也忘不了。要注意露面次数够不够的，是除去这几种词以外的常用词。那么是哪些呢？编辑和教师都要心中有数。

露面也有多种露法。可以连续地露，也可以隔几课露一次；可以在课文里露，也可以在练习、插图等“配件”里露；可以在教材里露，也可以在教师嘴里甚至学生嘴里露（在课堂活动中），有时候这样露法比在教材里露的效果更好些。

“复现率”是个重要问题，然而这并非仅仅是点点数目的问题。

除去“词汇量”，还有很重要的一种量是“活动量”——学生做哪些、做多少语言活动。不是要从实践中学语言，增长语言能力吗？活动量实质上就是实践量，这是万万忽视不得的。

阅读量是另一个重要的量，尤其在缺少外语环境的国家和地方，这一点更为重要，因为语言材料大部分来于阅读，而不是来于生活。如果接触的材料太少，要培养应用语言的能力是困难的——“巧妇难为无米之欢”!

大家都很关心一个问题：避免加重学生的负担，避免增加学习的难度。这很对。不过，量与负担和困难是怎样的关系呢？无论上述哪种量，过分多了当然会难而重，不行。那么是不是越少越好呢？显然也不是。例如，倘若活动量和阅读量都过分少，肯定就会大大提高生词的密度，大大降低词汇的“复现率”，从而大大增加学习的难度，而难度就会成为负担。所以开头说，量，上下都得有个度。再提高一点来说，很多问题的考虑，考察，研究，处理，都需要多运用辩证唯物主义，少来点绝对化、极端化、片面性。少把问题孤立起来看——简言之，少来点形而上学。我们作为曾经或正在从事教材工作的人，在研究英语教材改革的工作中愿以此自勉。

谈教材和教师*

——《初中英语教材分析与研究》序

中学里任何一门学科，对教学效果的好坏有影响的因素是多方面的。学生基础，教学领导，教学设施，教材优劣，教师水平，这些是主要因素，各门学科都一样。至于外国语学科，还有另一些因素，例如，有无所学外语的语言环境，母语（尤其是方言）与目的语的差异大小，干扰程度，等等。

在这多种因素之中，很难一般地、笼统地说哪一两种因素是最重要的。每一种因素所起作用的大小，往往因时因地因人而异。

不论这多种因素的关系多么错综复杂，有两种因素应当说是基本的，那就是，教材和教师。

所谓“教材”，不单指一本“教科书”，而是应当包括教师用的、教学用的教学指导书或教学参考书、音像材料以及学生用的各种辅助读物、课外活动材料等一个完整的系列。不过，在这完整的系列中，那本

* 本文收入《张志公文集》第 5 卷（广东教育出版社 1991 年版）。

“教科书”毕竟是个核心。这里凡提到教材的时候，一般就特指这个核心部分——教科书而言。

做一名外语教师，需要具备好些条件。首先自然是对所教外语掌握得好，包括口语能力，书面语能力，以及有关语音、语汇、语法各方面的必要知识；同样重要的是关于外语教学法的理论素养和实践经验；不可忽视的是对母语的掌握，包括实践能力和必要的知识，因为这关系到对母语与目的语异同的了解，对说母语的孩子们学习目的语的普遍的难点的了解；对于所教外语国家的国情，文化传统，风俗习惯的了解也是重要的。（各科教师共同需要具备的一些条件，外语教师当然不应例外，就不一一列举了。）上边说的几个方面，不少教师有很高的修养，也有些教师由于各种不同的原因，不完全具备那些条件，少数的可能欠缺多一些。这里凡提到教师的时候，指多数的、一般的，不是指上述两端的。

教材和教师既是教学效果优劣的基本因素，我们就要着重考虑一下教材和教师各自的任务和相互关系。

教材体现教学大纲规定的外语教学的目的要求，教材的结构体系，教学的基本原则。这些，在教学大纲中都是提纲挈领的，还要经过选和编的过程使之具体化。选，是选材料；编，是根据那些提纲挈领的指导思想和某种教学理论，把材料编组成有系统的，有条理的，方便教，易于学的全部教材系列中的核心部分——教科书。教材为教师的教学提供了依据，提供了经过选择和系统编组的基本材料，提供了足以达到教学大纲规定的目的要求的基本保证。这对教师进行教学无疑是必要的，有帮助的；同时，对教师进行教学无疑也就产生了相当程度的制约作用。

因此，教师有理由要求教材有科学性（即，提供的语言材料、有关知识等是正确的）和教学性（即对教师来说，有适用性，对学生来说，有可接受性）。制约性、科学性、教学性，是教材应当具备的三个基本条件。

然而，教师在教材面前不是无能为力的。教师不是纯然处于被动状态使用教材，而是能动地使用它。教科书是教材编辑工作者编写出来的，但是一旦编出来，印成了书，就成了一个客观存在的物，和音像设备等一样的置于教师支配运用之下的物了。到了这时候，教师有了双重性：既被教材所制约，又反过来制约教材，教材终于产生什么样的效果，在相当大的程度上取决于教师怎样使用它。教材同样有了双重性：既制约教师进行教学，又反过来受教师的教学所制约。这或多或少有点像剧本和导演的关系。本文作者一向认为，教师是导演，学生是演员；戏靠演员去演（不能靠导演唱独角戏），但是需要导演去导；知识能力要靠学生自己去学（不能由教师代学），但是需要教师去教。剧本制约着导演的导，导演则能动地使用剧本，制约着剧本产生的效果。同一本剧本，甲乙两位导演的导法不会完全相同，从而演员的演法不完全相同，演出效果不完全相同。教材与教师间，有同样的情形。

这样，就十分需要教材（的编写者）与教师相互理解，相互适应，相互补充，以求达到相得益彰，共同取得良好的教学效果。正如有经验的、认真的剧作者在创作的全过程中随时想到，这样写会不会给导演制造困难，怎样写更便于导演处理，不能只顾自己写着痛快，置导演的导和演员的演于不顾（这样的剧本只能读，不能演，硬演，效果也好不了，除非导演的本事高，弥补了它的缺点），而一个有经验的、认真的导演一旦决定了要演某个戏，第一件事就是全面深入地研究剧本，把它的各个方面都弄透彻了，该弥补的欠缺也想出办法来弥补了，然后才胸有成竹地组织演员排练；基本上合格的教材和基本上合格的教师也应当这样密切配合，协同奋斗，求得教学效率的提高。外语教学可真不是一件容易事，闹腾了好几十年了，效果一直很不理想，笔者感到，在这里用上“风雨同舟”这个成语也不为过。

人民教育出版社编写英语教材的同志们现在合作编了一本《初中英语教材分析与研究》。笔者认为，这是一本出发点很好，于教师们很有用的书。它的目的显然在于如实地作出比较充分的自我解剖（编印出教科书是“亮相”，这本书则是“自白”），以求得到教师们的充分理解，认为做得不错的，充分运用，发挥，取得好的成果，认为做得不好或者不够的，通过自己的教学去弥补，并且帮助编者改进。这本书先说明编写初中英语教科书的过程、依据和全套书的内容和特点，然后逐年逐册地进行具体的分解介绍，这样，可以节省教师们自己揣摩、体会之劳而又能比较清晰地对全书以及许多细节获得一个既全面完整而又具体的、非泛泛的了解，其中也包括对若干问题之所以这样或那样处理的考虑和意图之类。这对教师使用教材，安排、组织教学无疑是很有益处的。最后还专辟一章回顾英语教学和教材的过去，考察现状，展望未来。这很有意义。改革英语教学，改革英语教材，是大家的事，不是少数编辑人员的事。英语教材的编写者和教师共同探讨，很必要，很有意义。书末有一系列资料性的附录，很实用，对教师使用教材有帮助。

书成，编写者给我看了他们的编写设计和部分样稿。我感到，这是一本务实的，有益于教科书编者和教师沟通思想，对改进教学、提高教学质量切实有用的书。据说，书的内容将在电视教学节目中播讲，那就更好了。

编写这样的书，讲这样一些内容，还是第一次，没有经验，指望第一次的尝试之作尽善尽美是不现实的。然而，这种做法很值得倡导。因此，我从教材和教师的关系说起，向教师们推荐这本值得一读的书，祝愿编写者和教师同志们携手并进，共同为改革外语教学，服务于社会主义现代化建设做出更大的贡献。并以代序。

第二编

学科教材编写

《〈暂拟汉语教学语法系统〉简述》前言*

由于种种原因，汉语语法学到现在还存在着显著的系统分歧的问题。这是任何一个与语法学有关系的人，包括学习者、教学者和研究工作者，都充分理解的事实。当我们接受了编写中学汉语课本的任务，开始考虑课本的编写原则和编写方法的时候，摆在我们面前，需要首先解决的，也正是这个问题。

在中学里进行系统的汉语教学，其中包括比重相当大的语法教学，这件事的必要性是已经肯定了的①。还需要考虑的是编写语法教材在目前语法系统分歧的情况下有没有可能性。

答案也是肯定的。

第一，1898年马建忠发表他的《马氏文通》以来的60年，中国语法学者在汉语语法的研究工作上做过不少的努力，有了不少的成就。尽

---

* 《〈暂拟汉语教学语法系统〉简述》是由张志公主持，人民教育出版社中学汉语编辑室集体编写的。本文是《简述》的前言部分，由张志公执笔。收入《张志公文集》第1卷（广东教育出版社1991年版）。

① 见叶圣陶《关于语言文学分科的问题》，《人民教育》1955年8月号，《语文学习》1955年8月号。

管系统分歧，可是每一种重要著作里都有它可取的见解和材料。解放以来，在党和政府的关怀和领导下，在马克思主义语言学说的指导下，汉语语法学更有了迅速的发展和提高，语法学者们在许多基本问题上的认识已经逐渐明确起来，一致起来。编写中学语法教材，虽然系统分歧的现象造成了一定的困难，然而必要的基础是具备的。

第二，学术研究工作的开展，不仅要依靠个人的努力，而且要依靠集体劳动。1951 年 6 月《人民日报》发出学习祖国语言、重视语言的纯洁和健康的号召以后，语法学习和语法教学已经得到普遍的重视。几年以来，语法已经成为广大群众所熟悉的知识，不再是少数人的钻研对象，优秀的教师们在语法教学方面也已经积累了不少先进的经验。这些情况都为语法教材的编写工作以及今后的语法教学工作提供了有利的条件和有力的保证。

第三，不能设想，语法教材要在语法学上的每个问题都得到一致的结论之后才能编写。其实，语法系统上若干问题的解决倒需要在语法教材的编写过程中和语法教学的实践过程中来求得验证。

我们的工作就是基于上述的这种认识，在各有关方面的协助下进行的。从 1954 年起，经过反复的研究修改，终于产生了现在这个《暂拟汉语教学语法系统》。

在考虑这个系统的时候，我们根据各方面共同一致的意见，确立了下边两个原则。

首先是尽可能地使这个系统能把几十年来我国语法学者的成就融会起来。这就是说，暂拟的汉语语法系统希望是一个综合性的系统，而不是单纯依据任何一种系统的。这样做自然比较困难，把各种不同的系统综合在一起而能够成为一个没有严重矛盾的系统原不是一件容易的事。然而大家一致认为，这样做是必要的。因为我们很难说现有的哪一种系统是完美无缺的，而所有别的系统都是一无可取的。我们应该让下一代的青年学生在今天语法学界共同的成就的基础上进行学习。根据这样的原则确定的现在这个“暂拟系统”，不可避免地存在着若干缺点，其中有的可能就是由于综合得不好而产生的。这些缺点可以通过教学实践的检验逐步改正。

其次是尽可能地使这个系统的内容（从立论到术语）是一般人，特别是中学的语文教师比较熟悉的。这就是说，有些最近才提出来的新的看法，尽管它在将来未尝不可能被证实为正确妥善的，但是在今天大家对它还很生疏的时候，教学系统里就不急于采取。依照教育学的原则，教科书的内容应该是这门科学里已经有定论的东西。在汉语语法方面，要求教科书的每一个论点都是已有定论的，在目前还做不到。不过，采用已经为大家所熟悉的一些讲法，总比采用还没经过充分验证的新的讲法妥当些。自然，暂拟系统里无法完全避免新立名称，因为在综合各种说法的过程中，某些地方采取一个新的名称有时候是必要的；但是要求新名称尽可能地少用，非用不可的，也要求它比较通俗易懂。

根据上述的原则，在 1954 年上半年初步草拟了一个系统。1954 年秋季按照这个系统在北京市教师进修学院对来自全市各中学的二百五十多位教师进行试教。1955 年初，根据试教的情况做了初步的修改，印发给全国各综合大学中国语文系、高等师范学校中国语文系、一部分中学教师和许多位语法学者，广泛征求意见。4 月到 5 月，整理了各地的意见之后，邀集北京各有关方面的语法学者连续举行了六次座谈会，进行讨论，交换意见。暑假，北京市中小学教学参考资料编辑委员会根据北京市教师进修学院的试教讲义做了一些修订，编成初级中学及高级中学汉语语法基本知识教学参考资料，在北京、天津两市的全部中学里进行试教。1955 年 11 月到 1956 年 1 月，根据两次试教的经验、各地提来的意见、座谈会上交换的意见，做了再一次的修改。修改稿经过有关部门的语法学者和有关领导方面的审订，并且根据审订意见做了最后的修改，成为现在这个《暂拟汉语教学语法系统》。

从上边的叙述里可以看出来，现在这个“暂拟系统”是一个集体性的产物：里边包含着几十年来许多语法学者的研究成果，以及参与讨论、审订和试教的许许多多语法学者和语文教师的辛勤劳动。在汉语语法学目前所处的情况下能够产生一个全国中学一致采用的语法教学系统，这尤其是跟党和政府的领导和支持分不开的。

虽然如此，这个语法教学系统我们还是称之为“暂拟”的。这里包含着两层意思。

首先，尽管在构拟这个系统的过程中已经得到各有关方面的积极的、具体的支持和协助，可是由于我们自己的水平和人力有限，系统本身的缺点一定还是很多的。这就需要语法学者们继续提供意见，尤其需要教师同志们在教学实践中加以检验，以便及时总结，进行修改。前边说过，有些较新的见解，这个系统里没有来得及采用。如果这些见解经过充分的研究，取得广泛的支持，教学系统就会做相应的修改，把它采纳进来。

其次，1955 年 10 月间举行过全国文字改革会议和现代汉语规范问题学术会议之后，特别是 1956 年 2 月国务院发出关于推广普通话的指示之后，社会上更加迫切地要求有一部可为准绳的、完整的、规范性的现代汉语语法著作。一旦这样的语法著作发表出来，现在这个语法教学系统当然就会根据它做彻底的修改。

最后，我们愿意说明一点。汉语语法学里还有不少悬而未决的问题，这个“暂拟系统”里也不可避免地存在着没有解决的或者解决得不妥善的问题。尽快地解决这些问题，从而改进并且最后确立汉语教学的语法系统，必须依靠所有的语法研究工作者和语法教学工作者。我们希望这方面的科学研究工作能够密切地面向教学；我们希望汉语语法学里的若干问题能够早日获得解决；我们希望科学研究的成果能把“暂拟”两个字早日取消。

1956 年

初级中学汉语课本及教学参考书编写说明（附简要目录）*

关于初级中学汉语课本的说明

因为汉语课的教学大纲稍缓一些时候才能公布，这里先简略地就汉语课的总的教学任务和教学内容做一些说明，供教师同志们参考。

（一）汉语是对青年一代进行社会主义教育的一种重要的、有力的工具。列宁教导我们说："语言是人类交际极重要的工具。"斯大林教导我们说："语言是工具、武器，人们利用它来互相交际，交流思想，达到互相了解。"关于语言跟社会生产、社会斗争的关系，斯大林精辟地指出："没有社会组成成员共同的语言，社会便会停止生产，便会崩溃，便会无法继续生存。在这个意义上说，语言既是交际的工具，同时也就是社会斗争和发展的工具。"

---

* 本文是对1955年起开始试用的《初级中学课本　汉语》及其《教学参考书》编写体例的说明，放在《教学参考书》中。题目为编者所加，收入本书时有删节。张志公时任汉语编辑室主任，主持编写了本套教材。

汉语是伟大的汉族人民的民族语言，也是中华人民共和国各兄弟民族间互相交际的语言。它是世界上使用人口最多的一种语言，也是世界上历史最悠久、内容最丰富、最富有表现力的语言之一。它反映了汉族人民的创造才能和无比雄伟的力量。

以上两点说明了汉语课的教育意义和教养意义，同时也就决定了汉语课的教学任务。

（二）教给学生有关汉语的基本的科学知识，培养学生理解汉语和运用汉语的熟练技能，是初级中学汉语课的重要任务。初级中学毕业的学生应该明了现代汉语的基本规律，掌握足够的词汇，学会标准的发音，养成正确地写字和正确地使用标点符号的熟练技能和良好习惯，具备熟练的阅读能力和正确地表达自己的思想的能力。初级中学汉语课的另一项重要任务是进行爱国主义教育，培养学生的民族自豪感和爱国主义热情。汉语课的教师应该通过自己的教学使学生认识祖国语言的丰富优美和雄伟有力，从而使学生热爱自己的语言和创造它的伟大的汉族人民。汉语教学应该根据马克思列宁主义语言学说来进行。在培养学生的辩证唯物主义世界观这一方面，汉语课应该通过自己的具体内容担负一定的任务。

（三）初级中学汉语课包括以下几项内容。

语音　现代汉语的语音是以首都北京的语音系统为标准的。汉语课应该使学生学会标准的发音，这在我们方言复杂而社会主义建设工作迫切要求有统一的规范化的民族共同语的情况之下，更具有重大的意义。语音教学跟语法教学、正字教学以及文学阅读教学都有密切的关系。在语音教学之中，应该教给学生最基本的语音学知识，使学生学会现行的注音字母的发音和拼音方法。

词汇 词汇是语言的建筑材料。语言的丰富首先表现在词汇的丰富上。丰富学生的词汇是文学课的重要任务之一。在汉语课里应该把学生在文学课和其他课程里学得的词汇知识系统化，使学生获得有关词汇的一些基本知识，如词的构成、同义词、反义词、词汇和词义的演变等，从而巩固他们的既得知识，提高他们的有意识地正确运用词汇的能力。

语法 语法是词法和句法的综合，它使语言具有有条理的可理解的性质。学好语法是正确地理解语言和运用语言的关键，同时也跟培养逻辑的思维有密切的关系。在社会主义建设工作要求语言进一步规范化的情况之下，语法教学更具有重大的意义。在语法教学中，应该使学生明了汉语各类词的语法特点，单句和复句的结构规律，培养他们正确地分析词句和运用词句的能力。

修辞和篇章结构 修辞和篇章结构的教学是为了进一步培养学生运用语言、组织语言、清晰有力地表述自己的思想感情的熟练技能。学生在文学课里学得的有关修辞和篇章结构的知识在汉语课里得到系统化的整理和巩固，从而加深对这些知识的理解，提高运用这些知识的技能。

文字 文字是记录语言的工具，在文化的传播上有重大的意义。在文字教学中，应该使学生明了汉字的形体结构，养成写字写得正确清楚的熟练技能和良好习惯。由于现行的汉字有缺点，文字改革成了国家的必要措施，其中第一步工作（简化汉字）已经推行。因此使学生适当地明了汉字的历史、现状和今后发展的方向，是很有必要的。这样就可以使学生既能把汉字看作民族文化的遗产而珍视它，爱护它，认真地学习它，运用它，同时又能对汉字改革的必要性得到正确的认识，为推行简化汉字和今后的进一步改革奠定良好的基础。

标点符号 标点符号是帮助表示语言的停顿和语调，帮助表示句子结构的工具。正确地使用标点符号，在写作中是非常重要的。标点符号的教学一方面要跟语法教学和修辞教学结合进行，一方面也需要在适当的时候整理总结，使它成为系统的知识和熟练的技能。

上边说的这几方面的内容是在小学里已经学得的知识的基础上来进行教学的。初级中学的全部汉语教学内容大致按照语言科学的系统分配在三个学年里。

（四）汉语课特别注重练习，比如第一册里编配的练习就有 97 个。练习有这么几种：有的是启发性的，讲解某一问题之前让学生先做一些简单的练习，得到一些感性的知识，然后再由教师讲解阐发，得出结论，提出定义或规律。先提出定义或规律，然后举例说明，这种方式在这套课本里准备尽量少用。在课堂教学中要引导学生积极地参加活动，课本里的很多练习可以帮助达到这个目的，希望教师掌握这种精神，很好地运用。

另一种练习是巩固性的，提出定义或规律之后，再让学生做一些练习；使刚刚学过的东西从实际运用中得到印证和巩固。还有一种练习是复习性的，有关的几节或是一章一编完了之后，让学生做一些练习，把学过的东西整理复习一下。每个练习的目的和具体要求，后面各章里有说明。除去参考书里指明作为课外作业的少数练习之外，绝大部分练习是在课堂上做的。如果有必要，教研组可以研究补充课外作业的办法。为了考查学生的学习情况，促使学生重视复习和预习，课堂练习可以记分，有的并且必须记分。如果这项工作做得好，可以相应地减少测验的次数。

凡是只做叙述没有练习的地方，大都是只要求学生得到一些初步的知识，不要求他们深入掌握的。这种地方主要就靠教师讲解。关于这些地方的讲解，参考书里大都提供了一些参考性的建议。

（五）课本是按教材内容分为编、章、节编写的，没有分课。每一编每一章用多少时间教完，参考书里提出了建议。建议的时间，多少是否恰当，各编各章教学时间分配得是否合适，教研组可以根据教学的实际经验做必要的调整，并且向人民教育出版社提供意见。

（六）课本正文里，定义或定义性的重要说明和重要术语是用黑体字印的。这些术语和说明应该要求学生记住。

关于初级中学汉语教学参考书的说明

（一）汉语教学参考书是跟初级中学汉语课本相辅而行的、专供汉语科教师应用的参考书。

（二）参考书的主要目的在提供一些有关课本内容的必要的参考材料，提供课本练习的答案，从而帮助教师研究和掌握教材，提高教学质量。参考书不是代替教师备课的，也不是规定汉语课的教学方法的。教学工作是一门科学，也是一种艺术。教学过程是教育科学的实践过程，也是艺术的创造过程。汉语课的教学工作自然也不例外。很好地完成教学任务的首要工作是认真地钻研教材，在掌握教材的基础上相应地改进教学方法。参考书主要就是在钻研教材这一方面协助教师，为教师服务的。

（三）初级中学汉语课的教学大纲还没有公布，因此，参考书里也逐编逐章地说明了教学目的和教学要求，对于课文的某些章节和某些练习，还说明了编配的意图。然而这一切说明也都只是参考性的，提出这些说明仍然是为了便于教师了解教材，掌握教材。当然，为了以后全面地总结经验，改进教学，教师最好不要轻易地改变参考书里提出的教学要求。但是我国方言相当复杂，各地小学毕业生的程度不齐，课本内容和教学要求不可能完全符合每个地方的实际情况。因此，根据当地的具体情况，经过教研组慎重研究和领导同意之后，适当地提高或是降低教学要求，或者适当地增减教学内容，不仅是许可的，在某些地区甚至是必要的。如果这样做了，希望随时把详细情形告诉人民教育出版社，这对于考虑改进教材和参考书的工作是很有帮助的。

（四）参考书的内容是完全按照汉语课本的次序编写的。每一编先提出全编的教学目的，然后再逐章说明。每一章的说明包括三项内容：(1) 全章的内容要点——除去概括地介绍这一章讲些什么之外，并且补充一些必要的参考材料；(2) 全章的教学要求——除去提出总的要求之外，必要的时候还说明每节的具体要求，或是全章的重点要求；(3) 练习题的答案，关于编配练习的意图的说明，以及对学生的答案的要求的说明。

（五）参考书每一章的“内容要点”里提供的参考材料，是协助教师研究教材用的。这些材料基本上不必，甚至不宜于向学生讲。不适当地多讲补充材料不但不能帮助学生理解课文，反而会加重他们的负担，影响他们对课文的理解。但是，这也要靠教师根据具体情况来掌握。在华北和东北某些地区，特别是在北京，把“语音编”的参考材料适当地向学生讲一点是有必要的。像“儿化”“轻声”“变调”这些问题，就可以适当地多讲一讲，参考材料里讲的有关发音的道理和语音方面的一些重要术语，也可以考虑介绍给学生一些。如果需要这样做，必须先在教研组里慎重地研究讨论，并且在实施以后告诉人民教育出版社，补充了哪些材料，为什么补充的，效果怎么样。

（六）这本参考书是由好几位同志执笔编写的，各部分的行文格调有些不同，体例方面也略有出入。这对使用参考书的同志会有些不方便。时间仓促，只好等全面征集意见之后再做修改。此外，限于人力和水平，参考书一定有不少缺点，甚至还有错误，希望指正。参考书里哪些部分对教师的帮助大，哪些部分的帮助小，哪些部分没有帮助，还有哪些材料应该补充：这类意见也希望尽量提出。

附：《初级中学课本　汉语》简要目录

第一册

第一编　绪论

　　第一章　可爱的祖国语言

　　第二章　语音　文字

　　第三章　词汇　语法　修辞

第二编　语音

　　第一章　发音的基本知识

　　第二章　韵母（一）

　　第三章　声母

　　第四章　韵母（二）

　　第五章　声母辨正

第二册

第四编　词汇

　　第一章　词

　　第二章　词义

　　第三章　词汇

　　第四章　字典

第六章　韵母辨正

第七章　字调

第八章　语调

第三编　文字

第一章　汉字

第二章　认字和写字

第三章　汉字改革

第三册

第五编　语法

第一章　词类概要

第二章　句法概要

第三章　名词

第四章　动词（一）

第五章　动词（二）

第六章　形容词

第七章　数词和量词

第八章　代词

第九章　副词

第十章　介词

第十一章　连词

第十二章　助词

第十三章　叹词

第四册

第五编　语法

第十四章　主语和谓语

第十五章　宾语

第十六章　补语

第十七章　定语

第十八章　状语

第十九章　一般单句的基本结构

第二十章　联合结构作句子成分

第二一章　主谓结构作句子成分

第二二章　复杂的谓语

第二三章　复说和插说

第二四章　简略句、无主句、独词句

第五册

第五编　语法

第二五章　复句

第二六章　联合复句

第二七章　偏正复句

第二八章　复句的变化和紧缩

第二九章　多重的复句

第三十章　陈述句、疑问句、祈使句、感叹句

第三一章　一般的规律和特殊的习惯

第三二章　标点符号

第六册

第六编　修辞

第一章　修辞

第二章　用词

第三章　造句

第四章　描写

第五章　篇章

《语法学习讲话》再版序言（附目录）*

这本小书是1962年出版的。当时我写过一个简短的《前记》，大意说：

> 近年来我在语法工作方面做过几次尝试。尝试的一项重要内容是希望把语法讲得尽可能地平易近人些，并且尽可能地对培养语文能力多起点作用。编写这个讲话，是这些尝试工作之一。

从1962年6月出版到1963年12月，一年半之间，这本书竟然一连印了5次，总印数达32万册。

这个事实给了我鼓励。说实在话，所谓“尝试”，用个外交术语来说，多少带点放个“测探气球”的意思。自己有些想法，没有多大把握，先多少拿点东西出去，看看反响怎么样。

上述事实表明，这次尝试至少是没有碰钉子。广大读者的鼓励壮了

* 本文是《语法学习讲话》（上海教育出版社1962年初版，1980年再版）再版时作者撰写的序言。

我的胆，我决心继续试下去。

客观情况没有允许我这样做。1964到1965那两年，我正在忙别的任务，顾不上它。接着开始了“文化大革命”，这类事情自然就全部放下了。一放就是十几年。

现在，出版社提出要重印这本书。对这本书做较大幅度的修订和充实，显然不是短时期内办得到的。于是，只好先做少量必要的修订增补，基本上照原样重版，也就是先把这个尝试恢复起来，在条件许可的时候再做曾经设想过的进一步的尝试。

既然这样，就想把当年写这本书的几点想法大略说说，一则有助于使用这本书的读者了解这样写的意图，使用起来的效果也许会好一些，再则也便于向读者、教师和专家们请教，征求意见，为进一步修改，进一步尝试做准备。

1962年写的《前记》里说：“希望把语法讲得尽可能地平易近人些，并且尽可能地对培养语文能力多起点作用。”要“对培养语文能力多起点作用”，当然得从内容着眼。讲什么，讲多少，怎样讲，这是决定语法管不管用的主要问题。就连“平易近人”，也是与内容有关的，并不只是写法上力求通俗的问题。好懂和管用并非不相干的两码事。好懂才更管用，管用才更好懂，两个方面是密切相关的。

那么，在内容上我当时有过一些什么考虑呢？

一、把重点放在应用上。当时我对自己提出这样的要求：每讲一个语法现象，尽可能说一点这种语法形式的用法，用的时候要注意什么，等等。比如“的”字，什么时候必须用它？什么时候可用可不用？我试着说了几条，甚至连有时候仅仅是从音节上考虑这一点都提到了。又比如“把”字句，什么情形之下可以用“把”字句？什么情形之下必须用“把”字句？在什么情形之下不可以用或者不宜于用“把”字句？在什么情形下，“把”字句里必须用上“加以”？再比如转折关系的复句，在什么情况下前边必须用“虽然”，后边必须用“但是”？什么时候不宜两个都用，宜于只用后一个？什么时候前后都以不用为好？等等。我总觉得把这些地方说一说，哪怕说得不完备，总比一点都不说，仅仅指出这叫什么名称，那叫什么名称，这样的该怎么分析，那样的该怎么分析，对学的人比较有用一些。即使在不少地方我还做不到，对于某种语法形式的具体使用法还说不清楚，或者因为用法比较复杂，在这里不易说清楚，我也愿引导读者朝这方面多注意些，不引导他们去抠术语概念。因此，在这本书里，几乎完全没有讨论名称术语、分析方法这一类的内容，而尽量从应用的角度来讲一些自己看到的、认识到的问题。练习里面也绝少要求读者指出这个那个，分析这个那个这一类题目，大多数是练习这一部分所讲的内容的应用，以至于生发开去，练习如何活用。

二、讲最基本的东西。我当时有一个想法，觉得说汉语的人学汉语语法，特别需要掌握的是最基本的东西。最基本的东西看起来容易，而在实际运用语言的时候恰恰是在这方面容易出毛病。所以，我宁愿把动宾关系里边最基本的，也就是动词所表示的动作以宾语为对象这种关系多费一些篇幅来讲清楚，以至于举出除了“动宾”这个格式之外，还有“动动宾”“动宾宾”“动动宾宾”几种格式，讲了运用每种格式最容易出什么问题，运用的时候最应当注意什么。至于“吃大碗”“写黑板”“晒太阳”等那一些，我在正文里根本没讲，只在练习里一笔带过。凡是会说汉语普通话的人，大概在“吃大碗”“写黑板”等这种带有习惯用语性质的动宾关系上出错的很少，倒是在那种最基本的动宾关系上出毛病的很多，包括经常写文章的人也在所难免。这本小书就是本着这种想法，只讲最基本的东西。比较特殊的，带有习惯性的那些说法，一般很少接触到。那些东西，照一般的规律去讲，往往说不清楚，而实际运用中又不大出问题，何必让它们来分散学习者的注意，搞得稀里糊涂，徒然使人感到汉语让人摸不着头脑，汉语语法难学得很呢。基于这种考虑，练习也是练最基本的东西。

三、多从逻辑关系上着眼。我一直觉得，在实际运用之中，语法在许多情形之下都是和逻辑分不开的。所以，在这本小书里，不仅是后面讲到原因与结果、理由与论断、假设与条件等这些部分的时候，是从逻辑上着眼的，连一开始讲“前边的支配后边的”“前后并列的”这种最基本的组合时，就从逻辑上着眼。讲“前边的限制后边的”，实际上涉及逻辑上概念的内涵和外延的关系，涉及概念的异同，讲到“前后并列”，涉及分类、归类等。这本小书通本除了“逻辑”两个字以外，没有用任何其他的逻辑术语，但是，凡是我感觉到、认识到哪个地方可以或者应该和逻辑联系起来考虑的时候，总是尽量试着这样做。我认为，把语法上用词造句的一些规矩同逻辑联系起来考虑，会使语法更有用一点，甚至于对帮助读者培养严密的思维习惯，可能会有点好处。

四、联系说话和写作中的修辞表达以及语气、情态等问题。一句话这样说或者那样说，用这个格式或者用那个格式，不仅仅是从语法上考虑，从语法角度来选择的问题，实际上在许多地方同修辞表达是有联系的，在许多地方是同说话者的语气以至于情态相联系的。从这个角度做一些考虑，来讲一些语法现象，可能同说话和写作联系更多一些，也就是使语法对培养说和写的能力更多地起一点作用。

五、为构拟更符合汉语特点的语法体系做点试探。这本小书基本上是沿用当时一般采用的语法体系，即《暂拟汉语教学语法系统》，而大大简化，没在语法体系问题上直接地、正面地提出新的说法，没有采用任何新的术语。可是在运用之中，我试图在若干地方考虑到汉语的特点，稍微多讲一点，或者在安排上把它适当突出一下。比如，上来就讲词和词的组合，不先讲词类，那是由于我当时觉得把语素（当时称词素）组合成词，把词组合成词组，把词和词或者词和词组或者词组和词组再进一步组合成更复杂的结构，所有这些层次的组合，基本的手段和格式都是一致的。组合是汉语语法里边十分值得重视的一个问题。如果把这个问题搞得清楚一些，可能对于搞清楚汉语语法的若干问题会有好处。而讲组合并不一定以讲词类为先决条件。甚至先讲组合再讲词类倒有些便利。又比如，我没有讲句子一定是由主语、谓语构成的，也没有讲具备了主语、谓语就一定构成句子，我始终把主谓关系作为组合的一种。虽然我说了具备主谓关系的组合，成为句子的可能性比较大，但是我没有排除不具有主谓关系的组合也能成为句子这种可能性，并且这种可能性也不是很小的。因为当时我觉得，汉语的造句法同必须具有主谓关系才能构成句子那种造句法是有区别的。在汉语里，决定一个组合能否成为一个句子有别的一些条件，组合中的关系并不是唯一的决定性因素。（比较“鸟飞”不像句话，“鸟飞了”成句话；“孩子聪明”不大像个句子，“这孩子聪明”显然是个句子；“开饭了”和“中午十二点开饭”都成句子，要想加个主语上去，比如“我们”，真还有点勉强。可是，如果后头还有话，比如“我们开饭了，他们还没下课呢”，“我们中午十二点开饭，他们十一点半，比我们早一点”，就都很自然。）汉语的造句法，恐怕还很需要再琢磨琢磨。又比如，讲到动宾关系的时候，我一方面讲了“动宾宾”“动动宾”“动动宾宾”几种格式，也没有排除在宾语前边加上比较多的修饰、限制成分的可能性，并且指出运用这些格式的时候应该注意之处。另一方面我同时说明，由于汉语是非形态语言，宾语没有形态标志，因而，它总是倾向于离动词近一些，以免产生误解或使人费解。这本小书里也讲了词类，是照传统的讲法，照当时通用的体系讲的，但是在分量上，在排列次序上，我把它放在比较次要的位置，而突出了词的组合。我着重地说了掌握丰富的词汇，特别是名词、动词、形容词这几种基本词类的重要性，讲了要重视词和词组合的时候语义同结构两方面的关系，重视词和词组合时逻辑事理上的关系。这些方面所用的篇幅更多一些，所占的地位更重要一些。此外还有其他一些地方，也有从汉语的特点考虑采用了与一般语法书不同处理办法的。当时这样想，这样做，多多少少有一点想对构拟比较符合汉语特点的语法体系先做一点试探的意思。

以上这些想法，未必完全妥当，这里说一说，只是为了达到前边说过的两个目的。除此而外，这里还可以再补上一句：这本小书除了力求通俗化之外，也多少具有这样一点想法在内——不摆出理论面孔，不声不响地探讨一下汉语语法理论问题，虽然只是很初步的一点点。我希望今后能够在这些问题上跟大家共同努力，再多做一些探讨。汉语语法，无论从描写语法或者教学语法的角度看，都还是有待努力，大有可为的。

1980 年 3 月

附:《语法学习讲话》目录

谈《中学教学语法系统提要（试用）》*

关于《中学教学语法系统提要》，我就个人参与这项工作过程中了解和体会到的几点扼要说一说，供参考。

一、如同50年代的《暂拟汉语教学语法系统》一样，这个《提要》具有以下两个特点：

第一，它不是个人或少数人的东西，而是集体性的产物。它不仅包含了几十年来语法学者的研究成果，而且从制订新的教学语法体系的原则的确定，到《提要》草稿的多次修改，直至最后定稿，许多语法研究工作者、语法教学工作者都直接参加了讨论，共同研究，反复斟酌，提出了许多宝贵的意见。这个《提要》得以定稿，是与他们的辛勤劳动分不开的。

第二，《提要》虽然已经定稿，提供给全国中学使用，但它还是试

---

* 本文刊载于《中学语文教学》1984年第4期。文前有如下的编者按语：《中学教学语法系统提要（试用）》从1981年7月在哈尔滨举行"全国语法和语法教学讨论会"之后开始起草，历时两年多，经过多次广泛征求意见，反复修改，并经有关领导和顾问的审定，已经正式定稿，交付本刊披露。为了帮助读者了解这个《提要》，以便参考试用，我们请张志公同志对这个《提要》的主要方面做一些说明。下边是张志公就我们提出的问题所做的一次"炉边谈话"。

用性质。也就是说，可以一边使用，一边继续研究探讨，在教学过程中考察其中存在的缺点、问题，以便集思广益，在适当的时候进一步加以修订，使它逐渐完善起来。正如《提要》的“附记”所指出的，这个《提要》介绍的语法体系和名称术语是参考性的，不是强制性的。教师如果认为需要，可以根据自己的经验，对这个《提要》适当变通灵活使用，尽管它对于制订者、公布者本身在一定时期内带有约束性（如编写中学语文教材涉及语法问题时需要参酌试用《提要》所提供的语法体系和名称术语）。

二、有不少同志提出两方面似乎有点矛盾的问题。有的说，《暂拟系统》用了很长时间，教师熟悉，教学上也是基本可行的，继续使用下去不是可以吗？何必花这么长时间去搞这样一个新的系统呢？也有另一些同志问，既然改了，似乎改得很不够，《暂拟系统》的不少东西还继续保留着没有改动，为什么不运用一些新的理论做更彻底的修改，提出一个全新的系统呢？

这两个问题所说的现象是合乎《提要》的实际的。它确实保留了《暂拟系统》相当大的一部分内容，同时又做了相当的修改，不是原封不动的。所以要这样做，是以 1981 年 7 月在哈尔滨召开的“全国语法和语法教学讨论会”上共同商定的原则为根据的。这个原则集中反映在会议商定的《〈暂拟汉语教学语法系统〉修订说明和修订要点》中。《修订说明》指出：“1956 年制订的《暂拟汉语教学语法系统》应当进行必要的修订，改正、解决二十多年来在使用过程中逐渐发现的主要缺点和问题，汲取近年来语法学界新的研究成果，形成一个在原有基础上有所改善、有所前进的新的系统，作为学校，主要是中学，语法教学的依据。”这就是说，新的教学语法体系应该以《暂拟系统》为基础，同时又要进行必要的修订。这是那次会议上一致同意的一个原则。这个原则的确定，主要是基于这样的考虑：作为教学用的一个体系，需要保持一定的稳定性和连续性，这样有利于教学工作的进行。从《暂拟系统》本身来看，它是当年许多语法学者和语文教师共同制订的，它吸收了直到50年代我国语法学者的研究成果，具有一定的科学性，因此它才会被采用。二十多年来它在语法学界和语文教学界产生了广泛的影响，多数中学教师比较熟悉，他们不希望大动。如果要建立一个全新的语法体系，现在也还不具备这样的条件。所以大家都说，确定新教学语法体系应以《暂拟系统》为基础，不能另起炉灶。但是，《暂拟系统》是二十多年前的产物，不可避免地会有不少缺点、问题，需要加以改正和解决。随着语法研究的发展，产生了一些新的研究成果。教学语法虽然要保持稳定，但随着科学的发展，也要有所前进，把新的比较成熟的研究成果吸收进来，不能老是原封不动。因此，既要以《暂拟系统》为基础，又必须进行一定程度的修订。

关于这些考虑，这些道理，在哈尔滨会议后出版的《教学语法论集》（人民教育出版社 1982 年 4 月出版）中都有所反映，其中浦通修、王力、吕叔湘、胡明扬等许多位同志的文章、讲话，可以帮助我们了解《提要》产生的全过程和它的性质。关心这个问题的同志不妨花点时间翻翻这本书。

三、如果说《提要》是《暂拟系统》的修改本，那么修改了些什么呢？主要有三个方面。

（一）算是涉及体系问题的，主要是对分析句子的方法做了点修改。

《暂拟系统》分析句子采用的是所谓“多分法”或叫“中心词分析法”，就是把句子的各个成分一次分析出来，并且找出中心词。例如“一个念头忽然跳进我的脑子”这个句子，“念头”是主语部分的中心词，“一个”是它的定语；“跳”是谓语部分的中心词，“忽然”是它的状语，“进”是补语；“脑子”是“跳”的宾语的中心词，“我的”是它的定语。用符号法表示是：“一个念头‖忽然跳进我的脑子。”这种分析法虽然也考虑了句子的结构层次问题（如首先把句子分为主语部分和谓语部分，再找中心词和其他句子成分），但是句子的结构层次在分析过程中反映得不明显，似乎把各种句子成分都放在一个平面上了。《提要》吸收了结构主义语法在分析句子的方法上的长处，试图把多分法和层次分析法结合起来，既重视句子结构层次的分析，也兼顾到句子的基本间架即中心词，同时还注意到非中心词在表达上的重要性。

算是涉及体系问题的另一点修改，是突出了短语（词组）的地位。《暂拟系统》分析句子主要以词为单位，不说短语作为构成句子的成分。《提要》则强调短语不但可以做句子成分，而且大多数短语带上一定的语调就可以成为句子。

（二）增加了一些新内容，主要有三点。

1. 提出了“语素”这个概念。“语素”，并不是“词素”的另一个名称，不是把“词素”改称为“语素”。这不仅仅是名称问题，而是关系到对语言的观察和认识问题。我国原来没有“词”这个概念，一直叫作“字”。后引进了“词”的概念，还是常常讲“字”构成“词”。后来觉得“字”是个模糊概念（它既指写在书面上的一个个汉字，又指口头上的一个个音节，甚至不止一个音节，而是一个语言片段。旧时父亲给儿子写信，开头可以说“×儿见字”，这个“字”的意思就更不一样了），所以改称“词素”。那时候，“词”的定义是“语言里可以独立运用的最小单位”。对词进一步再分析，才有了“词素”。现在，我们的认识前进了一些，认为最小的单位还不是词，而是语素。它不是从词里分解出来的，它本身就是一个单位，是一个最小的语音语义结合体。它本身可以就是一个词，也可以和别的语素组合成词。在西方语言学界，从本世纪三十年代就由结构主义语言学创始人提出了“语素”这个概念，我国在五十年代也有人，如吕叔湘先生，开始研究语素，六十、七十年代，吕叔湘先生继续讲过语素问题，以后，越来越多的人研究语素了。现在大家一致认为语素这个概念应该明确提出来。在中学语法教学中，让学生建立起“语素”这个概念，对于理解语言的构成、语言的组合规律以及语言和文字的关系等是有益处的。当然，在中学不用多讲，只要具备一点关于语素的最基本的了解，建立起这样一个概念就可以了。有关语素的一些理论问题不用去讲。

2. 增加了句群（也叫句组，还有的著作里叫语段）的内容。《暂拟系统》和当时大多数语法著作一样，讲到句子为止。在它以前和以后，也曾有人提出大于句子的单位（但还不是文章的段落）应该研究，但是没有展开。近年来，许多人，特别是语文教师，越来越感到学生运用语言（无论是说或是写）的时候，许多常见的毛病往往不是出在一个句子之内，而是出在前后联系很紧密的一组句子之间。像所谓“语无伦次”，“前言不搭后语”，意思跳跃“不接气”，重复累赘，等等，可能是一个句子里的毛病，更多的时候是一组句子里边的毛病。因此，为了实用，不少人认为讲语法不宜绝对限制在讲到句子为止。国外对大于句子的语言单位的研究，在本世纪四十年代就开展起来了。有的把这种单位叫作“话语”，有的叫“超句子统一体”，这都是些译名，总之意思是不止一个句子，而这一组句子又显然是一个有紧密联系（属于或近于语法性质的联系）的整体。经过征求意见，多数人认为，这个问题值得重视，从实用的角度考虑，《提要》最好增加句群的内容。如果说对句群的研究还不够深入，那么不妨先讲简单点。在这一问题上，语文教师的实践经验是很丰富的，很可能他们比语法专家们更有能力把这部分内容逐步充实起来，经过深入钻研，把它搞透彻。

3. 试图对汉语中一些相当常见、有用而过去不大注意的现象提出个初步的讲法。汉语中有些现象，比如结构对称的习惯语（“深一脚浅一脚”“你一言我一语”之类），句子前头起评注作用、关联作用或解释作用的成分（如“诚然”“一般地说”“反之”“特别是”等），在日常交际中用得很多，大家都很习惯，但过去对这些语言现象都不大理会，更没有个一致的讲法。这是些值得注意的问题，《提要》试图提出个很初步的解决办法。当然，这些意见未必都很妥善，还可以进一步讨论研究。总之，这是实际有用的东西，能引得大家重视起来就好。

（三）对《暂拟系统》中一些处理不当的问题做了改动。对于三种合成谓语的改换就是一例。《暂拟系统》中讲了三种合成谓语，一种是能愿动词和（充当谓语的）动词或形容词合起来的合成谓语（简称“能愿合成谓语”），如“孩子们都愿意看故事片”；一种是趋向动词和（充当谓语的）动词或形容词合起来的合成谓语（简称“趋向合成谓语”），如“人们都涌过来了”；一种是判断词和（充当谓语的）名词、代词等合起来的合成谓语（简称“判断合成谓语”），如“这是事实”。顾名思义，这三种组合既称为合成谓语，就意味着它们只出现在谓语的位置上。而事实上并非如此，它们除了做谓语外，还可以充当其他成分。例如：

这是一只会唱歌的鸟。（做定语）

愿意学习是好事。（做主语）

我保证能把你的东西带到。（做宾语）

挤进屋里来的人越来越多。（做定语）

这样干下去是不行的。（做主语）

可见，《暂拟系统》对三种合成谓语的处理是不妥当的。说实在话，当年之所以这样处理，是有不得已的苦衷的。——每种现象都有两三种相持不下的不同讲法，采用哪一种也不会使大家都肯接受，于是才想出了这么一种大家都能不拒绝（即使带点勉强）的办法。搞教学用的东西跟个人写书不一样。个人写书，就照我自己的见解讲，你爱同意不同意。百家争鸣嘛。搞教学用的东西不能这样办。虽然不大可能让人人都完全同意，总得使尽可能多的人至少不坚决拒绝——为了有利于教学，避免混乱。于是就免不了有时候调和折中一下，结果，大家都不怎么满意，也都能勉强不拒绝。这也算是搞教学材料的人的一点甘苦吧。现在，《提要》把它们讲成三种不同结构类型的动词短语，这样就免除了上述那种显然不能自圆其说的讲法。此外，对《暂拟系统》做了改动的还有名物化、复杂的谓语、双部句和单部句等。

由于改动一点往往会牵涉其他点，所以改动虽然并不太大，但乍看上去好像变化不小似的。其实有些改动不是实质性的，而是从保持系统内部的协调性来考虑的。真正实质性的改动并不太多，可也不是一点都没有。希望大家能够不产生改动或太多或过少的错觉。——这又是一件两面不讨好的事：不希望多改动的会认为改得太多了；希望大改的又觉得改得还不够劲。

四、哈尔滨会议上一致提出，制订《提要》一定要着重考虑教学语法的实用，着重考虑教学的需要。《提要》主要在两个方面来体现这个决定的精神。

（一）教说汉语的中学生学汉语语法，哪些当繁，哪些当简，要根据教学需要来考虑，不能面面俱到，平均主义，一视同仁，要有所区别。举几点为例：

1. 简化词类问题的内容。词的分类，完全按照《暂拟系统》的分法，只是增加了一类拟声词。但是，《暂拟系统》对各类词的语法特点讲得很细，例如名词不受副词修饰，不说“不桌子”“很椅子”等，这对说汉语的中学生来说，实际的用处不大。谁会说“不桌子”“很椅子”呢？因此《提要》对词类的讲解比《暂拟系统》大大简化了。

2. 充实了短语的内容。说汉语的中学生使用汉语，短语这一级很重要。短语不仅可以充当句子成分，而且大多数短语带上一定的语调就可以成为句子。因此，短语掌握得熟练，对掌握汉语的构造十分重要。有人甚至认为，只要掌握了短语，就已经掌握了汉语。短语的结构类型很多，使用情况又很复杂，所以《提要》讲得比较详细。至于教学上如何安排，则是另一个问题，因为《提要》是一个教学语法体系，不是语法教学方案。

3. 句群也是从教学需要考虑增加上去的。关于句群教学对语言运用的重要性，上边已经谈过，不再重复。

4. 图解句子也是从教学的简便考虑，建议采用比较简明的图解法（图解全句用符号法，图解复杂的局部用框式图解法），没有介绍更复杂的图解法，如树形图解法等，尽管这些图解法各有特点，都是有意义的。

（二）从教学考虑，凡单纯的名称术语问题，《提要》一概采取灵活的态度。比如“短语”和“词组”，“句群”“句组”或“语段”，这只是名称术语的不同，没有实质性的区别。因此叫哪个都可以，不强求绝对统一，也不去追究哪个更合理这类问题。如果追究起来，“副词”又何尝合理呢？这些词是“副”的，哪些词是“正”的？凭什么区别“正”“副”？如此等等，麻烦着呢！咱们搞教学工作的人“不介入”那些麻烦吧。有人问，名称不同，考试（尤其是“高考”）怎么办？我认为，第一，考虑问题不能以考试为出发点。第二，如果要我出题，根本不出这叫什么、那叫什么之类的题目，因为这种题目除了要学生硬记些名称术语之外没有多少用处，考这些东西意义不大。第三，如果要考，书上既然两种叫法都承认，那就应该无论答卷上用哪一个叫法都算对，都给一样的分。名称术语在教学上是次要问题，而且教学上最忌讳老是在名称术语上纠缠不休，这样做无异于浪费时间和精力，对提高学生的语言能力毫无益处。解决名称术语问题不是咱们教学工作者的任务，咱们应该把注意力放到语法教学的实用性上来。

《提要》现在快要试用了。在试用过程中，如果感到某处有缺点，有问题，欢迎及时提出来，以便进行研究，今后在适当的时机讨论、修订。在这个问题上，我个人觉得两种情况都不妥当：一种是认为这个《提要》是有关领导部门发表出来的，是不可改动的，甚至是不可讨论的，改动、讨论都是错误的，不许可的。我认为这不对。这毕竟是一个学术性的东西，不是法律，即使是法律，也不是不可讨论的嘛，何况不是法律呢！另一种情况是只要有人一提意见，特别是如果某知名专家提了意见，马上就大惊小怪，就全盘否定，就不用了。这对工作极不利，对学术发展也是极不利的。哪里会有一种东西让人人拍手称赞呢？总会有人有意见。以往，这两种情况都发生过，教训是不少的。咱们不是明明白白地说过“教学大纲是法律”，不许评论吗？咱们不是花了很大的力气编出《汉语》《文学》两套教材，试行分科教学，只试了一年多就稀里糊涂地废止，到今天也说不清楚到底为什么，更总结不出那样分科的得失利弊吗？对这个《提要》，我想，咱们既要试用它，即使有些不完善，有些意见也要用下去，用一段时间，等到说得清楚它的优缺长短的时候再改，又要在试用中随时发现问题，随时提出来加以研究，不能不许议论。只有这样，才能使它不断完善。

至于我个人，虽然参与了《提要》的制订工作，但是我对《提要》中的某些点并不都完全同意，它并不都是我的意见，正如当年制订《暂拟系统》时一样，那里边有些讲法当时也并不同意。不过，这是工作，集体性工作，不是个人著述，既然定下来了，我就照此《提要》讲，照此《提要》做。如果说它有长处，不能记在我的“功劳簿”上，因为这不是我个人的作品；如果说它有毛病，算在我的账上，我绝不推托，因为我是确确实实参与其事并且起了一定的作用的，随后是照此讲、照此做的。这些话本来不需要说，不过既然一定要我来讲《提要》，我就说了这么几句似乎多余的话。

谈谈中央电大《现代汉语》教材*

一

现代汉语课是中央广播电视大学文科语文类的一门基础课，开设在一年级。根据学校制定的教学计划和教学大纲，这门课设课的目的是，指导学生认识现代汉语的特点，掌握系统的现代汉语知识和一些现代语言科学的基础知识，培养分析和运用现代汉语的能力，为学习高年级的课程和从事语言文学方面的工作和研究打下基础。全年授课 120 学时。基于这样的设课目的和授课时数，教材中安排了四编：（一）普通话语音和现代汉字，（二）语汇（以上为上册），（三）语法（中册），（四）汉语修辞（下册）。教材内容力求联系实际，结合应用，既与一般高等院校大专课程保持质量和程度的一致性，又力求体现广播函授教学的特点，适应在职业余教育的需要。

---

* 本文是由同庄文中合写的两篇文章合并而成的，即发表于浙江电大 1982 年 1 月《电大教学》的《向大家请教》和发表于辽宁电大 1982 年 7 月《电大语文》的《谈谈学习现代汉语的几个问题》。《现代汉语》，张志公主编，人民教育出版社 1982 年出版。

针对这样的需要，编写现代汉语教材，缺乏经验，无章可循。现在编的教材，带有尝试的性质。

教材内容涉及的问题相当多，这里提出三个问题来谈一谈。

第一个问题：怎样处理汉字。

汉字历史悠久，有独特的系统。是否要照文字学，或称汉字学的路子来讲呢？照这个路子讲，就得全面地讲汉字的产生、汉字的造字法、汉字的发展演变等。这样，势必大部分讲“古”，因为汉字的产生古，存在的历史长；既讲古字，同现代“语”就不怎么连得上，于是只能就字论字，不是讲“汉语”了。讲古多，讲现代少，讲字多，讲语少：这样讲法，放在“‘现代’‘汉语’”课里，似乎有点跟左邻右舍都合不到一块儿，孤零零地拱出一个尖儿来。在“现代汉语”课里，讲语音、语汇、语法都是讲现代的，不是从古到今讲下来的，不是讲汉语史；独有字，从古到今地讲，讲汉字史。北京大学林焘教授在 1981 年北京市语言学会现代汉语组成立会上的讲话中就提出了这个问题。我们认为问题提得很有见地。随后编这部教材的时候，充分考虑了他的意见。

这部教材中讲汉字，采取了下述一些做法。一、教材中只讲现代汉字，讲现代汉字的特点、状况、发展前途、人们对汉字应持有什么态度等。二、汉字的演变另列为专题，比较详细地讲讲它的历史，不作为课文，而作为补充知识，主要让同学自学。此外，还在附录里印了相当一部分汉字历史演变的图版，让同学们看看汉字从甲骨文演变下来的各个时期的样品。正像讲语音，讲的是现代普通话的语音，在附录里适当地同方言语音和古音做点比较；讲语法，讲的是现代汉语语法，也用专题的形式同古代汉语语法做点比较。三、把汉字与语素结合起来讲，也就是把汉字与汉语结合起来讲。每个汉字都是在书面里记写口头语言中的音节和语素的，一个字表示一个音节或两个音节，表示一个语素，或者表示两个、三个或几个语素。在讲语音的时候，讲汉字的时候，反复把字、音节、语素三者的关系讲清楚，这样就把口头语言与书面语言联系起来了。讲语音是讲现代汉语，不是就音论音，不是讲语音学；讲汉字，也是讲现代汉语，不是就字论字，不是讲汉字学。四、强调必须全面地客观地认识汉字。汉字是当今世界上仍然广泛使用的从最古老的文字直接传下来的一种文字。世界上其他古老的文字都先后衰亡，独有汉字好像一种生物，不断地“变壮”，似乎青春长在，生命力很强。汉字是一种独特的文字系统，有显著的优点，因此几千年来一直为记写汉语、为汉民族、为我们国家服务，有极大的历史功绩，长期以来许多人珍爱汉字，把它看成为一种“国宝”。我们不能指责这些人顽固保守。这里边有习惯势力的因素，但是也有学术见解以至民族感情的因素。同时，汉字也有一些缺点，这些缺点随着文化、教育、科学的发展越来越明显，因此近百年来许多有识之士不断提出改革汉字的主张，并且设计过种种方案。事物的发展总是这样的。即便是历史上的好东西，时移世迁，它也会产生一步一步的程度不同的变革。这是不以人们的主观意志为转移的。我们要全面地认识汉字的优点和缺点，认识它难与不难两个方面；在当前，要力求发扬汉字的优点，避免汉字的缺点，进而有步骤地、积极慎重地进行汉字改革，使我们的文字健康地发展，成为运用汉语书面语言和教学汉语的越来越科学、越来越便利的工具，从而更好地为社会主义现代化建设服务。

第二个问题：关于适当地反映现代语言科学的研究成果。

现代语言科学有些新的发展，取得了一些成果，提出了一些新的问题。例如，关于语言的最小单位问题。以往我们讲“字”，这个概念是模糊的。后来讲“语素”，前进了一些。国外从30年代就开始讲“语素”。国内50年代以来也有人这样讲了。看来，讲“语素”的确比较科学一些，以“语素”为最小的语言单位来讲汉语是适当的、有益的。因此，在教材中运用了这个概念，与语音、汉字联系起来讲，在语汇部分设专节讲，在语法部分联系词的构成讲。语法是否讲到句子为止呢？是否以“修辞格”为主体那样来讲修辞呢？还有像语义问题，语义与语言环境的关系问题，语汇的发展变化以及各种语言形式的运用中的社会性问题，等等，都是一些比较新的课题。鉴于国内外在这些方面已经有了些研究成果，其中有些对理解语言和使用语言有实际的效用，因此教材中准备少量地初步地接触一下。总之，现代语言科学有些新的研究成果，哪些比较成熟，应当或者可以适当反映一点，哪些不那么成熟，还不忙反映，如何使现代汉语这门课既是建立在已有经验基础上的，为大家所熟悉的，而又稍稍有点现代的气息，在必要和可能的地方稍稍前进一点，这是有待研究、探索、尝试的一个问题。这部教材朝这个方向初步地摸索了一下。

第三个问题：关于重视实际应用。

提供系统的知识，要落实到运用。理论联系实际，说说容易，真正做到，做得恰当，很不容易。现代汉语课用的是广播函授方式，没有利用电视，不能面授。而培养学生运用语言的能力，最好的教学方式是联系学生的语言实际，当面指导。大面积的、多对象的广播函授教学体现学用结合的原则，有特定的困难。各地的情况、学生的情况各有特点，很难设计划一的办法。连教材里的思考练习题，都不能多出，尤其不能做绝对整齐划一的要求。所能做到的是，在课本和讲课中，在少量的思考练习题中，讲授知识的时候注意联系应用，注意引导学生思考问题，结合个人生活实际和工作实际进行自学，重视语言实践。至于各种语言实践活动，切合实际、有助于应用的练习作业，等等，则有赖于各地辅导、补充。

为了便于业余自学，教材内容做了如下安排。教材内容包括基本课文、专题和附录三部分。课文力求简明扼要地讲授系统知识，讲解实用性的问题，培养运用语言的能力。这一部分在授课时讲授，并安排适当的作业。专题则补充基本课文的若干重点的必要的参考性知识。这一部分主要靠学生自学，同时请有关专家有选择地讲讲，类似讲座性质。附录部分提供比较多的资料，供学生浏览查阅。附录是不可忽视的。实际上它是为课文提供了更多的实例，为同学提供了备查的实用性的材料。

二

怎样学习《现代汉语》这门课呢？

开设每一门课都有特定的对象。中央广播电视大学《现代汉语》课是以具有相当于高中毕业文化程度的成年人为对象的，其中大部分是在职工作人员，有的是在各种岗位上担任与语文有关工作的同志，有的是在各级各类学校里担任教学工作的同志，也有一部分是自学青年。这许多参加学习的同志年龄不同，有的是比较年轻的青年，有的是比较年长的青年，还有一些是中年人。工作性质不同，年龄不同，因此各人的学习目的不同，学习要求不同。基于这门课学习对象的这个特点，对这门课的学习方法很难具体地一刀切，要求划一。这门课的又一个特点是，业余教学，并且是通过广播进行教学的，不是面授，教学时间又比较少。基于这个特点，这门课的学习方法，跟在一般正规高等院校里学习同类性质的课也有所不同。这里只能提一些关于学习这门课的一般性的建议，供参加学习的同志参考。

首先，学习这门课的同志特别要重视理论与实践相结合的原则。理论与实践相结合，这是学习的共同原则，大家经常说起。不过，人们提这条原则的时候往往各有侧重，有的是要强调理论的重要性，有的是要强调实践的重要性。我们这里说的是切切实实地理论联系实践，不能有所偏废，也不能有不适当的偏重。学习这门课的同志不是把汉语作为第二语言，而是作为母语来学习，不是像小学或中学那样从最低的起点来学习的，而是已经基本上掌握了汉语并且多半是在运用汉语进行工作的，所以这门课不是从头教给学习者那些最基本的语言知识，培养最基础的语言能力，而是要在已有的基础上提供关于汉语比较系统的科学知识。对于语言的知识，特别是对于母语的知识，人们往往有忽视的倾向，认为语言只要会用就行，除了专门从事语言研究的人，一般不需要具备什么语言知识。这种认识是片面的，这种倾向是不适当的。语言作为一种客观事物，是有一些规律的。人们对语言像对其他客观事物一样，应该尽可能地具备系统的合乎科学的知识，这对于语言实践是有益处的，并且有助于培养科学的头脑，而这一点在现代社会、在社会主义现代化建设中是十分需要的。《现代汉语》课，就是要在这些方面对于学习者有所帮助，使得学习者具备比较系统的语言知识，培养认识语言这种客观事物的科学头脑。对于这门课的这个特点，希望学习者有所了解。

对于语言的科学认识像对于其他客观事物的认识一样，最终目的还是指导实践。学习《现代汉语》课，要正确处理知识与能力的关系，不要忽视知识。要以知识为指导，来有效地提高语言能力。要尽可能地把知识用于语言实践，并且在实践中得到巩固。不能为知识而知识，把学习停留在名称、术语上，仅仅以掌握一般知识为满足，要力求能够运用学得的知识来提高听、说、读、写的语言能力。这个道理是很普通的，但是这里要特别强调一下。参加业余学习的人要格外自觉地重视理论联系实际的道理，并且把这个道理实实在在地用之于实际的学习活动。

其次，学习这门课的同志不能过多地依靠教师讲授，而要靠自学。这是因为学习者各有各的目的要求，各有各的具体情况，用于学习的时间有多有少，而讲授的课时又比较少，教师更不能对不同的学习者进行有针对性的具体辅导。教师讲课，只起启发和整理的作用，引导学习者自学，把知识条理化。真正把知识搞清楚，运用于实践，主要靠学习者自己去学习，走自学成才的道路。这门课从教材到讲课都是从这个角度着眼的。这门课的教材包括三个互相配合的部分，一是教师讲课的课文，比较简约；二是专题讲话，供学习者自行学习、钻研；三是附录中列入比较多的资料，供学习者浏览、查阅，来补充讲课和专题讲话所需要的材料。教材之所以这样编写，目的就在于便于自学。

第三，学习者应该根据自己的具体情况采取切实可行的办法，把这门课学好。极大多数参加学习的同志在不同岗位上一面工作，一面学习，比较容易把学习与运用结合起来，要充分利用这个长处。例如，在某一类学校做教学工作的，就宜对学到的知识（包括提供的专题讲话、资料）选择所需要的部分用之于教学，提高教学质量。做其他与语文有关的工作的，同样可以把学习与工作结合起来，在实践中运用语言知识，提高语言能力。总之，一是不要把学习与工作割裂开来，而要尽可能把两者联系起来，使得学习与工作互相促进；二是根据自己的实际情况，订出切合自己的具体办法，或者说，订出个人的学习制度，例如，妥善安排预习、听课、作业、复习的时间，订立如何结合工作实际的计划，过一段时间自行检查学习效果，等等。

第四，要以充分运用教材为主，可能的话适当阅读其他参考书籍。讲解现代汉语的书有各级各类学校的教材，有专著，也有各种参考书。由于这些书的性质、目的、对象不同，也包括学术观点不同，所以讲法各种各样。参加学习《现代汉语》课的同志以提高为目的，需要开阔眼界，尽可能多阅读一些有关书籍。然而，业余学习，时间有限。因此，建议学习者首先把教材所提供的内容学到手，然后根据实际情况，力所能及地参考其他书籍。教材后面列出一个参考书目，学习者可以酌情选读。就这门课的教材来说，一是侧重现代，一是侧重语言。侧重现代，因此课文里讲现代的语音、汉字、词汇、语法，而把一些必要的传统内容放在专题、资料中介绍；也是由于侧重现代，所以课文里介绍少量的比较新的语言知识。侧重语言，因此讲语音、汉字、语汇、语法等，都是从语言和语言的运用着眼的，对于教材的这些考虑，希望学习者有所了解。了解教材的编排意图，才能更好地运用它。

由于这门课的对象及其学习目的要求很不相同这个特点，在这里简单地回答“怎样学习”是很困难的，只能说说一般的原则、设想，供学习者参考。不妥之处，希望批评指正。

《现代汉语》再版前言*

本书是1982年初版，作为中央广播电视大学语文专业“现代汉语”课的教材使用的。当时全国的电视大学正式注册学习这门课的学生约11万人，另有自由收听的约计10万人，总共约20万人，而这部书的印数多达60万册，说明它的使用者远远超出了电视大学的范围。现在应各方面读者的要求，修订再版，扩大服务对象的面，不再做电大的专用教材。

这次修订，在书的内容、结构、编法方面，保持初版的格局和特点不变。仍分上、中、下三册。上册包括“导言”，第一编“汉语语音，现代汉字”，第二编“汉语语汇”；中册是第三编“汉语语法”；下册是第四编“汉语修辞”。每册仍分正文、“专题”和“附录”三个部分，这是为了适应大面积的需要和自学者的需要，使内容的繁简、详略和程度的高低有适当的伸缩余地。正文的基本内容，力求简要；“专题”从正文中提出几个问题加以补充，适当提高；“附录”提供必要的查考参阅的资料。

---

* 本文是《现代汉语》（人民教育出版社1984年修订再版）再版时作者撰写的前言。

具体内容详见各册目录，这里不细谈。只说明两点。

第一，初版在各编都引入了很少一点算是比较新的内容、讲法和编法。比较显著的是第二编语汇和第三编语法。在语汇部分稍微引入了一点属于社会语言学、心理语言学、语义学的内容，很少、很浅，都是采用常识性的讲法，没有使用专门术语，更没有打出那些旗号。在语法部分，鉴于汉语是一种非形态语言，所谓语法主要是各级语言单位进行组合的一些法则，以及表达时如何运用各种组合的法则，因而针对汉语这种特点，参考国内外曾经有过的理论和实践，把第三编分为三章，第一章很简短，极为扼要地介绍一下汉语语法，包括词类和句法的大致轮廓，然后用两大章分别讲解组合和表达，这样会更切合汉语的实际，从而更切合实用一些。其次是第一编的汉字部分和第四编修辞部分。本书编者同意汉语学界有些位专家所持的这样的观点：在现代汉语课里，语音、语汇、语法都讲现代的，独有文字从古代原原本本讲下来，不大协调。因此第一编第二章讲现代汉字，而在“专题”和“附录”里补充一些关于汉字历史演变的知识。在第四编修辞部分，鉴于我国传统修辞学从来是把“字”（即现代所称的词）、句、篇章融合在一起讲，而这样讲法确实合乎汉语汉文的实际，因而有较大的实用意义，同时也鉴于国外现代修辞学日益与实际应用以至与文章写作密切结合，逐渐产生了所谓话语语言学和功能修辞学这样一些观念和学科，所以本书修辞部分突出了它的多科性，扩充了它的内容，一头延伸到斟词酌句，从而与语法相衔接，一头延伸到篇章、语体和风格，与写作相衔接。

语言学界不少位学者对于上述这些以及另外一些处理和讲法给予热情的支持和鼓励（见于他们公开发表的评论之中），认为稍有新意，比较有用。在教学中可能微有感到不很适应之处，因为在上述这些地方同近些年来一般的处理和讲法不全一样，虽然实际的差别也并不多大。本书编者认为，如果只是不很适应的问题，那不要紧，很快就会适应起来的；还认为，由于语言科学的迅速发展，由于语言科学与新的信息技术革命有密切关系，由于我们正在奋力迎接新的技术革命的挑战，语言科学的新成果应当逐渐多引入一些，在这方面，本书做得还很不够。因此，初版这些处理和讲法基本保留，没有改变，有些地方还适当有所加强。不过，这是现代汉语教材或读物，而不是语言学教材或读物，只能适当运用语言科学那些新成果来处理汉语知识，不能直接讲那些理论，这样，做起来会有相当的难度。本书在这方面处理得怎么样，有哪些失误不当之处，应当如何改进（我们想，大概不是去留问题），希望继续得到帮助和指教。

第二，这原是一部供广播电视大学用的教材，所以初版力求在便于自学的前提下保持大学、专科的程度，不使降低。修订本服务对象面有所扩大，除了继续考虑成人业余高等教育的各类学校和相当程度的自学者使用外，还考虑到供中小学语文教师作为参考读物。这样，在程度上仍旧保持初版的大专水平，没有改变。倒是初版时由于照顾当时的实际编入的少量本应在中学阶段就学好的知识内容，这次修订予以压缩、精简以至删除。本书编者认为，十年动乱留给教育的创伤已经得到相当程度的医治，小学中学的教学水平在逐步提高，广大青年乃至中年爱好学习已经蔚然成风，都渴望加紧提高自己的知识水平，以适应社会主义现代化建设的需要，同时，我们已经明确了“教育要面向现代化，面向世界，面向未来”这个指导原则，成人业余高等教育的水平应当逐步提高，而不应当有所降低。本书在这方面的处理是否恰当，也希望得到各方面使用者的指教。

本书这次修订，主要在下述几个方面。

第一，初版成书十分仓促，存在着一些不应有的疏漏和失误，承不少使用者来信指出，我们非常感谢。这次修订，尽我们所发现的做了修改。可能还有疏失之处，欢迎继续给予指正。

第二，初版有些地方失于烦琐冗赘，修订时进行了删简。“专题”做了一些调整。有些列在“专题”里的内容，宜于作为正文讲述，就改编在正文里；少数“专题”与正文或其他专题论文有重复（那不是作者的责任而是编者的责任），予以删除。“附录”里删去了一些不难查到的，过于繁细的或不尽准确的材料。总的说，全书有所精简。

第三，《中学教学语法系统提要（试用）》业已公布，将在中学语文课里试用。为了方便自学者学习，便于高等师范院校中文系学生和中小学语文教师参阅，本书第三编《汉语语法》部分做了必要的修改，使之在语法体系和名称术语方面与《提要》尽量保持一致。不过，本书是大专水平的读物，不是中学教材，因此，第三编在有的地方可能比《提要》的内容多一些，细一些，并不是完全按照《提要》讲的。凡属相同的内容，就用相同的名称术语，不让它们有分歧。（《提要》本身也有声明，就是在中学里使用，它也只是规定语法体系和名称术语，并不是教学方案。）

不少使用者反映，初版第三编第一章《汉语语法概述》讲得过于简略，有些地方没讲清楚。编者接受了这个意见，修订时对这一章做了适当的增补。不过，如前文说过的，第三编的整个结构不变，仍以第二章

《组合》和第三章《表达》为重点。这两章有少数部分或与前边的语汇编有重复，或与后边的修辞编有重复，都进行了调整或删改。

除去以上三个主要方面之外，还有行文、举例等一些零碎的修改，这里不详谈。

有一点必须着重说明。

修订本删去了每章后面的“思考和练习”。这并不仅仅是由于初版成书仓促，有些练习设计得不好，甚至有练习与正文相矛盾的情形（对于这种失误，编者也借此向初版的使用者致歉），更重要的是，本书编者认为练习很重要，设计要好一些，量要适当大一些，并且宜于附有答案；为免使本书失于臃肿，篇幅过大，准备另编一本附答案的练习册，与本书相继出版供应。

初版时承王微、孙功炎、隋树森、张中行、胡明扬、赵世开、周振甫、张寿康、刘国正等同志执笔写了各编的好些篇“专题”论文，充实了本书的内容，为本书增色不少，这里再一次表示感谢。这些“专题”论文的绝大部分，修订本继续采用，并在目录上和每篇标题下署名，这里不另列篇目和作者表。（本书编者写的“专题”不列名。）

本书初版时，承蒙王力、吕叔湘、朱德熙、周祖谟、周有光、俞敏、徐世荣、齐越、徐仲华、张寿康、胡明扬等十几位专家分头审阅或具体校订了上册、中册的正文和部分专题的初稿，借本书修订的机会，再一次向他们表示深深的谢意。

本书初版本编写前和出版后，修订本着手修订前，承不少位语言学界和教学界的同志提供有价值的意见和建议；编写、修订时参阅了不少专著和论文，未能一一分别注明，这里一总表示恳切的谢意。

特别要感谢的是1982—1983学年度使用本书初版本的广播电视大学全体学员和全国各地的全体辅导教师，他们使本书经受了一次教学实践的检验；他们在各种不同的机会和场合，以各种不同的方式对本书编者（也是讲述者）表达的热烈真挚的感情——包括对本书提出由衷的肯定性意见或善意的批评性意见，使我们受到很大的鼓舞和教益，使我们编写和修订本书的工作得到很大的帮助。

修订本承沈云瑞同志设计封面，深表谢意。

编者

1984年11月

中学英语课本及教学指导书编写说明*

中学英语课本内容简介

中学英语课本是根据《全日制中学教学计划》规定的外语授课时数和《全日制中学英语教学大纲（草案）》规定的英语教学目的和具体要求编写的。全套课本共九册，初中六册，每学期一册；高中三册，每学年一册。九册课本中要求学生掌握的单词共3 500～4 000个，另外还有些常见的惯用词组。初中阶段着重进行听、说、读、写各方面的基本训练，要求掌握1 500～2 000个单词；高中阶段比较地侧重阅读训练，要求继续掌握2 000个左右单词。

语音教学是外语教学的基础。课本的语音教材主要安排在初中一年级，二、三年级继续安排一些练习，高中阶段则主要通过课文朗读进行巩固，以求逐步达到熟练掌握。初中一年级上学期通过符合读音规则的

* 本文是对1963年版《初级中学课本　英语》及其《教学指导书》编写体例的说明，放在《教学指导书》中。题目为编者所加，收入本书时有删节。张志公时任外语编辑室主任，主持编写了本套教材。

单词教给学生发音和拼音，下学期教国际音标和简要的语音知识，并且此较系统地归纳读音规则。

基础语法知识主要安排在初中阶段，以句法为主，首先教学生确立句子的观念，学习句子的基本用途和基本结构，掌握简单句的各种基本句型，初步掌握一般复合句的构造和用法，词法知识结合句法逐步讲授，在初中三年级下学期就词法和句法进行比较系统的归纳整理。高中阶段针对课文做一些语法注释和句子分析，复习、巩固初中学过的知识技能，并且补充一些必要的比较复杂的语法知识。初、高中都重视惯用语的教学。语法教材与课文适当配合，着重通过课文和练习训练学生掌握实际的语法技能，知识的讲解力求简要。在必要的地方，采取与汉语表达方式比较的办法，加深学生对英语语法的理解，帮助他们更牢固地掌握。

全套课本编入成文的课文 150～200 篇。(初学阶段以单句组成的课文以及内容不很连贯的课文不计算在内。) 课文题材从有关学校和学习的事物、日常生活中的事物开始，逐渐扩大到社会生活方面，包括国内外大事、政治斗争，以及科学技术常识等方面。课文体裁最初以对话和记叙性散文为主，逐渐扩大到故事、寓言、小说、戏剧、诗歌以及论说文、应用文等方面。低年级课文以自编为主，但是从一年级起就逐步编入一些谚语、谜语、小诗等原作，进而编入一些经过改写的原文故事等；然后逐渐增多略经改写和不经改写的原文；高中课本基本上是文选性质，大多数是英语原作，以及其他各国名著的译文，也有少量我国作品的英语译文。课文多数是几百个词以内的短篇文章，高年级有少数篇幅长些的。总之，课文的编选力求广泛丰富，力求使学生尽早、尽多地接触原文，以便学到地道的英语，同时在内容方面力求健康，于学生有益无害。

这套课本重视加强英语的基本训练，即听音，发音，写字，掌握单词，合乎语法、合乎习惯地造句等训练，力求切实地逐步培养学生的阅读能力、会话能力，以及简易的作文和翻译的能力。为此，课本在注意选编课文，力求其丰富的同时，也注意编配多种多样的练习，例如发音、拼音、拼读、拼写、朗读、背诵、听写、问答、对话、造句、复述、作文、翻译等，希望学生通过这些口头和书面的实际语言活动来掌握语言技能。课本也注意介绍系统的基础知识，但是力求讲得简要，避免讲得过多过细，避免使用不必要的概念、定义、术语和语法分析之类。

关于教学指导书的几点说明

中学英语课本每一册有一本教学指导书。教学指导书主要在于说明课本的编辑意图，介绍一些参考资料，供教师研究教材和教法时参考。它不能代替教师的教学研究工作，不能代替教师备课，因此，不提供教案，在教学方法方面，也只是在必要和可能的地方提供一点参考性的建议。至于具体的教法，还得由教师根据本校本班的具体情况和个人经验去灵活掌握。

教学指导书里每课首先提出“教学要求”，这里说明编入这一课主要是要解决什么问题，应当达到什么要求。开始的若干课，教学要求说得比较多一些，以后有些各课共同的东西就说得简要些。例如：说“要求掌握”某些词，意思就是说要求学生会念、会讲，能够在口头和书面上用到学过的合适的句式里去，并且记住，会写。说“要求掌握”某些句式，意思就是要求学生能把学过的合适的词用在这个句式里，并且对于这样的句子能听、能说、能读、能写。

以下是“教学建议”。有些课的建议包括两部分内容。一部分是关于这一课的教学步骤、教学方式等的建议；另一部分是关于处理本课某些要点或难点的建议，里边包括估计教学中或学生学习中可能发生的问题或困难，提供些解决、克服的办法。有些课，由于课文性质跟前一课或前几课相同，就只有关于处理本课要点或难点的建议。所有建议都是参考性的。所建议的教学步骤或方式，不一定适用于每校每班；提出的难点等，未必符合每校每班的实际情况，建议的处理办法也未必是最合适、最有效的。这一部分的内容，有赖教师自己根据具体情况去权衡，选择。

再下去是“参考资料”，一般是介绍一些与本课课文或教学有关的知识性材料，这一部分材料是提供给教师的，不需要、也不宜于向学生讲。向学生多讲了不必要的知识，只会加重他们的负担，并没有什么好处，甚至会妨碍重点教学任务的完成。教师同志们掌握英语知识和备有工具书的情况是很不一样的，因此，这一部分资料对某些教师来说可能是多余的，而对另一些教师来说可能还感到不足。如果教师已经掌握了这些知识，乃至掌握得更多些，当然就可以不去管它，至多看一看印证一下；如果觉得还不够，那就得自己设法去补充了。在英语知识方面，有些东西一向有不同的讲法或看法。这里提供的大都是以国内外的一些有关著作为根据的，个别的地方加入了编者的看法或者选择。由于这些资料仅备教师参考，并非学术讨论，所以并不一一注明出处，更不去罗列众说。如果教师愿意依从他说，尽可自行抉择。

最后是课本中练习的答案，备教师参考，验证。

教学指导书全册的最后，附有一些参考材料。一是《斜体行书的写法》，一是《语音参考资料》，一是《在本册教音标的方案》，一是《课堂用语》，一是《拼词游戏材料》。这些材料中，《语音参考资料》是只供教师参考的，绝对不要照样搬到课堂上去讲给学生听。《在本册教音标的方案》是供那些一定想在本学期教音标的教师参考的；如果教师并不打算在本学期教音标，就可以不去管它。其他如《斜体行书的写法》《课堂用语》可以由教师斟酌在课堂上使用，《拼词游戏材料》可在课外使用。

总之，教学指导书除去帮助教师明了课本意图，便于研究教学之外，也希望就所想到的尽可能为教师提供一些便利。怎样掌握和改进教学，提高教学质量，很好地完成教学任务，有赖于教师同志们的积极努力，充分发挥自己的教学经验和创造性。

限于编者的人力和水平，课本本身不免有缺点甚至错误。由于缺乏教学经验，更缺乏编写教学指导书的经验，指导书里有缺点或错误更是难免的。所以，这还只是个试用本，而不是定稿。希望教师同志们多多提供意见，帮助改进。只有通过教学实践去检验，用教师们的经验去充实、丰富，教学指导书才能够逐渐完备起来。

俄语学习的目标及主要内容（附《怎样学习俄语》目录）*

一　怎样叫作学会了一种外国语

这本书的中心内容是“怎样学习俄语”，可是当我们讨论“怎样”学习一样东西的时候，首先我们要确立一个学习的“目标”，然后才能谈到“怎样”达到这个目标。

答案好像很简单：学习俄语的目标，自然是要把它“学会”。

但是，究竟怎么样才叫作学会了呢？

如果我们记住了不少的俄文单词，也记住了一些文法规则，于是翻开一本俄文书，多少可以懂得一些，这样算不算已经学会了俄语？如果我们记住了一些俄语语句，碰见苏联朋友的时候可以应酬两句“早啊！今天天气很好”，这又算不算已经学会了俄语？“这恐怕不算吧！？”读者心里一定这么想，“如果这样就叫作学会了俄语，那我不是已经会了吗？何必再学下去呢？”

---

* 本文是张志公著《怎样学习俄语》（开明书店 1952 年版）一书的第一、二部分。标题为编者所加。

那么要到什么程度才能算是学会了呢？是不是一定要能“看书不用字典”，“说起话来跟苏联人一样”，“翻译起来毫不费劲”，才真的叫作学会了俄语？当然，既学俄语，我们便希望能够学到那一步，可是若说非到那种情形不能算是学会俄语，目标也未免放得太高了一点。甚至于，有的人确实能够讲得很流利，听得很顺当，但严格地讲起来，却也未必一定就算是“学会了”俄语。

学习一种外国语，要学到“精通”，是一件极难的事，也是一件并非人人需要的事。对于大多数学习外国语的人来讲，外国语只是一个工具，一个手段，它的本身并不是目的。拿着这个工具，我们可以去了解观摩那个国家、那个民族的文化成就，进一步把我们所需要的部分学习吸收过来；也可以由这个工具作为媒介去了解观摩其他国家民族的文化成就；还可以用这个工具作为桥梁和那个国家的人民建立直接的友谊，参与一切政治、文化等各方面的往还。学习俄语的意义，正在乎此。尽管有人把俄语本身当成一种学问去做深入的研究，但那毕竟不是一般学习外国语的人的任务。

这样说来，外国语只是一个工具，那么我们学习外国语的人便是工人，工人只要会使用工具就行，对于工具本身的理论，大可不必深究。这么比喻起来，一般人学习俄语的目标，似乎在于能够“运用”俄语，换言之，即能用俄语直接阅读书报，能用俄语写出自己的意思，能懂说俄语的人所讲的话，自己说起俄语来能使懂俄语的人了解。

这样确立学习俄语的目标，对不对呢？

可以说，大体上是对的。不过有两点我们须要强调。第一，所谓能够阅读、写作、听、讲这四件事，要做到“好”，是相当困难的，不仅外国语，就连本国语也不容易；但是初步的“能”，却非常简单，千万不要在心理上先自己造成一个恐惧的障碍，认为这个目标不容易达到。读者也许对于英文多少知道一点，英文总不算容易吧，若以字汇而论，恐怕它比大多数的外国语都要繁杂，一部韦氏大字典便收入了六十万个单字。可是在实际上，英美一个普通的工人平均只认识五百多个字，“基本英语”只用八百五十个字便能使一个人具备表达一切意思的能力。换句话说，外国语这个工具并不是多么艰深奥妙的工具，要想运用它也不是一件多么难的事。更何况，客观地比较起来，俄语不但不比英语难学，反而比它容易些。以单词说，俄语比英语的少；以文法说，俄语比较具体而周密；以发音说，俄语不像英语那么繁杂。在这里，我劝读者先确立一个信心。

第二，运用工具自然是一件极其简单的事，但是我们却不能因此而轻视了工具。一个好的工人，对于工具的构造理论当然不需要知道得太多，可是对于工具构造的一般常识，甚至于修理工具的方法，也需要有一点基本的概念。这样，在运用工具方面才能精益求精，逐渐进步，万一工具出了点小毛病，也不至于束手无策了。学习俄语也是这样。尽管一般学习俄语的人，对于俄语的历史、语音、语法及语汇构成的理论等不必花太大的工夫，但也不能绝对不懂，认为自己既会读点俄文，写点俄文，也会讲点俄语，听点俄语，便算是已通俄语了。

简略地总结一下，可以这样说：

所谓“学会了”俄语，包含着两个要点。第一，能够初步地运用俄语作为工具，也就是说，在字典和文法书的帮助之下可以大概读得懂一般的俄文书报，可以用俄文表达出自己的意思；在一般的情形下能够大体上听懂苏联的标准语，自己说起来也能使苏联人听得明白。第二，对于俄语的特点，具备一个基础的知识，对于俄语语音、语法、语汇的特质有一个基础的概念，换句话说，就是使自己建立起一个足以自行进修的根柢，可以不倚赖学校和教员，便能在日常生活中，在图书馆里，不断地求得进步。

这就是我们这本小书所谓“学习俄语”的“学习目标”。

二　学习些什么

“目标”既经确立之后，接下来便是“内容”问题了——为了要达到这个目标，究竟应该学习些什么东西呢?

要解答这个问题，需要多费几句话，先把“语言”的性质大略认识一下。

“语言”，顾名思义，它的本源是人类用口讲的，而不是用手写的。你看，我们中文“语言”这两个字里面便有三张“口”，西洋文字中表示“语言”的字，原本的意义都作“舌头”解（如英文的 tongue，language，法文的 langue，langage，俄文的 язык 等）。你再想，人类会写字不过是几千年以来的事，可是在我们的祖先还不会写字以前，他们就已经讲话讲了若干万年了。你还可以想一想我们自己，学写字至少要到五六岁以后才行，可是我们在一岁多点的时候不是已经开始学话了吗?语言在本质上既是用口讲的（当然相对的一边，便是用耳朵听的），讲和听，无疑都靠了“声音”。所谓“讲”，不外是发出些声音来代表我们心里的意思；所谓“听”，不外是把这些声音接受进去从而了解了对方的意思。如此看来，这种用口腔里的发音器官所发出的声音（研究语言的人称之为语音），实在是语言的基本要素。专门研究“语音”这个问题的学问，平常叫作“语音学”，其中又可细分为专门研究语音的历史演变的，比较各种语言的语音特质的，推究语音的物理作用的（如音波、振动等），考察语音和表达意思的关系的等，这些都和我们没有多大关系，不必详细谈它。

可是，如果人类单会发出些杂乱无章的声音，大家怎么会互相了解，怎么会构成语言呢？是这样的：当我们把某些声音使用久了以后，其中某个声音，或是几个声音凑成的某组声音，便和一样东西或一件事情联系了起来，使那个或那组声音有了“意义”。比如，我们有一个一岁多的小弟弟，他看见面包只晓得吃，后来他常常听见我们说“面包”，于是在他的脑子里，“面包”这两个“音”开始和他吃的那样“东西”联系了起来，从此以后，这两个音便有了意义——代表一种可以吃了挡饿的东西。像这种赋有了意义的语音，我们叫它作语词，中国话也常常称为“字”或“词儿”。语词越来越多，越用越复杂，专门来研究这问题的学问，就是所谓“语源学”。

语词自然可以表达一些意思，但往往不能表达得完整清楚，于是我们便把几个语词连合起来，构成了一个语句。这样久了以后，把语词合成语句的方式，自然会形成些固定的习惯，合乎这个习惯的，大家一听便懂，不合这个习惯的，便不易懂，甚至根本不懂。这种为了相互了解而共同遵守的习惯，就是所谓语法（平常多半叫作“文法”）。专门研究语法问题的学问，就是“语法学”。其中也有专门推考语法的历史演变的，比较各种语言的语法特质的，详究一种语言的语法内容的，这里不必一一叙述。

人类慢慢地创造了符号，用符号可以把我们的语音、语词、语句记录下来，于是我们再要谈话的时候，便不绝对需要大家面对面用口来谈，纵在万里之外，或是相隔若干年之久，一看见符号便能了解了他的意思，这种符号就是现在你正在读着的文字。所以实在讲起来，文字是语言的一种代表，它本身并不就是语言，不过有了文字之后，语言的运用更方便了一步而已。专门研究文字的学问，平常叫作“文字学”。

不过既经有了文字之后，文字所代表的就是语言，把语言用符号记录下来就是文字，在我们一般所谓学习语文的人讲来，两者已经没有严格区分的必要。也可以说，今天我们所谓学习某一种语言，不但包括了学习那种语言的本身，也包括了学习代表那种语言的文字。换言之，“语言”这个词儿在现在我们一般的人用起来，已经由狭义的指用声音作为工具来传达意思的那种行为，变成了广义的包含文字在内的全部事实了。因此，所谓学习“俄语”（руссвий язык），当然也包括俄罗斯的文字和狭义的俄罗斯语言。在这本书里，凡是提到“学习语言”或是“学习俄语”的时候，我们都是从广义方面说的，顺带在这里声明一下，希望读者注意。

这样说来，构成语言的单位成分是语词，语词的原始基础是语音，把语词结合起来以表达完整意思的习惯是语法。举个例子来说，语言假定是一面墙，构成墙的单位成分是砖，砖是用土做的，而一块一块的砖所以能做成墙还要靠水泥把它们结合在一起，这样比起来，砖就好比是语词，土就好比是语音，水泥就好比是语法。

语言的要素既是语音、语词和语法三者，那么学习语言当然也就是学习这三样东西了。

所谓学习一种语言的语音，里面包括着四件事情：第一，这种语言里使用哪些声音，每个声音是怎样发出来的；第二，如何训练我们的发音器官，使它们能正确地把这些声音发出来，而且锻炼得非常纯熟，使能不假思索便把这些声音很快地运用起来；第三，如何训练我们的耳朵，使它习惯这些声音，一听见之后便能够在脑子里造成印象，并且把所听见的许多声音连贯起来；第四，怎样使用标注语音的符号，以便正确地把语句的读音记录出来，帮助了解和记忆。

学习语词，也就是平常我们所谓学字，包括着两件事情：第一，每个每个的字怎样写法；第二，这种语言里所用的这许多字是怎样构成的，字的形式和它所代表的意义有什么关系。当然，我们还需要知道这些字怎样读法，不过那已经是属于语音的问题了。

学习语法也有两件事情要做：第一，我们要表达一个意思的时候应该怎样把语词结合成语句；第二，为了要把语词结合成语句，来表达那种意思，语词的形式应该怎样变化，次序应该怎样排列。此外，为着要把意思表现得明白，声音的轻重和语调的高低也要跟着来帮忙，这，也是语音范围的任务，不是纯粹的语法问题了。

前面我们说，学习俄语的目标是要能够初步地运用俄语作为工具(即能初步地讲、听、读、写)，并且对于俄语的特点具备一个基础的知识，以便自行进修。那么根据着这个目标和上面所讲的学习外国语言的性质，便可以确定学习俄语的“内容”了：

(A) 基础地把握住俄语语音的要点，训练发音器官和耳朵，使它们能正确地发音，正确地听音；

(B) 记住相当数量的字（平常我们说建立起一个可用的“语汇”），并且了解一点这些字的构造；

(C) 基础地把握住俄语语法的要点，使我们讲起来或写起来的时候大体上合乎俄语的习惯，并且知道一点俄语语法的特性。

现在我们已经说明了学习俄语的目标和学习的内容，接下去当然就该按照学习内容的三个要点，逐项讨论了：怎样才能锻炼正确的发音？怎样来建立语汇？怎样可以搞通语法？

附：《怎样学习俄语》目录

中学俄语课本及教学指导书编写说明*

中学俄语课本内容简介

中学俄语课本是根据《全日制中学教学计划》规定的外语授课时数和《全日制中学俄语教学大纲（草案）》规定的俄语教学目的和具体要求编写的。全套课本共九册，初中六册，每学期一册；高中三册，每学年一册。九册课本中要求学生掌握的单词共3 500～4 000个。初中阶段着重进行听、说、读、写各方面的基本训练，要求掌握1 500～2 000个单词；高中阶段，特别是高二和高三，侧重阅读训练，要求继续掌握2 000个左右单词。

课本中的语音教材采取先集中打好基础，然后反复练习巩固的办法，所以在初中第一册课本里安排了以语音教学为重点的入门阶段的教材。入门阶段以后的各课以及其他各册课本中，根据课文出现的语言材

* 本文是对1963年版《初级中学课本　俄语》及其《教学指导书》编写体例的说明，放在《教学指导书》中。题目为编者所加，收入本书时有删节。张志公时任外语编辑室主任，主持编写了本套教材。

料继续讲解、补充必要的语音知识，并且安排一些练习，不断训练和巩固学生的语音技能。

基础语法知识主要安排在前四年，后两年针对课文做一些语法注释和句子分析。为了使初中毕业生获得比较完整的知识，课本尽量把最基本的东西安排在初中阶段。初一、初二主要是名词性词类的变格，动词变位，动词的时和体，简单句的基本结构。初三安排数词、形容词的三级等词法知识和其他句法知识，包括最常见的各种复合句的知识。高一主要是复习、巩固、加深、扩大初中学过的知识，并补充有关形动词、副动词等知识。语法教材与课文密切配合，着重通过课文和练习训练学生实际掌握语法技能，知识的讲解力求简要。在必要的地方，采取与汉语表达方式比较的办法，加深学生对俄语语法的理解，帮助他们更牢固地掌握。

全套课本编入成文的课文150～200篇。(初学阶段以单句组成的课文以及内容不很连贯的课文不计算在内。)课文题材从有关学校和学习的事物、日常生活中的事物开始，逐渐扩大到社会生活方面，包括国内外大事、政治斗争，以及科学技术常识等方面。课文体裁最初以对话和记叙性散文为主，逐渐扩大到故事、寓言、小说、戏剧、诗歌以及论说文、应用文等方面。低年级课文以自编为主，但是从一年级起就逐步编入一些谚语、谜语、小诗等原作，进而编入一些经过改写的原文故事等；然后逐渐增多略经改写和不经改写的原文；高二、高三课本基本上是文选性质，大多数是俄语原作，以及其他各国名著的俄语译文，也有少量我国作品的俄语译文。课文多数是几百个词以内的短篇文章，高年级有少数篇幅长些的。总之，课文的编选力求广泛丰富，力求使学生尽早、尽多地接触原作，以便学到地道的俄语，同时在内容方面力求对学生有益，至少无害。

这套课本重视加强俄语的基本训练，即听音，发音，写字，掌握单词，合乎语法、合乎习惯地造句等训练，力求切实地逐步培养学生的阅读能力，会话能力，以及简易的作文和翻译的能力。为此，课本在注意选编课文，力求其丰富的同时，也注意编配多种多样的练习，例如拼读、朗读、背诵、书写、变格、变位、联句、造句、听写、对话、复述、作文、翻译等，希望学生通过这些口头和书面的实际语言活动来掌握语言技能。课本也注意介绍系统的基础知识，但是力求讲得简要，避免讲得过多过细，避免使用不必要的概念、定义、术语和语法分析之类。

关于教学指导书的几点说明

中学俄语课本每一册有一本教学指导书。教学指导书主要在于说明课本的编辑意图，介绍一些参考资料，供教师研究教材和教法时参考。它不能代替教师的教学研究工作，不能代替教师备课，因此，不提供教案，在教学方法方面，也只是在必要和可能的地方提供一点参考性的建议。至于具体的教法，还得由教师根据本校本班的具体情况和个人经验去灵活掌握。

教学指导书里每课首先提出“教学要求”，这里说明编入这一课主要是要解决什么问题，应当达到什么要求。开始的若干课，教学要求说得比较多一些，以后有些各课共同的东西就说得简要些。例如：说“要求掌握”某些词，意思就是说要求学生会念、会讲，能够在口头和书面上用到学过的合适的句式里去，并且记住，会写。说“要求掌握”某些句式，意思就是要求学生能把学过的合适的词用在这个句式里，并且对于这样的句子能听、能说、能读、能写。

以下是“教学建议”。有些课的建议包括两部分内容。一部分是关于这一课的教学步骤、教学方式等的建议；另一部分是关于处理本课某些要点或难点的建议，里边包括估计教学中或学生学习中可能发生的问题或困难，提供些解决、克服的办法。有些课，由于课文性质跟前一课或前几课相同，就只有后一部分，没有前一部分。这两部分建议都是参考性的。所建议的教学步骤或方式，不一定适用于每校每班；提出的难点等，未必符合每校每班的实际情况，建议的处理办法也未必是最合适、最有效的。这一部分的内容，有赖教师自己根据具体情况去权衡，采择。

再下去是“参考资料”，一般是介绍一些与本课课文或教学有关的知识性材料。这一部分材料是提供给教师的，一般不需要、不宜于向学生讲。向学生多讲了不必要的知识，只会加重他们的负担，并没有什么好处，甚至会妨碍重点教学任务的完成。教师同志们掌握俄语知识和备有工具书的情况是很不一样的，因此，这一部分资料对某些教师来说可能是多余的，而对另一些教师来说可能还感到不足。这里提供的，只是对于教学这一课或这几课所必要的一些基本知识。如果教师已经掌握了这些知识，乃至掌握得更多些，当然就可以不去管它，至多看一看印证一下；如果觉得还不够，那就得自己设法去补充了。在俄语知识方面，有些东西一向有不同的讲法或看法。这里提供的大都是以国内外的一些有关著作为根据的，个别的地方加入了编者的看法或者选择。由于这些资料仅备教师参考，并非学术讨论，所以并不一一注明出处，更不去罗列众说。如果教师愿意依从他说，尽可自行抉择。

最后是补充练习，这是备教师替换或者补充课本里的练习的，其中有的可以用于课内，有的可以用于课外。这些练习不一定都合用，也不一定足够，还得由教师去斟酌，选择，或者再做补充。

教学指导书全册的最后，附有一些备用材料。一是关于书法的。课本里印了一些字帖，但是印得不太多，也没有标示笔顺，没有编进基本笔画的练习；为此，在指导书里附一些这方面的材料，供教师参考，运用。一是课堂用语，备教师授课时逐步使用，养成学生在课堂上听俄语和说俄语的习惯。一是谜语、小诗、歌曲等，备教师补充背诵材料或指导课外活动之用。

在有些地方，以脚注的形式用国际音标标示了一些弱化音之类。熟悉国际音标的，可以参考；不熟悉的，可以不去管它。

总之，教学指导书除去帮助教师明了课本意图，便于研究教学之外，也希望就所想到的尽可能为教师提供一些便利。怎样掌握和改进教学，提高教学质量，很好地完成教学任务，有赖于教师同志们的积极努力，充分发挥自己的教学经验和创造性。

限于编者的人力和水平，课本本身就不免有缺点甚至错误。由于缺乏教学经验，更缺乏编写教学指导书的经验，指导书里有缺点或错误更是难免的。所以，这还只是个试用本，而不是定稿。希望教师同志们多多提供意见，帮助改进。只有通过教学实践去检验，用教师们的经验去充实、丰富，教学指导书才能够逐渐完备起来。

初级中学语文课本编写说明（附目录）*

这套教材是根据九年义务教育全日制初级中学《语文教学大纲》编写的，是一套训练型教材。它是在张志公先生的直接指导下，按照志公先生关于教材改革的设想编写的。

语文课“是以知识为先导、以实践为主体并以实践能力的养成为依归的课”（张志公《关于改革语文课程、语文教材、语文教学的一些初步设想》），不是纯粹的知识课，而又必须按照知识与实践的合理关系来组织，即充分重视知识对读、写、听、说的先导作用，并使读、写、听、说密切结合生活、学习、工作的实际需要。因此，这套教材按实际应用语言的要求，讲授必要的语文知识，合理安排读、写、听、说训练序列，以培养理解、运用语言的能力为主，同时，加强文学教育。

教材为双线推进结构，一条线是实用语文能力的训练，一条线是文学作品欣赏能力的培养。就提高理解和运用语言能力而言，两条线的内容是相通的，但不强求配合。第一条线，根据教学大纲对教学内容的规

---

* 本文是张志公主编《九年义务教育初级中学课本　语文》（北京大学出版社 1992 年版）的前言。题目为编者所加。

定，恰当处理课文、知识和能力训练的关系，根据大纲对阅读训练、作文训练、听话训练、说话训练的四十八项要求，组合成多形式和多层面的训练项目，渐次推进。有关的知识，或写成短文阐释，或在练习中简要说明，总起来形成落实能力训练的较完整的系统。第二条线，渗透文学知识，培养初步欣赏文学作品的能力，体现文学教育；充分重视文言课文的文学教育功能，而不以培养阅读浅近文言文的能力为唯一目的。

这套教材共六册，教学大纲规定的基本课文全部编入。

教材中的课文，是进行语文能力训练的例子，不按“教读”“自读”分类。使用中，可以从教学实际出发，全部使用或部分选用课文。

教材的练习，式样、数量较多，一是为了给训练提供方便，二是为了便于在实验中研究、比较。练习不按“必做”“选做”分类，使用中，可以根据训练需要灵活取舍。

教材编写过程中，一直得到语文界的专家们、同行们的关心和帮助，在此深表谢意。

附：张志公主编《九年义务教育初级中学课本　语文》目录

第一册

第一单元　记叙文

第二单元　记叙文

第三单元　散　文

第四单元　新闻　通讯

知识短文：抓住一段文字的中心

一三　人民解放军百万大军横渡长江/毛泽东

一四　谁是最可爱的人/魏　巍

一五　美“挑战者”号航天飞机升空后爆炸*/张允文

一六　热血铸辉煌*

——澳星发射场记事/苏扩善　谢联辉　严　刚

作文训练

写写班里的事

语法·数词、量词

第五单元　读法四则

知识短文：圈点批注，查字典和词典，用卡片做摘读笔记，写心得式笔记

一七　毛泽东的读书笔记*/王国荣

一八　“偃旗息鼓”和“圆满结束”*/吕叔湘

一九　不摆卡片不读书*/张寿康

二〇　读《画蛋》有感*/王延风

作文训练

写读后感

语法·代词

第六单元　小　说

知识短文：把握小说情节

二一　夜走灵官峡/杜鹏程

三〇　古代诗歌四首

君子于役/《诗经》

敕勒歌/北朝民歌

十五从军征/《乐府诗集》

卖炭翁/白居易

三一　回延安/贺敬之

三二　新诗二首

天上的街市/郭沫若

致黄浦江/公　刘

作文训练·应用文

条　据

语法·连词、助词、叹词、拟声词

词语表

注：篇目上有 * 的是略读课文。

第二册

第一单元　记叙文

知识短文：大体了解文章思路

一　一面/阿　累

二　背影/朱自清

三　小橘灯/冰　心

四　秋天的怀念*/史铁生

作文训练

写一个人

语法·并列短语

第二单元　小　说

第三单元　记叙文

第四单元　科幻故事

第七单元　民间故事

语法·主谓短语

语言交际训练·会拒绝

第八单元　文言文

知识短文：文言文的背诵

二九　扁鹊见蔡桓公/韩　非

三〇　桃花源记/陶渊明

三一　陋室铭/刘禹锡

三二　爱莲说

作文训练·应用文

通知　启事　电报　汇款

词语表

第三册

第一单元　说明文

知识短文：正确概括段落大意

一　松鼠/布　丰

二　中国石拱桥/茅以升

三　北京立交桥/刘宗明

四　不平凡的圆*/黄洪海

作文训练

说明实物

语法·陈述句、疑问句、祈使句、感叹句

第二单元　散　文

知识短文：理解语句含义

第三单元　说明文

第四单元　小　说

作文训练

通过两三件事写一个人

语法·句子的主干

第五单元　神话故事

知识短文：神话故事

一七　盘古开天辟地*/袁　珂

一八　哪吒闹海*

一九　八戒智激美猴王*/吴承恩

二〇　普罗密修斯*

作文训练

行动描写

语法·主动句和被动句

第六单元　读物介绍

知识短文：体会用语的分寸

二一　中国古典文学名著选介*

史记

窦娥冤

水浒传

聊斋志异

二二　外国文学名著选介*

堂·吉诃德

威尼斯商人

人间喜剧

第四册

第一单元　说明文

知识短文：段与段的关系

一　食物从何处来

二　统筹方法/华罗庚

三　电子音乐——天外来声*/荣　跃

四　“天堂”里的“灵丹妙药”*

作文训练

说明事理

语法·复句（一）　并列复句、承接复句

第二单元　记叙文

知识短文：怎样划分段落

五　参观三个地方*/邓友梅

六　一匹骆驼*/贾平凹

七　跟踪“画外音”*/傅溪鹏

八　“面人郎”访问记*/冰　心

作文训练

写参观访问记

语法·复句（二）　递进复句、选择复句

第三单元　说明文

知识短文：说明段的构成

九　人类的语言/吕叔湘

一〇　向沙漠进军/竺可桢

沁园春•雪/毛泽东

梅岭三章/陈　毅

一九　海燕/高尔基

语言交际训练•说话要谦虚

第六单元　小　说

知识短文：小说语言的特点

二〇　鲁提辖拳打镇关西/施耐庵

二一　范进中举/吴敬梓

二二　葫芦僧判断葫芦案/曹雪芹

二三　文言小说两篇*/干　宝

三王墓

宋定伯

作文训练

语言描写

第七单元　议论文

知识短文：概括性语言的表达作用

二四　《谈〈骆驼祥子〉》*/蒋孔阳

二五　影视评论两篇

闪光的细节/杨书晨

个性化的语言/佚　名

二六　达•芬奇的《最后的晚餐》*

二七　谈《在希望的田野上》*/柴本尧　周瑞康

作文训练

第八单元　文言文

第五册

第一单元　议论文

一六　真“重理”就不该“轻文”* /张志公

作文训练

写思想评论

第五单元　诗词曲

知识短文：词曲

一七　新诗两首

有的人/臧克家

假使我们不去打仗/田　间

一八　古代诗歌六首

白雪歌送武判官归京/岑　参

杜少府之任蜀州/王　勃

渭城曲/王　维

出塞/王昌龄

望天门山/李　白

十一月四日风雨大作/陆　游

一九　词曲四首

水调歌头/苏　轼

如梦令/李清照

西江月　夜行黄沙道中/辛弃疾

天净沙　秋思/马致远

语言交际训练·论辩

第六单元　戏　剧

知识短文：戏剧语言的欣赏

第六册

第一单元　记叙文

第二单元　说明文

第三单元　议论文

九　最后一次讲演/闻一多

一〇　彭定康活在什么世界*/马鹤青

一一　亲自读书*/梁　友

修辞·得体

作文训练

立论　驳论

第四单元　文言文

知识短文：文言文阅读

一二　曹刿论战/《左传》

一三　捕蛇者说/柳宗元

一四　出师表/诸葛亮

一五　陈涉世家/司马迁

第五单元　应用文

知识短文：应用文阅读

一六　合　同*

一七　调查报告*

一八　刑事诉状*

一九　民事诉状*

〔附录〕

（一）语法知识简表

词　类

短语主要类型

句子成分

句子用途

复句主要类型

（二）修辞方法简表

（三）标点符号用法

（四）中国现代当代作家作品表

（五）中国古代作家作品表

（六）外国作家作品表

（七）基本课文（现代文）词语表

关于教材的编写和实验*

尊敬的同志们、老师们：

刚才几位同志讲话，把教学改革的意义、实验的意义都讲得非常清楚了。我们这些编教材的人听了这很好的意见，受到了很大的鼓舞，同时也感觉到肩上的责任很重。不在于一本两本书怎么样，这关系到整个教育的发展，责任是很重的。

这次我先讲两个实验的问题。一部教材，首先不言而喻，不在话下的，必须总的精神上是符合四项基本原则的。以经济为中心，还有两个基本点。我们常常记得改革开放的这个基本点，却忘了那边还有个四项基本原则的基本点，忘不得！第一，在这个基本原则的指导之下，我们的教材实验，实际上实验也就是试验，也就是检验，首先检验的是这一条。第二，它得符合我们国家主管部门、职能部门国家教委制定的教材大纲和其他一些指导性的规定。在这些原则指导之下，编写这套教材。

---

* 1995年北京市密云和顺义开始使用张志公主编的九年义教育初中语文教材进行实验，这是他在顺义实验教师上岗培训会上的讲话。宋志宏根据录音整理。收入《张志公自选集》上册（北京大学出版社1998年版）。

检验这个教材，首先检验这两个根本的东西。在这个前提之下，还要进一步检查教材的专业问题。教材嘛，总是一种具体专门性的东西，那么试验检查一个教材都有哪些个方面呢？我说说我的浅薄的想法，跟大家商量。

教材，第一个条件是对教师来讲有可操作性，对学生来讲有可接受性。你编得再好，那里面的道理讲得多么透彻，理论讲得多么深刻，学生接受不了，也没有用；教师不好操作，你也没能达到目的，没完成任务。一套教材，首先要具备可操作性，可接受性。但这个说说容易，做起来不容易，这里面有几个矛盾。我也做了一些年教材的编写工作，说说主要的。第一个矛盾是，书既叫教科书，它必须是科学的、严密的、确切的，一个字也不能含糊，这是一个方面。但是又不能是拉长了脸，一副学院的学究架势，一副专家架势。不行！那就会脱离学生的可接受性。它必须把很重要的很必要的知识技术，以非常通俗平易的语言讲给学生，使学生感到亲切，贴近他的生活，贴近他的学习的需要，贴近他的思想，非常好懂，不仅好懂，而且有感染力，能使他受到感染、受到慑服。老师们，我们想一想这事情可是不简单啊！我们社会上受到中等教育的不少，可是现在就连我们的首都都有那么一些个看风水的、算命的、讲神的、讲鬼的，居然有老师带着学生到某个公园门口摆算命摊子的那儿一起算命去，这说明什么？他对基本的科学常识，没有接受进去嘛，离着实际应用还差着一大截呢！还得要学习训练，进一步接受最基本常识的学习训练。所以所谓可接受性，可操作性，不是很简单的。这是一个矛盾，连带就产生了很具体的语言的矛盾。

编教科书的语言，我们说的是初中，虽然个子已经长得很高了——

初中学生可以长得我这么高，我原来是一米八零，现在缩了一点也就不到了。初中学生可以长到一米八零，大概不少——但究竟是孩子。你对十来多岁的孩子，净说一些成年人的话，净说些老头子的话，净是些教条、条条；讲思想政治教育，一堆条条，叫他背；讲我们这个语法，也是一些条条，让他背。我的孙女的同学，我问他烦什么课，他说不喜欢语文课。我说为什么？语文不挺好玩的吗？他说两条理由：一条理由是老师讲得太多。“我们已经懂了，他还没完没了地讲。我们本来对那篇课文很有兴趣，结果他讲来讲去把我们讲睡着了，不喜欢。”我说还有别的理由没有？他说：“还有一个理由，我们大家都有意见，也都敢讲，但是在您这儿不敢讲。”我说为什么呀？噢！我明白了，就是我搞的那套玩意儿。“是的，”我说，“不错。”大家问我：“老师叫我们背‘名词是人、地、事物的名称，表示人、地、事物的名称的词叫作名词。’我们得背，然而，例如桌子是名词，我背了半天，桌子我知道是名词怎么样？不知道是名词又怎么样？反正是不许在桌子上乱写乱涂，不许在桌子上刻字，要爱护公物。桌子是很有用的家具，无论放在什么地方就是桌子，我知道是名词怎么样，不知道名词怎么样？”问得我哑口无言。别人管我叫这个家那个家的，叫小孩问得我是张口结舌。这是为什么呢？你是费了力气，你编得很好，他懂了没有？好像也懂了，也不难，但是他接受了没有？没有。没有引起他的兴趣，没有使他感到需要，没有使他感觉到有用，没有使他感觉到对他有任何的感染力，有任何的说服力，使他觉得我不学好它就不行，没有这样，接受性等于零。可是另一方面，究竟是这么大的大孩子了，你净给他用一些很小的小孩子的话，他反感：“你把我当小孩子了，这我还不懂啊。”不行。净说些大人话、老头子话，不行，你净说些太小的小孩子话又不行，得不老不小，正好符合他们那个年龄段的心理状态，思想状态。正好符合，就像我这个耳朵，是老年性耳聋，高频率的声音我听不见，低频率的声音我听不见，只能听见当中一段。这个初中学生呢，就是得说当中一段的语言，像我现在的耳朵一样。所以内容上，既要科学的、严肃的、严密的、确切的、一字不含糊的，而同时又得是有兴趣的，让学生爱听的，好理解的，不能给他们一些枯燥的，无聊的，使他们感觉到毫无兴趣的东西。连带就说到语言，太老的不行，太嫩了也不行，得不老不嫩。这矛盾是多年来存在的一个矛盾，很多的教材，就是这个矛盾没有处理好。

还有，所说的可操作性和可接受性，还包括教材是不是编得非常实在。非常实，教师一拿到教材，把教师的脑袋塞得满满的；学生一拿到教材，把学生的脑袋塞得满满的。他是一点余地也没有了。教材应该使老师游刃有余，能发挥特长。比如说他很善于用一两个比喻把一个很深刻的道理讲得很清楚，你给他塞得满满的了，他没时间了，他有任何的长处也施展不出来了。初中一直到高中的孩子，是最富于联想，最富于想象力的时候。他的联想力、想象力正在那儿迅速地发展，你给他脑袋塞得满满的还怎么想象？而这些个力发展的结果就是创造性的思维，我们非常非常需要有创造性，不然无以谈改革。处于今日的世界潮流，今日的社会，没有点创造性是不行的。我们讲社会主义市场经济就要有竞争意识，竞争靠什么？就靠你的智力，靠你的想象力，你的联想力，你的创造性思维；不是东打一拳，打倒一个，西踢一脚，跌倒一个过前面去，那个不叫作合理合法竞争，那不是竞争意识，那叫野蛮意识。真正的竞争意识就是创造发明，而这个跟我们的教材是很有关系的，你要给他留下余地，给孩子们留下余地，让他们发挥他的长处，让他们得到充分发展。

教师也是一样，这个教师有他的特点，那个教师也有他的特点。我们编教材的原则是既有统一的目标，统一的指导思想，统一的导向，而又有个性。教师们应该有个性的，他是个人，他不是个留声机，扩音器，你给他录个磁带他照播就行了，不用他讲了。教师究竟是在讲话。事业心重的认真负责的教师，他身上有了病，他有胃下垂，他有溃疡病，他得忍着疼去上课，可以；但是你把他嘴封起来，他的课也甭上了。教师嘛，拿什么教呢？到底是要说话的。我们反对过，而且我们现在继续反对满堂灌，就看到教师一个人在那儿讲，学生没有活动的余地，学生不能发挥，就看教师在那儿发挥。看观摩课就是观摩老师，看老师的表演，看不见学生的表演，看不见学生的活动，我们依旧反对。然而，这不等于反对讲，教师就是要讲，讲得好讲得不好，这关系到教学的成败，关系非常大。讲是要讲的，就是要讲究方法。

所教学龄年级越低越需要理论，越需要方法。这个我不敢多讲，在诸位面前说这个我是班门弄斧了。不过我也可以稍微吹一点半点的。在我这个小家庭里头，我算是搞教育工作的，多少懂那么一点儿半点儿儿童心理学之类。我那个孙女儿小的时候，比如说，有个手表放在这里，她非要去拿这个手表来玩儿。这玩意儿不能给她玩儿。你要说："甭，不能动!"对了，你越吼的厉害，她越要拿。你再不让拿，她就哭了，躺地上打滚，非拿不可。其实很简单的办法："(手拿扇子，指着)这个扇子上你看，这面还有这么几个字，金的。这个你拿去玩儿。"她来了，她非要抢这个扇子不可。好了，她就不要那个表了。儿童，很小很小的小孩，他的注意力不能集中那么长时间的。很容易转移，你把她的注意力一转移就解决问题了。给小孩照相的时候，照相机对好了：“你笑，笑一个，来来来，笑一个。”你越让他笑一个，他越不笑，一会儿咧着嘴哭了，因为他受到了精神上的压力。他那个时候没有笑的冲动，非笑不可，大人在后头命令他，非让他笑，这不行。我有个另外的办法。我的孙女儿不是个超常儿童，是一个智商略高于平均数的孩子。现在是大学二年级了，清华的，学自动化的，坚决不干我这行，坚决不干。她很小时，我跟她开玩笑：“你看我，爷爷站起来两条腿走路，你趴那儿四条腿走路，你赶快长大了，像爷爷这样两条腿走路好吗?”她知道我是跟她开玩笑，就在床上努力想法站起来。刚站起来，啪，就摔那儿了，她就笑了。她的智力懂得我这是开玩笑，没什么坏意，很高兴的。抱她照相的时候，比如说我老伴抱着她，或者是她妈妈抱着她，我就说：“哎，你能下来像爷爷这样两条腿走路吗?”她哈哈哈哈就笑了。你要引起她笑的动机，你要引起她笑的冲动，让她感觉到很好玩儿，她自然会笑。你命令她笑，不行，她哭。总之，编小学的、初中的以至于高中的教材，要充分地考虑到我们常常说的这个年龄段，他的心理上有一点什么共同特征。当然还有个别的，每一个孩子不完全相同的嘛，但有一些共同的心理特征，精神特征，要很熟悉。也就是说我们要熟悉教育心理学、儿童心理学、学习心理学。可是我们往往相反，哎呀，教个小孩子识字，讲什么理论，讲什么那么多的道理呀，那不是容易得很吗？总是把这个教低年级阶段的认为容易。其实呢，我是才疏学浅，所知有限。不过，要是叫我到某个高等学校去，临时给我出个题目，我敢就坐那儿侃他两个小时；叫我到中学去讲课，我得花三个小时备课；叫我到小学去，我干脆不敢去。我怎么才能调动起这一班小孩的兴趣，让他们在那老老实实听我的课，不做小动作。做小动作，是对你抗议，是说我听不进去。怎么才能做到，我毫无把握。就用六节课准备我也准备不好，干脆不敢去。我在几个学校教过研究生班，教研究生班什么方法也用不着，结巴嘴都不要紧，用不着讲方法了。等到教博士后的时候更用不着了，指定两本书去给我看去！限两天给看完了，给我写个报告来，用不着这方法那方法。你讲话什么德行都行，你用什么方法都行，你讲得横头横脑的也行，拉长脸也行，笑不出也行，怎么都行。就是越小越不行，该笑的时候就得笑，该不笑的时候别笑。哎呀，这个讲究就大了。不是考小学老师，还得考考你的德行，你的样子，看看站在那儿像不像个老师。以前我们高等师范学校也是这样，最近比较不那么重视了。在国外，仍旧是这样。第一，要你站那儿像个老师；第二，说标准话。这两条行就行，不行，就不用你。这是检验教材要给老师学生留下充分的余地，让他们去发挥。在这个中间，教师把课讲得很好，教得很成功，本人也得到了提高锻炼，一石二鸟。反之，一石不鸟，二石不鸟。所以，实验、检验、检测教材是非常非常重要的。这里也包括那个主体，以实践为主体，而实践的主体是学生，你给他实践的机会嘛。

我过去讲一个猴戏，我提倡小猴耍，不要叫我们这些老猴耍，耍不动啊！叫小猴耍，你得给他舞台呀，你把舞台都占满了，你不给他舞台怎么耍？他不耍，他一辈子也成不了材。材就是耍出来的，没有天生的。梅兰芳不是天生的梅兰芳梅大师，是唱出来的。从那么小被太后老佛爷看中了，就叫他进宫去唱戏，唱出来的艺术大师，不唱怎么出来艺术大师！你得叫他唱。这是我们教材应该担负的责任，给老师和学生他们活动的余地，施展他们才能的余地，发展他们的才能的余地，这也就是实践。

最后检查这个教材怎么检查？就看达到没有达到提高学生听、说、读、写能力，以提高学生听、说、读、写能力为依归嘛。语文这个玩意儿，所以老大难，所以很多人蹙头不愿意教，在所有的课程里面，包括知识性理论性的课以至于技术性的课，语文是最难立竿见影的。别的大概都有立竿见影的可能，今天教明天就会用了，（张先生掏出一盒火柴，划着一根）不用怎么教马上就会了，这样一来就着了，就出火了，立竿见影，一分钟之内立竿见影。最难立竿见影的就是语文。本来从大的方面来讲，在国家各项工作里面最难立竿见影的是教育。花一年办教育，把主要的精力、物力大量投入到教育中去，我三年下来任满或者是四年，看不出多少成绩。那比盖两座大楼，比修两家工厂不知难多少倍。缩小来讲，在所有课程里头，最难立竿见影的是语文，所以我们不能指望我辛辛苦苦干了一个学期，听、说、读、写能力就提高了一大块，不可能。但是应该做到可以见得出在实践这方面有所长进，是可见的，能看得出来。这并不在于分数，并不在于考试，而在于实际的能力，所以最后的检查不是检查老师，是检查学生，他这几项实践能力见得出一点提高没有？能够见得出一点，实验成功了，这个教材基本上经得住检验。虽然万事不可求全，永远不可能达到百分之百，十全十美的程度，但是总可以见得出。打一个不好的比方，像地震，当它到了四级以上叫有感地震，再低就无感，再高就不得了了，至少要做到实践一学期下来，得有感于进步，得看得见。如果这一点都做不到，那么这个实践不理想，这个教材过不了关，不用等着送审定委员会去，咱们自己就把他审下来。所以最后检查施教的情况是考查学生，考查学生不是靠考试的分数，是考查实际的能力。在这些方面，还缺少一些方法，比如“说”，“说”怎么考法，怎么测验法？有办法测验，得动动脑子，现在的科学越来越发达，设备越来越多，那些东西（指音响设备）是听我们用的，我们不会拿那些东西来吗？有办法。“听”可以测试，听的能力大小是很不一样的。当然这里也决定于你说话的能力，互相作用。听话也要会听，你得聚精会神地听。特别是有几种职业有几种工作听是一个大学问。比如说，做审判员、做法官，你得会听，两耳朵一听，我就能够判断你的话有几成可信，我不敢判断完全是假话，至少可以判断真话不多，得会听。第二，医生也得会听，患者见了医生恨不得这儿昨天让蚊子咬了一口也得说说，什么都想给医生说说，你得随时输入，随时选择哪些是有用的，哪些是无用的，有用的可不能放过，看起来问题不大也不能放过。有些听起来说得是非常认真，但没用，所以得会听。听的能力测试出来测试不出来？很容易测试出来嘛。

读、写更容易了，历来我们办法最多的就是读、写。几年前吧，语文教学改革讨论会，我总吹这个“说话”。因为我们最近几百年太忽视说话了，就是靠文章，三篇文章定终身啊。一篇文章写不好，万一忘了开头，忘了避讳，把脑袋都饶进去了。就是作文章，读书为了作文章，说话不管。一直到现在，哎呀，书面上有几个错别字，抓住不放，扣分，敲锣打鼓。检查教学结果，就是作文本上有几个错别字。嘴上错别字我们说是说白字，一档儿挨一档儿。连我们的新闻媒体，我们的电视电影广播，说白字的多的是，不在乎，那个无关紧要，写上去，才是重要。我们就是太忽视太不重视说话，以至于到现在我们是应该承认，假如叫我们跟西方比以至于跟其他的若干发展中国家来比，我们的说话的能力是差的。你别看一会儿辩论会我们得胜，我们12亿人口啊，12亿人口挑上那么几个出来，还挑不来吗？12亿人口你要是还挑不出来十个八个尖子那还像话吗？不要只看到得了这个金牌那个金牌了，要看日常的，有多少人坐下来能侃个10分钟？有多少人能？我常常说我们在奥运会上拿了多少金牌的小英雄们，回来一下飞机，哎呀，领导们去接去了，新闻媒体记者们也去接去了。请你说说感想，这个一递（手拿话筒），他紧张了，十个就有八个结结巴巴说不上一段话。是不是这样？我一看到实在是痛心哪。怪不得这些孩子们，怪不得，没有教，没有训练，从来考的就是他的作文，从来就没训练他说话，他怎么天生就会说话。我是天生最不会说话的。我小时怕见人，只要有客人来，就往大人身后躲，或者逃到院子里去，不能逃出去我就躲，叫我叫这个张伯伯那个李叔叔，叫不出口。不会说话，很大的缺陷，也不敢跟人接近。我在小学有一位老师了解我这个大的缺陷，就抓住我锻炼。现在想想这个老师真的太好了。三年级开学没多久，他就指定我："张志公，你当班长。"我坚决不肯。"不要紧，你功课好，你守规矩，同学们一定服你！"你看他抓你那么两条确实你敢于承认的优点，于是予以鼓励："你放心吧，同学一定服你，有问题找我。"就这样赶着鸭子上了架。又过了一些日子，（那个时候，讲究说话，小学就有演讲比赛、辩论会）他又说："张志公，你代表我们班去演讲，中心有了，你写个讲稿拿给我看看，我帮点忙。"我当然不干，我坐在这儿还不敢说话，站在那高讲台之上说话怎么敢呢？坚决不干。他说："我告诉你呀张志公，演讲最要紧的是口齿清楚，每个字都让听的人听得见，听清楚了，这是第一条。能够做到这样就成功一半了。”过两天他又说：“你口齿清楚，内容也写得好，我帮你看了，上吧，没错，不会失败。”他又是抓住你的优点来鼓励你的勇气。当时不懂，现在想起那是绝对有意思的。又过了一段，要开晚会，每个班出个节目，我们那个班就出了一个节目。诸位看过《城南旧事》吧，《城南旧事》里头有唱《麻雀与小孩》，小孩的舞蹈，歌舞剧。又把我揪来了：“你去给我演那个小孩。”嗨！这不光是说话，还得表演，我又不敢干。他又是这个：“你这个小孩最好办了，那个小鸟还得飞、飞、飞、飞，还得比画。演小孩用不着飞，只要态度自然，能够表示出对小麻雀的同情，就可以了。唱口齿清楚，就行了。”你听他说话，态度很自然。“你再稍微体会体会怎么样表示对这个饿得难受的小麻雀你很同情，你很喜欢他，你表示出这么点态度出来，那就够了，绝对成功。”又赶着鸭子上了架。到现在我可以把整个的歌从头至尾唱下来。献丑两句吧：“小麻雀呀，小麻雀呀，你母亲哪里去了?”“我的母亲打食去了，还不回来，饿得真难受。”我可以从头至尾唱下来，因为印象太深刻了。就这么一次次就把我的性格改变了，从一个完全不会说话，不敢说话的人变得吃说话饭。所以教师对学生起的作用那是十分大十分大的。教学成败，教师可以说是起决定作用。

我总是这样说：在编教科书的时候，教科书的编者们在那儿指挥教师，我编的书编出来了，你就照我的教科书来教，你可以运用你的长处对它补充、修改、运用，都可以，但是基本的轮廓我给你定下来了，你就得照着我的教材教。教材的编者们管着教师，等他的书编出来了，到了教师手上了，关系就倒过来了，教师管着你们编者。你编得太不像样子——你可别编得太不像样子了——即使编得太不像样子，拿到那个教师手上，他也可以教得非常成功。相反，他也可以把你编得很好的教科书教得不像话，教师就管着你了。最后，这个决定权从哪里反映出来，从学生反映出来，从学生的实际能力反映出来。我刚才说过了，不再多重复了，我今天就讲到这里。

编写汉语作为第二语言的教材要重视汉语的特点*

近年来，中国与世界各国在政治、经济、文化等方面的交流越来越广泛，汉语作为第二语言的学习在世界上也越来越为人们所重视。汉语作为第二语言的教学已经作为一门新兴学科确立起来了。几年来教法的研究，教材的编写，都取得了很大的成绩。特别是教材的编写，进展很快。

学习汉语有两种不同的目的。一种是把汉语作为一个工具来学习，以便在旅游、贸易等交际活动中运用；一种是要把汉语作为一种专业来学习，日后将从事汉语工作——教汉语，研究汉语等。就大多数人来说，学习汉语的目的是前者而不是后者。编写汉语教材要有明确的针对性。如果是为了使学习者尽快地具备运用汉语进行交际的能力，编写教材就要注重指导各种交际意向应该怎样表达，注重听说读写能力的培养和训练，不宜把有关汉语的知识讲得太多，太琐细。必要的常识当然还

* 本文是为刘珣主编的《交际汉语 100 课》写的序言。收入《张志公文集》第 5 卷（广东教育出版社 1991 年版）。

是要教的，然而目的在于帮助培养实际的运用语言的能力，不在于教给学习者多么全面、系统的知识。这与把汉语作为一种语言专业来学习不同。本书正如它的书名所示，就是为在交际中使用汉语的学习者编写的一种学习用书。

编写这样的学习用书，要特别重视紧紧地抓住学习汉语的重点和难点。例如，就语音来说，现代汉语的语音系统音素不是太多，也没有特别复杂、难发的音。汉语语音的难点在于声调。每一个音节可有四个不同的声调，另外还可以有轻声。汉语的声调具有区别意义的作用，是汉语每个音节中不可缺少的组成部分。同样的音素拼合成的音节，声调不同，表示的意义就不同，或者说，就表示不同的语素。以汉语为第二语言的学习者，他们的母语多半不是声调语言，而是重音语言，如印欧语系诸语言，或者虽有类似声调的东西但与汉语声调的性质、作用很不相同，如日语。他们学习汉语时，掌握声调都相当困难。因此教材的语音部分应该以声调为重点，想方设法帮助学习者克服这个难点。

又比如语汇。学习任何语言，包括学习母语，语汇都是很重要而相当不容易的。因为它的容量大，词和习语多；它的变化发展快；它的规律不好掌握。汉语的语汇也有这些特征。除此之外，它又有两个独特之处：除了极少数例外，汉语的语素都是单音节的；汉语没有形态变化。由于这两个特点，汉语语素的活动能力很大，组合能力很强，在语言里非常活跃。例如“人”（ren）这个语素，既可以独立作为构句成分“词”，又可以和许许多多别的语素组合成词（人民，人口，人事，人缘……诗人，爱人，情人，友人，敌人……仙人掌，类人猿……）。汉字不是音素文字，而是音节语素文字，每个字有能够提示字义的形体

（如“氵”提示这字的字义与水或液体有关），因而在书面上这表示语素的字活动能量就更大了。即使口头上不说的，在书面上也可以临时用两个字造一个词（如“人均”“人次”就是就汉字的作用新造的，慢慢地用起来了）；同时，某些方言词、古语词也可以当作汉字传播使用开（如“识相”“元首”）。这样，汉语语汇就显得异常复杂，学习使用起来，很不容易。汉语中有一类辅助词，它们的主要用途是和其他表示更具体的概念的词组合起来，表示某种语气、情态、事理关系或结构关系。这类词用法更是相当麻烦。拿“的”“了”来说，在汉语里使用频率极高，而用法十分复杂，恐怕还没有一部词典或语法书把它们讲得很透彻的。还有表示数量、时间、空间等范畴的词，习惯性也很强。拿量词来说，什么名词用什么量词，有的还说得出一点道理，更多的往往全凭习惯来决定。马为什么要用“匹”作量词，而牛为什么又必须用“头”，说不出什么令人信服的道理来。对于母语是非汉语的人来说，量词掌握起来是相当困难的，几乎要编一张表来背诵。编写汉语作为外语的教材，要特别重视语汇问题。

第三是语法。汉语的语法比起语汇来，似乎不那么复杂。用语素组合成词，用词组合成短语，组合成句子，其组合规律是一以贯之的。组合关系主要的就那么几种：并列关系、修饰关系、陈述关系、支配关系、补充关系。汉语由于是非形态语言，所以强制性的语法规则比较少，语言单位组合起来比较自由、容易。两个语言单位只要语义能够搭配，符合逻辑事理，不违背语言习惯，就可以组合。这是容易的一面。但是，也正因为如此，灵活性带来了复杂性。比如：“我”“看了”“这个”“电影”，就可以有许多种组合形式。①我看了这个电影。②我看这个电影了。③这个电影我看了。④我这个电影看了。各个组合形式的基本意思大致相同，但又有细微的差别。这里没有绝对的正误问题，却有使用哪个更妥当、更得体，表达更好些的问题。相反，选择不合适，就显得很别扭，很可笑，有时候也可能引起点误解。这又是汉语语法难掌握的一面。编写教材，在语法内容的安排上，要体现汉语语法的主要规律，指导学习者善于运用。语法不要讲得过于琐细，要提纲挈领，使语法知识的学习对语言能力的提高起促进作用。

《交际汉语 100 课》是刘珣主编，鲁宝元、庄文中参加编写的一套供以汉语为第二语言的成年学习者使用的教材。编成之后，嘱我作序。我翻看了这套教材，觉得它在众多的同类教材中，有它自己的特点。第一，突出了交际性原则，整套教材以交际意念为主线编排，同时兼顾句型和语法的归纳总结，由易到难，由简单到复杂，在循环中逐渐加深，有利于尽快培养学习者运用汉语进行交际的能力。第二，重视了汉语的实际，从汉语的特点出发。语音部分突出了声调这个重点，以及送气和不送气音的区别。语汇部分注意了某些辅助词的表达作用，并能通过注释说明某些词语所负载的民族文化传统、心理特征和思维习惯。语法知识的讲解比较精要、好懂，对于语言的使用具有直接的指导作用。第三，编排上既注意了在课堂上进行教学的需要，也注意到便于学习者自学。由于有以上几个重要特点，预料这套教材使用起来会有比较好的效果。为此，我愿意向把汉语作为第二语言学习的朋友们推荐试用这套教材。不妨把试用的情况和效果以及试用中发现的不足之处告诉编者们，使他们能把教材修改的更好，我相信编者们一定会十分欢迎的。

第三编

传统语文教材论

《传统语文教育初探》序和结语（附目录）*

序

五六十岁以上受过封建教育的人，大都进过蒙馆，在那里念过《三字经》《百家姓》《千字文》，背过在当时不能理解的《四书》《五经》，为对对子伤过脑筋，为写八股文吃过苦头。那种传统的学塾教育，就其内容而论，当然充满了封建主义的毒素；就其方法而论，也含有不少落后的、不科学的因素。郑振铎先生认为那种教育是“以严格的文字的和音韵的技术上的修养来消磨‘天下豪杰’的不羁的雄心和反抗的意思，以莫测高深的道学家的哲学和人生观，来统辖茫无所知的儿童”，总之，是“注入式的教育，顺民或忠臣孝子的教育”。① 这种批判，无疑是一针见血，切中要害的。至于方法上的缺点，就连古代某些有见解的人，都曾尖锐地批评过。明代的王守仁说：

---

* 《传统语文教育初探》，1962年上海教育出版社出版。该书《序》和《结语》表明了张志公先生对传统语文教育及教材的最初看法。收入《张志公文集》第4卷（广东教育出版社1991年版）。

① 郑振铎：《中国儿童读物的分析》（载《文学》1936年7月第7卷第1号）。

若近世之训蒙稚者，日惟督以句读课仿。责其检束，而不知导之以礼；求其聪明，而不知养之以善。鞭挞绳缚，若待拘囚。彼视学舍如囹狱而不肯入，视师长如寇仇而不欲见。窥避掩复，以遂其嬉游；设诈饰诡，以肆其顽鄙。偷薄庸劣，日趋下流。是盖驱之于恶，而求其为善也。何可得乎?①

这段话形象地描绘出封建教育的腐朽面貌。本来，教育从来就是为一定的社会的经济和政治服务的，封建社会的教育不能不深深地浸透着封建统治阶级的思想意识。教育的方法，又为教育的内容所制约。以灌输封建思想意识为主要目的的教育，它的方法就无可避免地受到很大的局限。因此，当我们回顾传统的蒙学教育的时候，我们所接触的必然是大堆大堆的糟粕。有些东西，简直污浊到使我们不愿意伸手去碰。

然而，不谈整理遗产则已，只要接触这项工作，就用得上“披沙拣金”这个成语。怕脏手是不行的。因为，千百年来的文化遗产，无论哪个方面，在成堆的糟粕之中，总还有某些精华——前人的智慧和经验在内。把这一部分“金”拣出来，于我们总有或大或小的用处。就拿传统的语文教育来说，蒙馆能在比较短的时间里教儿童认识相当多的字，这个事实就值得重视。一本《千字文》从南北朝直到清末，流行了一千四五百年，成为世界上现存的最早、使用时间最久、影响最大的识字课本，这里边不能说没有值得探讨的地方。16 世纪 40 年代就有了插图相

① 王守仁：《训蒙大意示教读刘伯颂等》（《王文成公全书》卷二）。

当精美的儿童故事书，比西洋同类书籍的出现早了一个世纪左右①；今天我们所见所知的蒙书，品种之多，某些本子编写方法的巧妙，插图刻印的精工，也都大有可观：前人的这些努力，留下来的这些遗产，不能一笔抹煞。进行语文教育，教学生识字，读书，作文，有两个重要之点：一是要符合本国语言文字的特点，一是要符合儿童和青少年学习本国语言文字的规律。在千百年长期的语文教育实践之中，前人在这两方面确实找到了一些门径，积累了不少经验。我们的责任应该是做一些分析研究，看看他们所用的方法之中，哪些是行之有效的，为什么会有效，哪些是不对头的，为什么不对头，进而明确哪些是应该丢弃的糟粕，哪些是可资借鉴的经验，这些有益的经验又应该怎样同现代的科学成果结合起来，赋予旧的经验以新的生命，使它得到发展和发扬。这样，对于我们今天研究语文教育工作能有些参考作用，对于研究我国语言文字的特点也会有些益处。

要研究传统的语文教育，不能不首先探索一下蒙学的发展情况。因为蒙学是传统的语文教育的一个组成部分，一个方面，必须对蒙学的一般情况有个大致的了解，才能比较确切地了解语文教育这个方面的特点和问题。但是，探索蒙学的发展情况，有一定的困难，主要是可用的文献材料不多。关于蒙学，前人的记载很少；各种课本，过去的藏书者多不重视，大都散失，现在收集起来很不容易，就连从前的书目之类，对

① 西洋最早的插图本儿童读物是扬·夸美纽斯（1592—1670）的《世界图解》（1657）。我国插图本儿童读物，现存最早的本子是1542年（明嘉靖二十一年）刊印的一种“日记故事”。更早的还有明刊本《对相四言》。郑晓沧先生则认为应追溯至北宋刊本，相传为摹晋顾恺之绘图的《古列女传》。

于蒙书也不多著录，现在想查考一下书名都很麻烦。至于对蒙学和蒙书进行一些比较系统的研究整理，这种工作前人做得更少。中华书局曾经收集并且展览过五六十种童蒙读物；胡怀琛曾经写过一本《蒙书考》，开列了大约100种所见所知的蒙书，辑录了几十条有关的资料。这些筚路蓝缕之功不可没，不过收集考察的范围都还不大，分析研究更付阙如。前人提供的资料和研究成果如此之少，而个人的见闻又极有限，因此，对于蒙学的这项探索工作，只能是一个初步的尝试。进一步的探索和研究，还有待于更多的、见闻较广的同志来共同努力。

这里姑且根据初步探索之所得，试为蒙学语文教育发展的情况勾画一个极粗的轮廓，作为进一步考察的线索。

古代蒙学的情况，今天我们所能知道的很少。从现存的记载和教材来看，先秦两汉时代就很重视对少年儿童进行识字教育和句读训练。《礼记·学记》里说：

> 古之教者，家有塾，党有庠，术有序，国有学。比年入学，中年考校。一年视离经辨志，三年视敬业乐群，五年视博习亲师，七年视论学取友，谓之小成。九年知类通达，强立而不反，谓之大成。

陈澔对这段的注解说："离经，离绝经书之句读也；辨志，辨别其趋向之邪正也。"《汉书·艺文志》说：

> 古者八岁入小学，故周官保氏掌养国子，教之六书，谓象形、

> 象事、象意、象声、转注、假借，造字之本也。汉兴，萧何草律，亦著其法，曰：“太史试学童，能讽书九千字以上，乃得为史，又以六体试之，课最者以为尚书、御史、史书、令史。吏民上书，字或不正，辄举劾。”

在整个“小学”部分，著录了十家35篇，都是识字课本之类。例如在《史籀篇》下面就明白地说：“周时史官教学童书也。”

据王国维考证：

> 汉时教初学之所名曰书馆，其师名曰书师，其书用《仓颉》《凡将》《急就》《元尚》诸篇，其旨在使学童识字习字。……汉人就学，首学书法，其业成者，得试为吏，此一级也。其进则授《尔雅》《孝经》《论语》。①

这段时期的蒙书，完整地保存下来的有两种，一是管子的《弟子职》，一是史游的《急就篇》。这两种书流传使用了很长的时间，对于后来的蒙书，有很大的影响。

经过魏晋南北朝到隋唐，蒙学有了进一步的发展。大致表现在三个方面。第一是识字教育，适应新的需要有了新的发展，在《急就篇》的基础上产生了很多种新的识字教材，其中最重要的是一直流传使用到清末的《千字文》，再就是编法跟它相近的《开蒙要训》，此外还出现了

---

① 王国维：《汉魏博士考》（《观堂集林》卷四）。

“杂字”和其他一些蒙学用的字书。第二是出现了新的进行封建思想教育的蒙书，如《太公家教》和《女论语》等。第三是运用以上两类蒙书的编法（用整齐的韵语），产生了新的一类讲掌故故事的蒙书《兔园册》和《蒙求》等。可以说，到了唐代，蒙学初步形成了比较完整的一套，包含互相配合的三个方面：识字教育，封建思想教育，知识教育。这三类蒙书对于后世的影响非常大，在它们的基础上发展出来很大一批新的教材。

宋代继唐代的道路，又有了新的发展。从宋到元，基本上完成了一套蒙学体系，产生了大批新的蒙书，这套体系和教材，成为此后蒙学的基础。宋元以下，可以说只有较小的发展和补充，再没有很大的变动。这套体系的大致情况是：第一，识字教育方面，继承了《千字文》，补充了《百家姓》和《三字经》，成为几乎不可分的一套识字教材“三，百，千”；另一方面，“杂字”得到很大的发展，成为识字教育的另一条路线，与“三，百，千”相辅而行。第二，在封建思想教育方面，一则用《千字文》《三字经》深入识字教育中去；再则以程朱理学为依据，产生了新的教材《小学》和大批性质相类似的书；此外又运用《弟子职》和《蒙求》的形式，产生了大批韵语的训诫读物。第三，在《蒙求》的基础上发展出来更完整的一些知识教育的教材如《史学提要》《名物蒙求》等，前者系统地介绍历史知识，后者有计划地介绍各方面的知识，包括一点自然知识。第四，产生了重要的初步阅读教材——诗歌读本《千家诗》和散文故事书《书言故事》和《日记故事》。第五，在初步识字和初步阅读的教育之上，产生了一套读写训练的方法和教材——属对，程式化的作文训练，专做初学教材用的文章选注和评点本。

此外，朱熹和他的门人，以及从事教学工作的许多人，很重视蒙学的方法、步骤问题。他们的一些言论，对后世的影响很大，逐渐形成了一套蒙学的体制和教学方法。

宋元以下，蒙学大致不离乎上述的规模。在某些方面也有些发展，产生出一些新的教材；在某些方面，也有过一些并不成功的新的尝试。就识字教学而论，“三，百，千”一直流传使用下来，没有多少改变，中间曾经有过不少人编了些新的千字文、百家姓、三字经，但是大都通行不广，而“杂字”书则有较大的发展，在群众中有越来越广泛的影响。封建思想教育和知识教育，仍是沿着宋元以来的道路前进，中间也产生了一些新课本，有的流行较广，影响很大，例如《小儿语》《弟子规》《鉴略》《幼学》《龙文鞭影》《昔时贤文》等，到了清末还产生了一些用《蒙求》形式介绍新知识的蒙书，如《时务蒙求》《地球韵言》《算学歌略》等等。《千家诗》一直风行，后来并且产生了编法近似的《五言千家诗》和《唐诗三百首》，也出了一些以进行封建思想教育为主要目的的诗歌教材，如《小学千家诗》等，属对的训练一直沿用下来。程式化的作文训练发展成为八股文，跟科举考试完全结合起来。文章选注评点的办法继续采用，陆续出现了不少新的选本。讲基本的文字、声韵等知识的蒙书和蒙学用的工具书也出了一些。此外还产生了几种总结前人经验、专谈教学方法的著作，如崔学古的《幼训》《少学》，王筠的《教童子法》，等等。

以上是从先秦到清末的蒙学语文教育发展的大致情况。对于这一套遗产，可以从不同的角度，用不同的方法，进行研究。

可以从历史的角度，就各个历史时期逐一研究，比较周详地考察每个历史时期的蒙学情况，有哪些做法，哪些教材，哪些重要的教育家，进而分析蒙学发展与当时社会经济、政治、文化各方面的关系，它的成效和缺点，它如何继承前一时期的传统，它对后一时期有怎样的影响，等等。

可以就若干种重要的蒙书逐一进行专书研究，考察它产生的背景和演变的路径，分析它包含的思想内容，反映的教育方法，进而分解出它的精华和糟粕。

也可以从教学的角度，就蒙学的各个方面进行专题研究，例如专门研究蒙学中进行知识教育的方法，或者专门研究它进行语文教育的方法，或者研究封建思想教育、知识教育、语文教育怎样互相配合，等等。

此外，还可以从别的角度、用别的方法进行研究，也可以把几个角度、几种方法结合起来，进行比较全面的研究。

无论从哪个角度、用哪种方法来研究，都是有意义的，也都需要做一些繁重的搜求探索、爬梳整理的工作，而不是轻而易举的。

限于资料和能力，这里不企图对蒙学做全面的研究，只打算从语文教育这一个角度做一些初步的探讨。就是这样，目前所掌握的资料也还不足以就这个问题研究得很深入，只能做一些比较粗浅的观察和分析。

总之，这本小册子是个“初探”，它所希望的不是全面深入地解决研究蒙学语文教育的问题，而是，用个俗语来说，抛砖引玉。对传统语文教育方法的概括、分析和评价有不恰当的地方，史实、资料有遗漏，乃至运用资料有考据上的失误，等等，都是在所难免的。这些，热诚地希望得到指正。

结　语

前边就传统的语文教育做了一个极粗糙的叙述。开头就说过，做这项工作还是一个尝试。考察不详备、理解不确切、评价不恰当的情形，都在所难免。在结束这本小册子的时候，愿意把这句话重复一遍，以表达作者希望得到补充和指正的热诚。

新中国成立以来，语文教育，同其他各项事业一样，有了很大的发展，从内容到方法都有了不小的改进。语文教育已经成了社会主义建设事业的不可分割的组成部分，受到人们极大的重视。只是由于旧社会留给我们的是一个破烂摊子，一下子不容易完全收拾好，所以有待解决的问题，有待继续改进的地方，也还很多。而且，社会主义建设事业的发展，对于语文教育工作提出的要求越来越高。为了适应这种需要，进一步提高我们的语文教育工作水平，我想，有三件事情需要做。首要的是研究我们的教育方针，研究社会主义建设所要求于语文教育的任务，研究我国语言文字的特点，研究我国当前青少年和儿童的语文状况，研究他们语言文字能力成长发展的规律，总之是研究当前与语文教育有关的种种实际。与此同时，也还需要补做废科举兴新学以后，尤其是辛亥革命和五四运动以后就应该做而没有做，或者做得不够、不好的两项工作。一方面是研究我国语文教育的传统，看看其中哪些做法是坏的，错误的，哪些是虽然不坏但已过时的，哪些是仍有现实意义的。坏的，批判它；错误的，有些可以引为殷鉴；过时的，有些可资参考；仍有现实意义的，就应当加以运用。——对于传统的经验，过去几十年没有好好研究过，只是全盘地加以否定。曾经有人倡导过“读经”，那只是反动思潮的一种反映，开倒车的玩意儿，跟吸取传统经验是不相干的两回事。再一方面是研究外国的经验，包括和我们的语文有亲属关系的以至差别很大的各国的经验，看看其中哪些是不见得对头的，哪些是虽然好而不适合我们的情况和需要的，哪些是于我们有用的。——对于外国的做法，过去几十年中多数时候是生搬硬套，认真地分析研究，做得也很少。这几方面的研究工作，都是相当艰巨的，然而都是必要的。编写《传统语文教育初探》，就是想在这一系列的研究工作之中，就其中的一个方面提供一点初步的线索和权备查考的资料。它所能尽到的力量是极其微薄的，然而它所表达的感情则是对祖国语文教育的更快更好地发展的热烈的期望。

探讨传统语文教育，我们的着眼点主要在方式方法方面。至于它的教学内容充满了封建思想意识，这是不言自明的。因此，对于大多数蒙书，除非它坏得格外突出，或者竟有某些可取，我们在论述中也就其内容多少提上几句，一般的只就编法方面着眼，没有多谈内容。所谓方式方法，指的是教学的步骤、训练的途径、教材的编配这些方面，因为这都与我国语言文字的特点有关，是利是弊，对我们有较大的参考意义。至于教学中的一些具体方法，诸如怎样讲课，怎样指导，等等，实际上是注入多于启发，强制多于诱导，既于我们没有多少参考价值，也不值得多费笔墨去批判，因此，除了少数地方，一般也没有多加讨论。

一个很大的问题是，古代书面语言和口头语言分家，而当时的语文教育又以应付科举考试为主要目的，因而许多做法都是从念文言文和写文言文的需要出发的，这无疑地使语文教育的方式方法受到了很大的局限。最突出的一点是前人绝少注意到说话能力的培养。在语文教育的这个重要方面，可以说，前人没留给我们任何经验，正相反，留下来的倒是一种难除的积习——直到今天，不少人在语文教育工作之中还是只重目治，而忽视口耳训练。除此以外，别的一些方式方法，即便是在当时行之有效的，也由于文言白话的不同，今天未必能直接加以运用。当然，文言也罢，白话也罢，毕竟都是我们自己的语言。文言白话之间，差异之外，在词汇、语法、修辞的基本因素方面还有显著的继承性。因此，教和学的方式方法，很多地方也就能够相通。不过，在我们对传统的语文教育做了一些探索研究，找出来某些经验之后，怎样把那些经验用之于今日，也还需要做很多的研究和实验。继承遗产并不是简单地接收。不付劳动，只享现成，把前人的经验原封不动地搬过来，那是不行的。如果这本小册子在语文教育这项工作上能够提出一两个值得讨论讨论的问题，值得研究研究的题目，值得做做实验的设想，那就是不小的收获了。

附：《传统语文教育初探》目录

我和传统语文教育研究*

一　对传统语文教育的研究是怎样开始的

我对传统语文教育的研究感到兴趣，差不多是和我从事汉语文教学工作同时开始的。我本来是学外语的，先是学外国文学，随后转向外国语言和语言学，从四十年代后期又转而研究汉语，主要是汉语语法修辞。工作则一直还是教外语。在中学连专任带兼任教过三年英语课；在大学教过六年，从大一补习英语教起，然后教一年级英语，二年级英语，二年级作文，英国文学史，名著选读等。教过一年普通语言学，一年翻译课，都是为外语系和中文系共同开设的选修课。

1954年我才正式参与了汉语文教学工作。首先是从教材工作开始的。既搞教材，就不可能不接触课程、教学、教法这几个方面的问题，所以总称之为汉语文教学工作（加个“汉”字，区别于“外语”）。从那以后，至今整整三十年，没有间断。虽然这中间不时地在大学和某些

* 原载刘国正主编《我和语文教学》（人民教育出版社1984年版）。收入《张志公文集》第4卷（广东教育出版社1991年版）。

短期讲习班之类兼教一些课，自己做点语言学方面的研究工作，也主持过一段英语、俄语的教材工作，但是三十年来和汉语文教学工作一直保持着密切联系。目前我的正式工作任务又是分管外语教材了，可是和汉语文教学的关系仍旧分割不断。

从一接触汉语文教学工作，我就感到研究传统语文教育的必要性。

清末废科举兴新学，各大小书院改为学堂，参照外国的办法实行分科教学。当时，像博物、物理、化学、算学这些课程，都可以直接搬用外国的教材，甚至连历史、地理也可以部分搬用。只有一科没法照搬，连部分搬用都不可能，这就是语文，当时称“国文”。于是，很自然的做法就是基本上率由旧章。内容，教法，一切照旧，只不过形式上分成几册，每年或每学期一册，每册分成若干课，如此而已。虽然从 1903 年的《奏定中学堂章程》和 1916 年的《教育部公布国民学校令施行细则》中可以看到，语文教育领域多少吹进了一些现代化社会的空气，但是，面对这个上千年的古老的教育传统，这么点新鲜空气显得太微弱了。嗣后，又经不少有识之士的奋斗，语文课教材的内容有了比较大的变化，比如，白话文进入语文教材就不是一件小事。但是，总的来看，传统的影响是很大的，在语文教学中随处都可以看到它的影子。长期封建社会中形成的传统，肯定会有封建主义的坏东西，但是也绝不可能一点可取的经验都没有。一个关心今天的语言教育的人，不应当对这个深深影响着今天语言教育的体系——传统语文教育漠然置之，不加研究。

这样的认识和考虑，可以说是我从事传统语文教育研究的主要原因。

此外，还有一个更直接地促使我加快这种研究的原因。

前边说1954年我正式参与了语文教学工作。那指的是，党中央决定要在全国试行汉语、文学分科教学，组织力量着手准备编写教材。开始吕叔湘先生和我同被委托，随后于第二年（1955年）我被调到人民教育出版社担任汉语编辑室主任，在吕叔湘先生指导下主编汉语教科书（吕先生同时被调到出版社任副总编辑）。1955年秋季在少数学校使用新编出的汉语和文学两种教材进行试教。一年后，举行全国语文教学会议，总结了经验，于1956年秋季在全国中学实行了分科教学。到1958年，这个实验中断了。〔关于这段历史，另有别的文章详细叙述（参看张毕来同志的《语文分科教学回忆》一文），这里只简略说一下大致的经过。〕实验中断之后，恢复了语文课，而这时的语文教材和教学，比分科实验前的更为粗糙，效果也更差。这样就促使我思考这样一个问题：究竟什么样的语文教学适合我国的具体情况。这时，我愈益感到，语文是个民族性很强的学科。它不仅受一个民族语言文字特点的制约，而且还受这个民族文化传统以及心理特点的影响。为了摸索出适合我国国情的语文教学的路子，我觉得迫切需要对我们长期的传统语文教育进行认真的研究。

就在这种形势之下，从50年代末到60年代初，我花费了一些力气比较系统地研究了一下传统语文教育。研究传统语文教育，资料是一个困难问题。研究性的材料有一点，不多；而历代藏书者和书商对蒙书都不重视，所以保存下来的很少，并且很难搜求。恰巧在这个问题上，我有一点便利。有一段时间我曾有志于研究汉语史。为此，需要搜罗几个方面的资料。蒙书是其中之一，因为历代蒙书的编法很能反映汉语的某些特点。这样我曾在十来年的时间里，陆陆续续搜罗到一批过去的童蒙读本。由于工作的关系，汉语史没研究成，而为那个目的搜罗的蒙书却给我研究传统语文教育的工作带来了便利条件。

由于经常性的工作任务很多，很重，这项研究只能利用业余时间断断续续地做，时间精力不能集中使用，也没有帮手和合作者，一切靠自己，所以研究不深不细，相当粗糙。成果反映在1962年由上海教育出版社出版的那本小书《传统语文教育初探——附蒙学书目稿》里。（近年打算对这本书认真修订一番，有了计划，但是还一直没能实现。）

二　传统语文教育的经验

对传统语文教育，多年来听到的批评性意见居多。我那次研究，虽然主观上要求做到客观，不过向传统找经验的倾向实际上是多一些的。经过对各个时代各种蒙书及有关资料的爬梳整理，我发现，传统语文教育有些做法的确有值得我们借鉴的东西。

1. 集中识字。传统语文教育非常重视字的教学，采取的办法是集中识字。儿童入学后，用一年左右的时间集中认识两千多字。宋以下的集中识字课本逐渐形成“三，百，千”那么一套，即《三字经》《百家姓》《千字文》。（三本合起来正好是两千多常用字。）只要求学生会认，会读，能背诵。至于每个字怎样讲，要求很低，怎样用可以说完全不要求。在集中认识这两千多字的过程中或之后，再配合着念点诗，念点韵语知识读物，如《蒙求》《鉴略》之类，念点小故事，如《日记故事》，主要是再多识点字，同时增加点趣味，提供点常识。

这样做，从历史上看，有它的道理。汉字是一种独特的文字体系。

就整个的体系而论，它的长短得失是个很复杂的问题，这里不谈。不过有一点是没有疑义的，就是在开始识字的最初阶段相当困难（识多了以后倒也有它容易的方面），如果要求认一个就全面掌握一个，做到会认、会读、会讲、会用、会写，那样进度就会很慢。可是不认识相当数量的字，无法读书。而语文教育以至整个的教育又需要学生尽早接触读物，以便通过书面丰富他们的语言，增长他们的知识，提高他们的思想。这里就出现了一个矛盾——需要快一点读书，可是字不够用，读不成。集中识字，即在一个较短时间内尽快让学生认识一定量的字，是解决这个矛盾的一个可行的办法。再者，“三，百，千”音节整齐，押韵，也不太艰涩，便于学童记诵。这的确不失为一个好的经验。正因为如此，集中识字，使用“三，百，千”做教材，这个办法通行了上千年。（《千字文》产生于南北朝时期，不过和《三字经》《百家姓》配合成套，得从南宋算起。）

2. 识字、写字分别进行，互不掣肘。儿童初入蒙馆，在识字课以外另设有写字课。识字、写字分别进行。“三，百，千”中的字并不要求学生会写；写字课另有自己的一套系统。初学写字，写的是“上大人，孔乙己……”，那些字包含基本笔画，而又简单，少的两三笔，多的五六笔，很合于写字入门的要求，比一上来就写“人之初，性本善”或“赵钱孙李”容易得多，合理得多。

识字与写字互不影响，也就互不掣肘。会写一个字比识同一个字要难。因为写字属于动作技能，还要牵涉到肌肉、骨骼及相应的神经系统的运动。假如一定要求儿童识一个字要做到几会（会认、会读、会讲、会写、会用），实际上就会使写字拉识字的后腿。我们聪明的古人看到了这一点，让二者分头进行，这对我们今天考虑初入小学的儿童的语文教育很有意义。

此外，当时的写字训练有一定的序列。字是由简到繁，由易到难；方法是由有依傍（即描红、影写、临摹）到无依傍。字的大小是先写中楷，后写小楷。这种方法比我们现在一上来就让孩子把不论好写还是不好写的字装进一个很小的小格子里要高明得多。

3. 句的训练——属对。属对是同句读之学密切相关的一种基础课程。人们通常认为，对对子是学作近体诗的一种准备，这实际上是把它的作用看小了。练习属对，方法是所对字数由少而多。先一字对，然后二字对、三字对以至多字对。如先是“天”对“地”，“雨”对“风”，而后是“风止”对“雨停”，再后是“水清石见”对“云散月明”。这是练什么？是在练字（词）的组合，练组词，练造句。同时，由于组合时有声韵、词性、类别的限制，所以又是在进行音韵、语法、逻辑的综合训练。如“风止”是名＋动，就必须用另一个名＋动，比如“雨停”来对。除了词性和组合关系的条件之外，还有声调的条件：平声对仄声，仄声对平声。“风止”是平仄，“雨停”是仄平，所以能够相对。还不止此，“鸟鸣”也是名＋动，也是仄平，却不能和“风起”相对，至少这不是个好对子，因为“风”与“鸟”，“起”与“鸣”是些不相关的概念。由此看来，属对实质上是相当全面、相当严格的句子训练，是学生由识字到作文中间必经的环节。所以清人崔学古把它叫作“通文理捷径”。如果认为传统语文教育中识了字就要练写文章，训练表达能力没有什么“序”，那是一种误会；认为古人不讲究语法、逻辑，也是一种误会。

4. 作文训练。封建社会很重视写文章。传统语文教育到了元明以下，作文训练就以训练作八股文为主了。这是历来受到批评最严厉的一点。总的说，八股文无疑是应当反对的东西。内容上，它是“假、大、空”的鼻祖；写法上，它是程式化的典型；在当时起的作用，对后世产生的影响都很坏。不过，从训练方法上看，多多少少有没有一点可资借鉴之处呢？

从宋朝开始就有人把一篇文章分析为由几个部分组成的，叫作“起、承、转、合”，随后又有人分析成五个部分，叫作“冒、原、讲、证、结”。训练作文就让学生依着这个模式去练。练习一般是分步骤进行的，先练习写第一个部分，练熟了，再练习写第二个部分，然后第三，第四，第五，最后练习写全篇。

以后，从这四部分或五部分发展成为八股文。八股文是议论文。就议论文而言，总不外提出问题，论述问题，得出结论。八股文的模式，是否部分地反映了议论文结构上的这一特点呢？模式是某些方面规律性的一种概括，它是有用的。模式与程式化不同。把模式搞成僵死的东西，就成了程式化，那当然是要反对的。就写文章而言，我们通常说，“大体则有，定体则无”，这个“大体”就是一种模式。我们今天应当有能力取模式之长，废程式化之病，把这个“大体”比前人更科学地概括出来，用更合理的方法引导学生较快地入门，免除他们摸索之苦。

一整套语文教育的做法在我们这个辽阔的国土上通行上千年，其中总会有一些有价值的东西供我们批判地继承。比如，他们的一些方法适合汉语汉文的特点，而且有的方面的训练也注意了有序列地进行，并非如我们想的一概那么盲目。这些都给我们以启发。我自己就此对传统语文教育的初步研究中得益不少。(1978 年后，我提出的语文教育科学化的主张以及小学生借助汉语拼音，从语言训练入手，把阅读、识字、写字稍有先后的分头进行，互不牵制的看法，就与对传统经验的探索不无渊源关系。)

《传统语文教育初探》那本小书出版后，受到出乎意料的欢迎，这表明，语文教学思想向传统探求经验的，大有人在。那次研究归结出的几条传统经验，集中识字这一条起了一定的实际作用。有的地方原已试行集中识字，我的研究成果发表后给予实验以历史根据。有的地方则是在我的书文发表后开始实行的，并且参照书里的介绍编出了新的《三字经》《四字文》《儿童学诗》等几种教材。

三　传统语文教育的积弊

1978 年、1979 年之后，拨乱反正，各项工作逐步走上正轨。这时，在教育界，语文教学质量不高，成了一个非常突出的、全社会都很关心的问题。语文教学界的同志纷纷起而研究探索改进之道。经过大家的努力，当然有所前进，有所提高，然而，问题似乎还远没有解决。症结何在呢？语文教学为什么这么难办呢？为了寻求这个问题的答案，我重新想起了传统语文教育的悠久历史和巨大影响，使我第二次投入对传统做法的研究。这一次我对传统语文教育的研究，实质上是对它的再认识。

如果说，过去我对传统语文教育的研究比较注意总结其中的经验，那么，这一次则比较注意它对今天语文教学的消极影响。这些年，对封建主义有了一些新认识。“百足之虫，死而不僵”，我在“十年动乱”中的许多问题上看见了封建主义的阴影。那么，语文教学得免于此吗？另外，从 1976 年以后，逐渐多接触了一些国外的应用语言学和新的教学论一类的东西，使思路有所开阔。更重要的一点是，现代化建设成为我们的工作重点，我们的头脑无可避免地会随着这个大的形势来活动。简言之，在我们国家进行社会主义现代化建设的要求之下，语文教学的低效率问题显得越来越尖锐了。

近年来，通过对传统语文教育的再认识，有些问题逐渐看得更清楚了。比如，传统语文教学的特点是整个教学为科举考试服务，几乎可以这么说，就培养目标而论，它是封建社会官吏制度的附庸。它面向选吏，而不是面向社会实际需要。读经——写八股文——科考，这是它的基本路子。所谓“学成文武艺，货与帝王家”，就是这么回事。于是，在语文教学的具体做法上，千百年来一直是两大重点。首先是花很大的功夫去对付字，解决字的问题是第一大关——识了字好去读古文，读经。其次是再花很大的功夫去对付文章，念文章，背文章，摹拟着前人写文章，最终练成熟练的写八股文的能力，这是第二大关——学会了作八股好去应科考。所谓语文教育，实际上就是对付这两个东西：字、文章（八股）。六十年代初我写过一篇谈语文教学的文章，里边提出了“过三关”：字关，句关，篇章关。那篇文章先是登在报纸上，接着好些有关刊物纷纷转载，很产生了一些影响。说穿了，那正是受到传统影响的产物。

全力对付字和八股文的结果是什么？第一，完全脱离了实际语言——只管书面，并且管的是与实际语言相距很远的文言。第二，完全脱离了实际应用——八股文是彻底没有用处的东西。

那么，今天，传统语文教育脱离实际语言，脱离社会需要的问题解决了没有呢？没有。

首先，忽视口语的问题一直存在。我们现在常常讲，语文能力包括听说读写四方面的能力，我们要培养学生这四种能力。而实际上，我们所重视的仍是“读写”，仍是书面语言。学校的教学是如此，不少口号也都是围绕着“读写”来提的。自然，书面语言是区别文明和野蛮的一个标志，它在人类社会生活中的巨大作用毋庸赘言，重视也是应该的。但是假如重视到不适当的程度，以至完全忽视口头语言，那就不仅是失于片面了。忽视口头语言必然会回来削弱书面语言能力，其结果是两败俱伤，全面降低语言能力。

自从两汉以下书面语言与口头语言产生了距离，在教育中忽视口语的问题就存在了，而且越发展越严重。在长期的封建社会中，生产水平低下，交通不发达，社会经济的基本结构是自给自足的自然经济，社会交往、产品交换都不发达，所以，忽视口语训练的弊害还显示不出来。但是到了今天，大规模的机器生产改变了人们几千年来的生活方式，人们从事生产、交换、科学文化活动要协同行动，而且现代交通发达，交往频繁、通信技术高度发展，千万里之外可以通话，用说话来处理紧急的、重要的工作，口头语言在社会生活中越来越重要。过去，“口讷讷不能言”曾经被认为是一种美德；现在，我们要发展智能机器人，并且将不是用程序语言而是用自然语言发出指令了。口头语言能力低下将无法适应这种已经存在并将日益迅速发展的新形势。假如在这种社会需要之下，我们的语文教学仍然一味钻在读写的象牙塔之中，不去管口头语言的问题，这不能不说是传统语文教育留给今天的一种严重的弊病。

由于社会生活的发展，我们的学生毕业后不仅不再需要写八股文，连写那些无目的、无对象的什么什么“论”，什么什么“记”之类的需要也不大了。他们应当会写实验报告、病历、调查报告、总结、产品说明，等等。可是我们的作文教学并不注意教学生练习这些。曾经有一段时间，爱让学生写《雾》《路》《窗》《晨》这类非诗非文，既够不上文学习作，又不切合实用的文章。近几年情况有所改变，但并没有从根本上解决问题。结果，社会上到处反映：中学毕业生连封信都写不成，医学院毕业生写不好病历，工科大学毕业生写不好实验报告，文科大学毕业生写不好公文，写不好调查报告。我们的作文教学不理会现实需要的情况还不严重吗？

例子还不止这些。可以看出，传统语文教育脱离社会需要的积弊直到今天还在影响着我们的语文教学。

可是，我们对此常常难以觉察。为什么？“不识庐山真面目，只缘身在此山中。”我们接受的是这份历史遗产，祖祖辈辈生活在这种习惯势力之中，于是习焉不察。这是可以理解的。

许多有识之士早就看到了这种痼疾，多次批评了这种弊病。比如，叶圣陶先生在这方面就发表了很多深刻的见解。值得深思的是，叶老在四十年代提出的许多切中肯綮的批评，直到现在我们读起来还觉得切中时弊，很有针对性。这就说明，他在几十年前批评的东西今天依然存在，说明传统语文教育的积弊之深，势力的顽固和我们对付它的软弱无力或者还处在朦胧之中，认识不到。

以上可以说是我第二次研究传统语文教育对前一次研究的重要补充。我不因这次的补充就全盘否定传统经验。经验还是经验。对于古代的人和事都得放在特定的历史环境中去看。正确地观察和分析传统，评价传统，对待传统，是我们的责任。

这些，近来我在不少场合讲过，还没有来得及写出来。

四　怎么办

现在，迅速革除上边说的那种积弊已经是刻不容缓了。我认为需要抓紧以下几点：

1. 开展对传统语文教育的深入研究，实事求是地、全面地评价其长短得失，并把理论工作者的研究和普及宣传工作结合起来，使广大语文教师像知道“举一应能反三”“教学可以相长”“婚姻不应父母包办”“缠足是摧残妇女”那样，清楚地了解传统的理论和实践长在哪里，短在哪里，应兴者兴，不因其古而放弃它，应革者革，不因其多年流行而固持它。

2. 主管部门要发挥行政系统的力量，把理论研究的成果运用到教学大纲、教材系统中去。不要坐等理论十分成熟了，十分完善了才进行这一工作，不要动辄以“不够成熟、没有把握”作为陈陈相因，不敢改革，不敢实验的借口。教育的周期长，教育进展迟滞，落后于社会需要的现象更应注意尽早避免。时间拖不得。只要看准了，就办。要尽快组织各方面力量，构成一个专门的班子，考虑改革我们的教学大纲、教材体系，力求新的大纲、教材能反映社会生活的需要。

3. 光就语文教育论语文教育不行，要有相应的评价系统。比如，社会上的招聘、各级学校的考试、高考，办法都要改革。要考查学生实际的语文能力，有条件的地方要进行口试。——不要以为这个工作量大得惊人。高考制度改革后，这问题并不像想象的那么困难。这个评价系统非常重要。它会迅速改变人们的价值观，而价值观的改变是人们指导思想改变的标志。

我已经在酝酿一个粗线条的语文教学改革方案的设想。

五　研究方法问题

现在回到传统语文教育研究这个问题上来。在研究的方法上，我以为，首先要有开阔的视野。不能把眼光死死地盯在被研究的事物本身上。要有些全局观点，或者说要把语文教学放在一定的社会背景中去考察，再或者，用个时髦点的说法，要有点“宏观”的眼光。评价传统语文教育的得失长短，光知道它本身的情况不够。要知道这种情况据以产生的社会政治、经济原因。同时，要了解我们当今的情况——当然不只是语文教育的情况，要了解当今社会生活的情况，了解它对语文教育提出了哪些新的要求。此外，还要了解国外语文教育发展的情况。比如，日本的语文教育就注意面向社会需要。他们的教学大纲对说话能力有明确的要求；他们向全国推荐的光村图书公司的语文教材以及其他出版社出版的教材中，都有写作教材，里面除了让学生学会观察、思考、总结自己想法的练习而外，还让学生练习各种实际需要的文体：讨论记录、笔记、书信、日记、实验报告、调查报告、研究报告等。知道些左邻右舍的情况很重要，它有助于考虑我们自己的问题。

此外，研究的方法要科学化。很遗憾，由于客观条件的限制，我自己的研究是偏于分析性的，没能做必要的科学实验，取得翔实可靠的事实论据和最富说服力的数据。这是一个很大的缺陷。今后，我愿和有志于此道的同志一起，在传统语文教育研究方法的科学化方面做出努力，以期进一步提高研究的水平。

《传统语文教育教材论——暨蒙学书目和书影》导言（附目录）*

一、为什么要研究传统语文教育和教材

在基础教育阶段，语文教育是最基本的，或者说，是教育的第一个层次。儿童、少年只有先学了语文，才能进一步学习自然的、社会的各种常识；再进一步，学习各种或某种专科知识和技能；更进一步，研究探求高深的知识、理论和技能。

现在，基础教育阶段的语文教育还不够理想，有做得比较好的或者很好的，但是比例不大，也有做得相当差的。这种情况，对于以后各层次的教育很不利。总的说，对现代化建设是不利的。因此，应当给予足够的重视。不少教师重视了，做了不少研究工作和各种实验。然而，苦于成效不十分显著，或者在某一处或某一点上有些成效但未能推广。今天，在已经或即将进入信息社会的时代，语文教育本身就肩负着很重的

* 《传统语言教育教材论——暨蒙学书目和书影》，1992 年上海教育出版社出版。这里节选的是《导言》的前四部分。

责任，它已经不仅仅是为别的学科、为接受更高的教育服务的了。

语文教育的效果不理想，症结何在呢？

因素自然是多方面的。单从学术研究这个角度来说，有一个非常重要之点，即，没有足够地重视传统，正确地对待传统。

我国有文字记载的历史有四千多年，其中大部分是封建社会，直到1911年辛亥革命，中间没有大的间断。即使1911年之后，封建主义在不少方面仍然延续着。它钻进了社会的每个阶层，每个角落，教育领域自不例外。时间久，方面广，影响大，逐渐形成了传统。既成传统，力量就强大顽固，使人很难跳得出来，以致习焉不察，身在其中而不自知。一种文明或文化，生命力如此强，存在这么久，其中必然有异常优秀的、超时间局限的东西，但它毕竟是封建社会的产物，无可避免地也有大量封建主义糟粕。鱼龙混杂，泥沙俱下。精华与糟粕，并不是泾渭分明，整整齐齐分成两大块，互不相谋，各走各的路，成双行齐步走过来的；而是“你中有我，我中有你”，忽而此前，忽而彼后，犬牙交错，错综复杂，像泥石流那样滚落流动下来的。教育自同此理。任何事物都不是突然之间从天上掉下来的，各有它的来踪去迹。连前人都知道，“观今宜鉴古，无古不成今”。前边说，基础教育阶段的语文教学有做得比较好或者很好的，其中不无传统经验在起作用；有做得相当差的，其中更不免有传统糟粕方面的影响。然而，除去少数专门研究传统的人之外，大都是不自觉的，至于是否还有遗珠没有受到注意，是否有把精华误认为糟粕，一股脑儿抛弃，误把糟粕（或者不触动实质，只改头换面一下）当成精华而抱住不放，诸种情况，都还说不十分清楚。因此，客观冷静地，科学地，认真研究研究传统，十分必要。首先是，只有这样才能真正做到取其精华，弃其糟粕，真正做到继承优秀的文化遗产，对今天和今后以至对世界文化的发展做出贡献。同时，只有对自己的家底有了数，才谈得上参考借鉴别人的理论和实际经验，为我所用，不至于从外引进我们自己本来就有的东西。或者反之，夜郎自大，闭关锁国，以为“万物皆备于我”，不理会别人有比我们先进的东西。

二、为什么要从研究历代的语文教材入手

根据古代历史的记载，从春秋战国时代起，各诸侯国互相交往，派出的“外交”人员都那么能言善辩。从西周时代起，历朝历代，出现了那么多优秀的文学、历史、哲学、政治、经济，以至自然科学、应用科学著作。从这些事实似乎可以推断，古人有一套或几套行之有效的语文教育的办法。可惜，只有东鳞西爪的叙述，缺少详备的记载。所以流传下来的教材就显得特别宝贵。

说实在话，研究历史上的语文教育，求之于教材往往比求之于史传记载的章程、条例更可靠可信一些。教材是实际使用的，而其余则往往是作出来的文章，说得头头是道，但与实际不见得相符。回顾清末的《奏定学堂章程》以及随后相继而起的“课程纲要”“课程标准”之类，就都说得言之成理，但实际的教育教学与之出入很大，大多是各学校各教师各行其是。

古今中外，语文教材对社会的发展变化最为敏感。它反映产生它的社会背景，包括文化传统、风土习俗，等等，反映当时社会主导的思想意识，以及教育观点、教育政策，可以说语文教材是语文教育、思想教

育、知识教育的综合性教育读物。语文教材充分体现本国母语的特点，使得思想教育、知识教育以及语文教育便于为儿童、少年所接受。语文教材又受母语特点的制约，如果使用教材得法，又会起到规范语言，纯化语言，促进语言发展的作用。所以研究教材的意义很大，收获会是多方面的。本书可以说是以研究教材为主要线索编写的，正是为此。

但是，教材并不易收集。小孩子念的书，念完就破烂不堪了，或者当作废纸处理了，极少人注意收集保藏，书商也不屑于买卖这种不值钱的书。作者为此花了很不小的力气，花了很多时间。如果说本书有什么特点，有点什么贡献的话，资料收集得多些是很重要的一条，居然还编成了一份《蒙学书目》。虽然它不可能是十分齐备、完善的。

三、社会背景和语言文字

社会背景、语言文字是对语文教育和教材起制约作用的两个重要方面，前边已谈到。这里做一些补充。在整个封建社会及其延续期间，起主导作用的始终是以孔子为代表的儒家思想，当中有过一段“百家争鸣”，但到西汉就“罢黜百家，独尊儒术”了。所谓儒家思想包括孔子学派和源出孔子的思孟学派，以及发展到宋代演变出的程朱性理之学，再发展演变出（特别到明代以下）的道学，那已经步入封建社会的没落阶段了。儒家思想之外，又加入了佛家思想。东汉时期印度的佛教传入我国，到魏晋南北朝而大普及。后经唐初抵制了一下，并没能把它压下去。至少，作为一种思想，长期存在着，并且也分了不少流派。此后，佛学和儒学逐步靠拢，互为表里，相互为用。原始的儒学，后起的理学、道学，外加上佛学，这几种思想在传统语文教材中都有充分的反映，我们研究传统语文教材接触到的主要也就是这几种思想。社会上自然还有些别的思潮，例如打着道家老子的招牌而产生的道教及其各种流派，等等，在传统语文教材中也有反映。清末维新运动之后，出现过一些用传统形式传播“新学”以至基督教思想的教材，但为时短暂，书也不多，在社会上没起多大作用。总的情况如此，所以除非很有必要，这些就不多去重复了。

关于语言、文字要略多补充几句。汉语是一种“非形态语言”，就是说，语言成分由小向大组合的时候，没有繁难的形态变化的那种制约，只要意义上合得拢，符合习惯，就能组合，非常灵便自如。基本的语言成分——词，大都是单音节的和双音节的，多音节的极少。汉字是一种独特的文字体系。每个字表示一个带声调的音节（不是一个音素），有一定的形体，表示一定的（一个或多个）意义。汉字的形体有很大的特点。古人说汉字有六种造字方法，实际上从秦始皇统一文字之后，所谓“形声”字逐渐成为汉字的主体。所谓“形声”，就是说，这个字由两部分构成，一部分是“形旁”，表义，一部分是“声旁”，表音。表音问题不去说它，这里只说说形旁表义。秦始皇“书同文”，在篆书的基础上形成了隶书，基本上没有象形的味道了。所谓“形”旁，并不象形，它表示的不是这个字的确切含义，而是提示一个意念范围，引起人们联想以至想象。可以说，它已经成为一个很有用的“符号”。“氵”这个符号，提示这个字的意义是液体范围的：“油，酒”“汗，泪，涕”；乃至自然界里容纳水的东西：“江，河，湖，海”。这个作用非常大，几乎使每个常用字都成为多义的。甲字同乙字合用是一个意思，同丙字合用是另一个意思，同丁字合用又是一个意思。如："柴水油盐""油腔滑调""油头滑脑""添油加醋""春雨贵如油""焚膏油以继晷"，等等。由于前两个特点，汉语的基本语言成分——词在语言里已经很够活跃了，再有这么一种文字，在书面上，如虎添翼，达到了千变万化，用法无穷的境地。这三个特点合起来，产生了这样三个后果：容易造成整齐的句子，可以通篇是三字句，或四字句，或五字句；容易构成对偶；容易押韵。且不说这些后果在文学创作中的作用，单就编写基础教育阶段的语文教材而论，是非常有利的。

我们将会发现，本书引用的传统语文教材，大都充分运用了汉语汉字的这些特点，对它们的作用本书都将在适当的地方再加申论。

至于汉字在初学阶段有困难，与急需进行的阅读教学之间有矛盾，古人也想出了对付的办法，本书后边也将详加评述。

四、对传统语文教育的理解要更全面一点

以往，由于我们集中注意到封建社会晚期科举考试、八股文为害之大，对后世不良影响之深，曾经对传统的语文教育有一种误解，认为，传统的语文教育就是先在官学或者根据官家要求所办的学塾里教学"三，百，千"，接下去教学儒家经典，非常狭窄贫乏，目的就在于应科考，考中了去做官，既不提倡博学多闻，也不注意语文知识。当然，封建社会的教育，必然是为封建统治服务的，这一点毫无疑问，然而封建社会也不乏有识之士，他们早就提倡广泛读书，接触社会，获取多方面的知识、技能，也注意到要教给学童一点必要的语文知识。"读书破万

卷，下笔如有神”“读万卷书，行万里路”，如果单是正统的儒家经典，哪有“万卷”？“万”极言其多，反正，绝不仅仅是四书、五经、九经、十三经。不单单提倡坐在屋里读书，还提倡走出书斋去“行万里路”以增广见闻，接触了解社会。如果只是死读“圣贤书”，怎么可能产生那么多杰出的文学家、思想家、科学家，产生琳琅满目的文学著作和各类优秀史籍？怎么可能产生蔡伦、张仲景、毕昇、祖冲之、宋应星、李时珍等那么多做出杰出贡献的科学家？从封建社会的基础教育阶段就有一路和“三，百，千”“八股文”走着另一条道的思潮和实践。研究传统语文教育不应忽视这一类的思潮和实践经验。这样，我们对传统语文教育的理解会更全面一点。总之，蒙学、蒙书是祖国文化遗产的一个重要组成部分，以往对此研究很不够，并且往往有所偏：或者认为它一切都好，或者认为它一无是处。这项研究课题，应当赶紧补做。

附：《传统语文教育教材论——暨蒙学书目和书影》目录

集中识字教材种种*

识字教育是传统语文教育的一个重点。在这个方面，前人用的功夫特别大，积累的经验也比较多。很突出的一个做法是在儿童入学前后用比较短的一段时间（一年上下）集中地教儿童认识一批字——两千左右。清人王筠说：

> 蒙养之时，识字为先，不必遽读书。先取象形、指事之纯体教之。识“日”“月”字，即以天上日、月告之；识“上”“下”字，即以在上在下之物告之，乃为切实。纯体既识，乃教以合体字。又须先易讲者，而后及难讲者。……能识二千字，乃可读书。①

王筠是文字学家，所以他提出先教纯体、再教合体这种合乎汉字构造规律的方法。这个方法，有人采用，不过并不广泛。至于他说必须首先集

---

* 本文节选自《传统语文教育教材论》（上海教育出版社 1992 年版）的第一部分，只保留论述教材的内容。题目为编者所加。

① 王筠：《教童子法》。

中教儿童认识两千字，然后读书，这倒是传统语文教育的一项经验总结。

集中识字的主要教材是所谓“三，百，千”（即《三字经》《百家姓》《千字文》）。为了探讨“三，百，千”的情况，不能不追溯一下它们的前辈《急就篇》；另一方面，也不能不考察一下在群众之中跟它们相抗衡的另一路教材——各种“杂字”。

1. 《急就篇》及其他

根据《汉书·艺文志》的记载，从周、秦到汉，陆续出现了很多种识字课本，如《史籀篇》《仓颉篇》《凡将篇》《训纂篇》《急就篇》等。其中流传时间最久，并且一直保存下来的是《急就篇》。①

《急就篇》，西汉史游②编撰，成书时间约在公元前 40 年。今天我们所见到的《急就篇》，全书共 2 144 字。据前人考证，最后的 128 字是东汉人补加的。

> 王应麟《汉志考证》曰：“《隋唐志》谓之《急就章》。”国朝太宗皇帝尝书此篇。又于颜本外多“齐国”“山阳”两章，凡为章三十有四。此两章盖起于东汉。按《急就篇》末说长安中泾渭街术，故此篇亦言洛阳人物之盛以相当。而鄗县以世祖即位之地，升其名为高邑，与先汉所改真定常山并列。此为后汉人所续不疑。③

---

① 其余各种久佚。清人孙星衍、任大椿、顾震福、马国翰、黄奭等分别从各种古籍的引文中辑录出一些片段，多少能知道一点情况，但无从见到原书面貌。

② 据《汉书·艺文志》，史游在西汉元帝（前 48—前 33 在位）时为黄门令，余无考。

③ 姚振宗：《隋书经籍志考证》引。

就前边的 2 016 字来看，大致是把当时常用的单字编集起来，使之成为三言、四言、七言的韵语，以便记诵，尽可能避免重复字①，同时尽可能使每句都成话，能表达一点意思，借此在识字教育的过程中多少教给儿童一些常识。这两千来字编成三部分：一是“姓氏名字”，四百多字；一是“服器百物”，一千一百多字；一是“文学法理”，四百四十多字。② 第一部分用三言，如：

宋延年　郑子方　卫益寿　史步昌

二、三两部分用七言，如：

稻黍秫稷粟麻粳　饼饵麦饭甘豆羹

治礼掌故砥砺身　智能通达多见闻

第三部分的末尾有一小部分用四言，如：

汉地广大　无不容盛　边境无事　中国安宁

这部识字课本流传使用了很长的时间。顾炎武说：

---

① 一般都说《急就篇》没有重复字，实际上有的，不过确实不多。清人俞正燮就指出过十几个重复字，见所著《癸巳存稿》卷十二。

② 据王应麟补注《急就篇》的跋语。

> 汉魏以后，童子皆读史游《急就篇》。……《魏书》崔浩表言："太宗即位元年，敕臣解《急就章》。"刘芳撰《急就篇续注音义证》三卷。陆旸拟《急就篇》为《悟蒙章》。又书家亦多写《急就篇》。……自唐以下，其学渐微。[1]

唐代以下，《急就篇》虽然确实被新起的识字课本所代替，但是这本书还是保存流传下来，并且对后世蒙书的编法有很大的影响。下边就要谈到的"三，百，千"，以及再下边将要讨论的各种韵语读物，可以说都是继承了《急就篇》的经验而有所发展的。[2]

跟史游《急就篇》同时的识字课本还有好几种，主要是合《仓颉》《爰历》《博学》而成的《仓颉篇》，扬雄的《训纂篇》和班固的《训纂篇》续编。据《汉书·艺文志》记载，《仓颉篇》五十五章，每章六十字，一共应该是 3 300 字；扬雄的《训纂篇》扩充《仓颉篇》成为八十九章，班固的续编又有增补，成为一百零二章，则扬雄、班固之书估计会有五六千字以上。史游的《急就篇》字数最少，只有 2 016 字。扬雄、班固，都比史游的地位高，比他的名气大，可是他们的书很早就失传了，唯有《急就篇》沿用到隋唐，并且保存下来。什么原因呢？除了编法上和别的可能的因素之外，会不会还因为《急就篇》字数适当，所以大家一直采用，而《仓颉》《训纂》字数太多，不适合作启蒙教材呢？

---

① 顾炎武：《日知录》，卷二十一。

② 宋人欧阳修、王应麟都用"急就"这个名称编过识字课本。欧阳的叫作《州名急就章》，见《居士集外集》，《欧阳文忠公文集》五十八；王的叫作《姓氏急就篇》，有单刊本。两种都没有广泛流行。

看来这是很可能的。

前边说过，《仓颉篇》等都属佚书。1907年，斯坦因从西陲木简中弄到一种《游教周章》四字句的一些残片，有人认为可能是《仓颉》，如果真是这部识字教材的鼻祖，那就太珍贵了。[1] 清代有好几位长于从古书的断简残篇或引语注释中辑佚书的，差不多都辑过《仓颉篇》，而且多半有刊本。

2.《千字文》源流

我们最熟悉的《千字文》是南北朝梁周兴嗣[2]编的，就是用“天地玄黄”打头的这一种。这本识字教材编成于梁武帝大同（535—546）年间。关于编著的经过和千字的来源，较早的记载见唐姚思廉的《梁书》和唐李绰的《尚书故实》。《梁书》说：

> 高祖以三桥旧宅为光宅寺，敕兴嗣与陆倕各制寺碑。及成，俱奏。高祖用兴嗣所制者。自是《铜表铭》《栅塘碣》《北伐檄》《次韵王羲之书千字》，并使兴嗣为文。[3]

《尚书故实》的记载是：

> 梁武教诸王书。令殷铁石于大王书中搨一千字不重者，每字片纸，杂碎无序。武帝召兴嗣谓曰：“卿有才思，为我韵之。”兴嗣一

① 这个材料是已故任铭善先生提供的。

② 周兴嗣，字思纂，南朝梁武帝时曾为散骑侍郎，给事中，以文名。

③ 见周兴嗣传，《梁书》四十九，《列传》四十三。

夕编缀进上，鬓发皆白，而赏赐甚厚。右军孙智永禅师，自临八百本散与人间，江南诸寺各留一本。①

宋代王应麟的《玉海》里说：

太宗谓近臣曰：千文盖梁得钟繇破碑千余字，周兴嗣次韵而成，词理亡可取。②

《宋史》李玉传的说法相同。据阎若璩的判断，《梁书》应该更可信些。他说：

《千字文》本有二篇，一周兴嗣，一萧子范。子范制久失传。而所次韵之书，《梁书》以为羲之，《宋史》以为钟繇。要《梁书》近而得其真。③

此外，日本存有一种李暹注本《千字文》。序里说，原有钟繇《千字文》，晋末播迁，载书遇雨，几至糜烂，《千字文》亦在其中。于是命王羲之重为编缀缮写。但是文理、音韵不顺。至梁武帝，乃命周兴嗣重为次韵。这本书没有刊刻年号，李暹也不知何许人。

---

① 任铭善先生见过几本《智永千字文》。他认为，恐怕没有一本是可信的，“八百本”云云，亦存疑。不过他见到的《智永千字文》中“岳宗泰岱”作“岳宗恒岱”，与所见两种欧书千字文同。考校古蒙书甚难，姑存记之。

②③ 谢启昆：《小学考》，卷十四引。

明、清以来，这一直是个聚讼纷纭的问题，始终得不到结论。[①] 对这个问题，我们可以不去追究。

《千字文》编成以后，很快就成了流行各地的通俗识字课本。《唐摭言》记载：

> 顾蒙，宛陵人，博览经史，慕燕许刀尺，亦一时之杰。……甲辰淮浙荒乱，避地至广州，人不能知，困于旅食，以至书《千字文》授于聋俗，以换斗筲之资。未几，遘疾而终。[②]

不仅作为课本，《千字文》的语句当时在社会上也广泛流行。《太平广记》引《启颜录》（隋人侯白作）的记载，有人用《千字文》里的话戏作乞社：

> 敬白：社官三老等，切闻政本于农，当须务兹稼穑。若不云腾致雨，何以税熟贡新。……[③]

此外，还有这样的记载："及（阎立本）为右相，与左相姜恪对掌枢密。恪既历任将军，立功塞外；立本唯善于图画，非宰辅之器，故时人以

---

① 参看顾炎武《日知录》卷二十一，郎瑛《七修类稿》卷二十六，姚振宗《隋书经籍志考证》，翟灏《通俗编》等。

② 王定保：《唐摭言》，卷十。

③ 《太平广记》，卷二百五十二。

《千字文》为语曰：‘左相宣威沙漠，右相驰誉丹青。’”①

唐宋以下，《千字文》一直在全国范围内被用作启蒙的识字教材，并且在社会上广泛地流行着。《元史·王恂传》：“母刘氏授《千字文》，再过目即成诵。”从前商人账册的编号，考场试卷的编号，以至大部头书（如《知不足斋丛书》）的卷册编号，常用《千字文》里的字序作线索，编成“天字某号”“地字某号”等。直到今天，有的城市（如天津）还用《千字文》开头一部分字给街道命名。

不仅在汉民族中间传播，《千字文》还有满汉对照本和蒙汉对照本，供满族、蒙古族的儿童学习汉字之用；不仅在国内传播，还有日本的刻本，供日本初学者学习汉文之用。

一本启蒙的识字课本，流行这么长的时间，具有这么广泛的影响，这在中外教育史上是极少见的。

从编法上看，这本《千字文》确有它的一些特点。

就内容论，虽然只用了有限的字，却并不是一千个单字的堆积，而是组织成通顺的、能够表达一定意义的若干句子，这些句子的安排又大致前后连贯，相当有条理。开头一部分从

天地玄黄　　宇宙洪荒

说起，接着就分别说“天”的一些现象，如：

---

① 见《旧唐书》卷七七《阎立德传》。又，王令《十七史蒙求》、赵翼《陔余丛考》，都有大体相同的记载。

日月盈昃　　辰宿列张

寒来暑往　　秋收冬藏

云腾致雨　　露结为霜

再说“地”的一些现象，如：

海咸河淡　鳞潜羽翔

这样就介绍了一些有关自然界的名物。然后叙述上古之世，介绍一些有关历史的名物，如：

推位让国　　有虞陶唐

吊民伐罪　　周发殷汤

以下说到当时，说到帝都朝廷典章人物之盛，说到当时的人应该怎样修身持己，为人处世，一直说到务农、读书、饮食、居处、园林、祭祀等生活的各方面。这一部分包含了不少封建伦常的教训和慎言远祸之类的人生哲学，另外也有一些不无可取的劝诫，如：

知过必改　　得能莫忘

信使可覆　　器欲难量

尺璧非宝　　寸阴是竞

容止若思　　言辞安定

还有一些优美的景物描写，如：

> 渠荷的历　　园莽抽条
> 枇杷晚翠　　梧桐早凋
> 陈根委翳　　落叶飘摇
> 游鹍独运　　凌摩绛霄

只用1 000个字，基本上保持不重复①，而能写出这么丰富的内容，并且大多数的句子通畅可读，没有多少牵强硬凑的痕迹，这确是很不容易的。清人褚人获说：

> 王凤洲称《千字文》为绝妙文章，政谓局于有限之字而能条理贯穿，毫无舛错，如舞霓裳于寸木，抽长绪于乱丝，固自难展技耳。②

就语言论，除了通顺可读之外，保持了《弟子职》《急就篇》整齐押韵的传统，便于儿童朗读背诵，并且押韵自然，没有勉强硬凑的地方。所选的1 000个字，都是古书上常用的，没有很生僻的字；用文言的标准看，多数的句子也是普通的结构，艰涩难懂的句子很少；引古书，用典故的地方有一些，不太多，也不算艰深。（当然，今天看来很多的字、词、语句是不在常用范围之内的。）

---

① 个别的重复是有的，如“女慕贞洁”“纨扇圆絜”，“洁”与“絜”通。
② 褚人获：《坚瓠集》，五集卷四。

根据以上的简单介绍来看，周兴嗣《千字文》之所以历久风行，广泛传播，绝不是偶然的。

和周兴嗣《千字文》同时先后编出来的还有别的几种千字文，《隋书·经籍志》《旧唐书·艺文志》著录的就有五六种。宋代以下续编和改编的千字文更多，现在能见到的和见于著录的，有好几十种。

续编和改编千字文的用意，概括说来，约有四类。

（甲）认为《千字文》的字少，不够用，所以要增广补充。这一类比较多，下边择要介绍几种。

(1)《续千文》，宋侍其玮[①]编，有《兰园秘录初刻》本，《云自在龛丛书》本，清抄本。卷首有宋绍兴戊午（1138）葛胜仲序，末乾道乙酉（1165）跋。

(2)《重续千文》，也称《三续千文》，宋葛刚正编，自注，有《海源阁丛书》本，清影宋抄本。卷首淳祐戊申（1248）自序。

(3)《广易千文》，明周履靖[②]编，有《夷门广牍》本。书分《初广千文》《二广千文》《三广千文》《四广千文》四部分，各千字。但是所谓《二广千文》实即葛刚正的《重续千文》，《三广千文》即侍其玮的《续千文》，各改少数文句，加上周某自己的名字而已。那么《初广》《四广》是不是周某自编的呢？尚待查考。

（乙）认为周兴嗣《千字文》内容庞杂，要用一千个字专讲某一方

① 侍其玮（1022—1104），侍其复姓，字良器，长州人，北宋仁宗皇祐元年（1049）进士，官朝散大夫，知池州军事。

② 周履靖，明嘉兴人，工书，好金石，编有《夷门广牍》丛书。

面的知识的。这一类也有几种，如：《叙古千文》，宋胡寅[1]编，黄灏注，有《粤雅堂丛书》本。又，姚福注，有清抄本，称《致堂先生叙古千文集解》。全书用1 000字讲从上古到宋代的历史，分十四节。此外，顾炎武[2]提到过两种讲历史的千字文，书皆不传。

（丙）认为周编《千字文》进行封建思想教育的作用不够，需要加强的。如：《训蒙千字文》，清何桂珍编，有道光原刊本，又有多种复刊本（有的改称《何文贞公千字文》）。这本书居然能用1 000个字原原本本地讲一套“先圣先贤先儒千古之学术心源”，看来确是煞费苦心的，所以在清末极受道学先生们的推崇，被列为“训蒙必读书”之一。

（丁）还有少数，大概是认为周编不够好，想别出心裁，一新面目的。如：《千字文》，清李崇忠编，有清刻本。

最后应该提到，有一种汉字、梵文、日文对照的《梵语千字文》（又名《梵唐千字文》），题三藏法师义净撰。内容与周编不同，但也通俗易懂。开头几句是：

天地日月　　阴阳圆矩
昼夜明暗　　雷电风雨

从序文看，这本千字文是僧人学习翻译用的。

所有上述这些续编本和改编本，都曾在一时一地流行过，然而都不

① 胡寅（1098—1156），字明仲，临泾人，南宋高宗时曾为起居郎，中书舍人。主张武装抗金，反对秦桧。著有《读史管见》等书。

② 顾炎武：《吕氏千字文序》，《亭林文集》卷二。

久不广，没有一种能够同周兴嗣《千字文》相抗衡。今天看来，周编本早已家喻户晓，深入人心，习惯力量不容易打破，这固然是一个原因，但是更重要的原因恐怕在于这些新编本大都有一个共同的毛病——内容艰深，文句古奥，不符合儿童的接受能力，也不符合初步识字的需要。这个事实，也许可以作为我们编写教材的一个前车之鉴。

3.《三字经》源流

我们最熟悉的《三字经》是用“人之初，性本善，性相近，习相远”打头的这一种。这部《三字经》相传是宋代学者王应麟编的。这个说法的文字记载见于清人夏之翰给《小学绀珠》写的序言。但是语焉不详，只是说小时候读《三字经》，不知是谁作的。

> 迨年十七，始知其作自先生（按：指王应麟），因取文熟复焉，而叹其要而赅也。

至于是怎样知道的，没有说。明末人屈大均有不同的说法。他说：

> 童蒙所诵《三字经》，乃宋末区适子所撰。适子，顺德登州人，字正叔，入元抗节不仕。①

后来很有一些人认为《三字经》不是王应麟编的。有的是根据《三字经》里有“魏蜀吴，争汉鼎”的话，这与王应麟尊蜀抑魏的观点不

① 屈大均：《广东新语》卷十一。

符[①]，也有的是根据《三字经》里叙述史实有几处错误，少数地方说话不严密，这与王应麟博学而严谨的情形不合[②]。这个问题一直没有结论。

无论《三字经》是否出自王应麟，对于这本启蒙教材的优点，前人几乎是一致肯定的。章炳麟在《重订三字经》的《题辞》里说：

> 其书先举方名事类，次及经史诸子，所以启导蒙稚者略备。观其分别部居，不相杂厕，以较梁人所集《千字文》，虽字有重复，辞无藻采，其启人知识过之。

把《三字经》的内容考察一下，章炳麟的话不是没有根据的。今天所见到的清初的本子是1 140字，后来比较通行的本子（如所谓《徐氏三种》本），总共1 248字，大致包含五部分内容。首先说“教”和“学”的重要性，84字，有些观点当然不见得正确，但是也有些话说得很不错，成了多年传诵的格言，如：

> 养不教　父之过　教不严　师之惰
> 子不学　非所宜　幼不学　老何为
> 玉不琢　不成器　人不学　不知义

---

① 胡鸣玉：《订讹类编》。

② 褚人获：《坚瓠集》。

其次是讲封建伦常的一些话，114 字，今天看来当然无足取。再就是介绍数目、四时、五行、六谷、六畜这些基本名物，96 字，如：

稻粱菽　麦黍稷　此六谷　人所食

马牛羊　鸡犬豕　此六畜　人所饲

然后介绍小学、四书、六经和五子这些当时的基本知识，246 字。接着是讲述历史，468 字。最后讲了一大串历史上愤发勤学的人物故事，勉励儿童努力学习，做有用的人，总共 240 字。虽然里边有“学而优则仕”“显亲扬名”“光前裕后”那套封建主义的人生观、伦理观等，可是所讲的故事多数是有启发性的，要求做有用的人，也不无鼓励儿童上进的作用。如：

披蒲编　削竹简　彼无书　且知勉

头悬梁　锥刺股　彼不教　自勤苦

如囊萤　如映雪　家虽贫　学不辍

如负薪　如挂角　身虽劳　犹苦卓

犬守夜　鸡司晨　苟不学　曷为人

蚕吐丝　蜂酿蜜　人不学　不如物

古代蒙书，《弟子职》是四言，《急就篇》有一部分是三言，其余是七言和四言，汉魏以下，《千字文》《太公家教》《蒙求》[①] 等，都是四言。《三字经》全用三言，更便于儿童朗读背诵，这可以说是《三字经》的一个特点。从那以后，发展出来一大批三言韵语的蒙书，甚至连别的通俗知识读物也采用了三言韵语的办法，如《医学三字经》等，可以说都多少是受了《三字经》的影响。

用简短（三四个字）而整齐的韵语，好处在便于记诵，但是往往有两个缺点，一是容易写得艰深难读或者牵强硬凑，一是容易写得贫乏呆板。《三字经》可以说基本上没有这两个缺点。拿文言的标准看，《三字经》的语言是相当通俗的，无论如何，比《千字文》通俗得多；除了个别的句子外，没有勉勉强强硬凑字数、硬押韵的毛病。从句法上看，可以说得上是灵活丰富，包罗了文言里各种基本的句式，既有训练儿童语言能力的作用，又使全书的句子显得有变化，样式多，不枯燥。举例来说，有些是三个字成句的，如：

蚕吐丝　蜂酿蜜（主语＋动词＋宾语）

有些是六个字成句的，这又有几种情形，如：

昔仲尼　师项橐（第一字表时间，次两字主语，后三字谓语部分）

融四岁　能让梨（第一字主语，次两字表时间，后三字谓语）

人不学　不知义（第一字主语，以下五字有假设关系）

① 儿童守则一类的和知识类的蒙书，见下章。

也有些是十二字成句的，这也有几种情形，如：

匏土革　木石金　丝与竹　乃八音（前九字是联合词组，主语部分，后三字是谓语部分）

苏老泉　二十七　始发愤　读书籍（前三字主语，以下谓语部分）

诗书易　礼春秋　号六经　当讲求（前六字联合主语，后六字联合谓语）

从词语的组织来看，几种基本结构，如动宾、偏正、联合，都多次用到；基本的虚词，如，“之”“乎”“者”“以”“而”“则”“于”“且”“虽”“既”“苟”“所”等都反复出现。

从上边这个粗略的分析来看，无论就内容论，或者就语言论，作为封建社会的一本启蒙教材，应该说确是编得高明的。今天看来，除了内容上某些传播封建思想意识的东西之外，它的编写方法乃至某些具体材料，对我们仍旧是有可借鉴的，乃至可用的。

同《千字文》一样，这本《三字经》一编出来，很快就流行开了，并且一直广泛地流传使用到清末民初，并且也有满汉对照和蒙汉对照的本子供兄弟民族的儿童学习之用，并且还有了英语翻译本。

也同《千字文》一样，元明以下陆续出现了好些种增改新编的《三字经》，用意也不外乎这样几种：有的认为旧本内容还不够，需要增补，或者有不妥善的地方，需要修改；有的企图用《三字经》的方式专讲某一方面的知识；到了清末，还有人企图用这个方式传播一些当时认为新的思想。属于第一种情形的，如清初黄周星的新编《三字经》，道光间连恒的《增补注释三字经》，光绪间蕉轩氏著，王晋之、张谐之重订的《广三字经》，以及后来章炳麟的《重订三字经》，等等。这一类不多介绍。属于后两种情形的，下边各举一个例子。

(1)《三字鉴》，清余懋勋著，陈超元注释，有同治庚午（1870）刊本。用二千七百多字，采用《三字经》的形式，讲上古至明代的历史。有些部分讲得还简明扼要，不难懂。如，讲战国的：

春秋后　田代齐　韩赵魏　剖晋基
与嬴秦　及楚燕　称战国　诈力先
赫赫周　一线延　至赧王　九鼎迁

又如，讲辽国的：

阿保机　起唐末　十六州　石晋割
继称辽　与宋角　输岁币　宋自弱

(2)《时务三字经》，江翰编，有光绪二十八年（1902）刊本。开头说：

今天下　五大洲　东与西　两半球

以上讲了一些中外地理知识，然后说：

泰西人　来京师　始传教　继通商
至本朝　愈鸱张

接着列举侵略中国的帝国主义国家名称，特别指斥披着宗教外衣的外国侵略者。最后说：

宗徒逃　教蔓延　开兵端　数百年
迄于今　祸中国　惟愚民　受其惑

以下讲了一些科学知识，看来是在宣传变法维新，以及所谓“中学为体，西学为用”的一套。

也像《千字文》的情形一样，各种改编和新编的《三字经》，都没有得到较久、较广的流传。

4.《百家姓》源流

我们所熟悉的《百家姓》是用“赵，钱，孙，李”打头的这一种。明人朱国桢说：

今《百家姓》，以为出于宋，故首以“赵，钱，孙，李”，尊国姓也。①

宋人王明清也说：

---

① 朱国桢：《涌幢小品》卷十八。

市井间所印《百家姓》，明清尝详考之，似是两浙钱氏有国时小民所著。何则？其首云："赵，钱，孙，李"，盖钱氏奉正朔，赵乃本朝国姓，所以钱次之。孙乃忠懿之正妃；又其次，则江南李氏。次句云："周，吴，郑，王"，皆武肃而下后妃。无可疑者。①

《百家姓》是宋初人编的，这一点大致没有问题。南宋陆游有《秋日郊居》诗三首，其第三首是：

儿童冬学闹比邻，据案愚儒却自珍，
授罢村书闭门睡，终年不著面看人。

在这首诗下面，作者自注：

农家十月，乃遣子弟入学，谓之冬学。所读"杂字"《百家姓》之类，谓之村书。②

又，元乔吉《金钱记》："自家王府尹的孩儿，叫作王正，我今年十五岁也。可我六岁上读书，到如今九岁上光阴，念一本《百家姓》，颠倒烂熟的。"可见在宋元时代，《百家姓》已经是广泛采用的启蒙识字课本了。从那以后就一直流传下来。

《百家姓》是全然没有意义的四百多个字的堆积（通行本 472 字）。

---

① 王明清：《玉照新志》卷五。
② 陆游：《剑南诗钞》。

为什么它也能这样长时间广泛流行，这是一个很有趣味，也很值得研究的问题。关于这个问题，我们留在下边一节来探讨。

跟《千字文》和《三字经》的情形一样，《百家姓》也有不少改编本。改编的目的有三种。一种是明、清的统治者不愿意让“赵”字打头，所以出现了下边两种改编本。

(1)《皇明千家姓》，明吴沉、刘仲质编，有明洪武十四年（1381）乔山刘龙田刊本。收单姓 1 768，复姓 200，共 1 968 姓，2 168 字。改用“朱”字打头，仍旧用四言韵语。由于收的字多，大部分能够成句，并且能按照意思内容归类。比如，开头几句是：

朱奉天运　富有万方
圣神文武　道合陶唐
学弘周孔　统绍禹汤
荡平胡狄　混一封疆
爰革夷习　树立典常
尊崇仁义　劝勉农桑

末尾又有若干句歌功颂德、喜庆吉利的话，中间则大都按照事物归类，如：

牛羊犀象　彪豹狼熊
麋骓骊骆　虬犴乌鸿
络纬经纶　丹红紫黑

黄彤赤绛　　苍绿青白①

但是这部书在社会上并没有流传开。《骨董琐记》："洪武四年五月朔，编修吴沉，典籍刘仲质、吴伯宗据户部黄册编为《千家姓》，今其书不传。"

（2）《御制百家姓》，号称康熙编，有康熙间原刊本，复刊本。道光十三年（1833）张瑜笺注本。改用"孔"字打头，继以"孟"字，然后是孔门弟子之姓。

孔师阙党　　孟席齐梁
高山詹仰　　邹鲁荣昌
冉季宗政　　游夏文章
盖郗颜闵　　殳却苏张

这两种改编本和《千家姓》一样，都曾用政府的力量推行，所以都流行了一阵，可是到底不能同旧本抗衡，老百姓不管用谁的姓打头，还是念"赵，钱，孙，李"。

再一种是认为《百家姓》字太少，应当扩充，所以除了上述的《皇明千家姓》以外，还有《知不足斋丛书》所收的一种《千姓编》，和清人崔冕编的一种《千家姓文》，此外有的书上还提到别的本子的千家姓。第三种是认为旧本《百家姓》没有文义，所以要重编，使每句都有点意

① 这些姓，有的现在少见了，但是确实有过，《万姓统谱》《姓考》等书有记载，一般辞书如《康熙字典》，也可查考。

思。（各种《千家姓》也有这个企图。）突出的例子是下边这一种。

《百家姓新笺》，明末黄周星编，载《夏为堂别集》，有清初刊本。又抄本，改题《重编百家姓》。有作者自序，说旧本《百家姓》：

> 阙漏殊多，单姓如商，岳，涂，来，复姓如左丘，叔孙，鲜于，胡毋之类，指不胜屈。且杂乱无文，于义奚取！

于是他重新编了一本，居然仍用472字（单姓408，复姓30，最后仍用旧本的“百家姓终”结尾），而做到成句成文。如，开头几句是：

> 尚慕隆古　　胥仰盛王
> 万方弘赖　　怀葛虞唐
> 农牧施惠　　熊夔司常
> 胡越全暨　　家国寿昌

也跟《千字文》和《三字经》的情形一样，各种改编本都没有能取旧本而代之。旧本《百家姓》除了在汉民族中间流行之外，也有《蒙古字母百家姓》和《女真字母百家姓》流行在兄弟民族之间。

5. “三，百，千”

宋代出现了《百家姓》和《三字经》以后，它们并没有取《千字文》而代之，像《千字文》取《急就篇》而代之那样，《千字文》也没有以“老资格”的身份把《百家姓》和《三字经》“压制”下去，像它把各种后起的千字文“压制”下去那样，而是三本书配合起来，成了一整套启蒙的识字教材。用现在的话说，就是所谓“系列教材”。全祖望考证明初的教育情况，说：

若乡里学舍，则守令于其同方之先辈择一有学行者以教之。在子弟称为师训，在官府称为秀才。其教之也，以百家姓氏、千文为首，继及经史律算之属。①

明人吕坤说：

初入社学，八岁以下者，先读《三字经》，以习见闻；《百家姓》，以便日用；《千字文》，亦有义理。②

这样，久而久之，社会上出现了一个略语“三，百，千”，更可见这三本蒙书相辅相成的密切关系。

什么道理呢？为什么这三种书这样善于合作呢？

《千字文》只有 1 000 个字，事实上确是不够用的，需要补充；同时，《千字文》基本上没有复字，儿童学的字得不到复习巩固，这也是个不足之处。各种后起的续编本和增补扩充本，字虽然多了，可是一则大都艰深古奥，儿童无法接受，再则连续用一本书、一个方式教儿童识字，必然陷于枯燥乏味，容易挫伤孩子们的学习兴趣。还有，别种千字

---

① 全祖望：《明初学校贡举事宜记》，《鲒埼亭集外编》，卷二十二。

② 吕坤：《社学要略》。吕坤（1534—1616），字新吾，宁陵人，幼愚钝，发愤力学，后中进士，累官巡抚。重视教育工作，特别是封建思想、进德修身的教育。著有蒙书《续小儿语》等。

文或其他类似的蒙书，不是过分强调封建思想的教育，弄得满篇大道理，完全脱离了儿童的理解能力，就是过分不注意文理，搞成单纯的文字堆积。“三，百，千”的合作，在很大程度上避免了上述各种缺点。第一，三种合起来，总字数是 2 720，除去复字不算，单字恰好是两千左右，符合初步识字阶段的要求，一部分字重复出现，也有利于复习巩固。第二，三本书各有特点，每本字数最多的不过一千二百多，少的只有四百多，儿童可以很快地学完一本又换一本，有新奇可喜之趣，而无冗长枯燥之感。第三，《百家姓》和《三字经》，在同类的蒙书之中可以说是最通俗浅易，容易接近的。《百家姓》，字数少，所列的大多数是普通常见的姓，特别是开头很大一部分，没有一个像“阙”“郗”之类的难字，念起来流畅和谐，容易上口。《三字经》的特点前边谈过，不再重复。第四，《百家姓》里的字都是姓，除此以外，四个字、四个字地连起来，没有意义。姓，对儿童来说是很容易理解的。儿童只要念这些字，认这些字的模样就行，无须去追究字义和句义。从实行集中识字的角度来看，有这么一部分教材是有益无害的。第五，这三种书合起来，就所收的字和所涉及的内容来看，确如吕新吾所说，既比较地合于“日用”，也多少能使儿童增长些“见闻”，还相当地能教给儿童一点“义理”。识字的目的很突出，没有被不适当的内容考虑所掩盖，而另一方面，又没有完全忽视儿童求知的要求和进行知识教育、思想教育的需要。

当然，“三，百，千”之所以能够配合得好，是偶然的，并非这些书的作者有意识地这样编写。但是，前人在教学实践中发现了它们能够互相配合这个客观事实，肯定了这个事实，于是充分运用了这个有利条件。也许，“三，百，千”的形成，原因就在这里；“三，百，千”在方法上对我们有所启发之处，也在这里。

6.《开蒙要训》及其他

这是跟《千字文》先后同时的另一路识字教材。《开蒙要训》，在敦煌石窟保留下来完整的唐代写本，可惜原书已被劫夺，我们所见到的是刘复从巴黎国家图书馆抄回来，重印在《敦煌掇琐》里的本子。此外，日本也曾有过一本，不知是何时的抄本或刊本。《敦煌掇琐》本没有序跋，书末题“天成四年九十八日（按：原文如此，疑有误）敦煌郡学士郎张□□□”。天成系五代后唐明宗的年号，四年为公元929年。推断这是抄者的记名。日本藤原佐世《日本国见在书目录》小学类把《开蒙要训》列在王羲之《小学篇》之后，周兴嗣《千字文》之前，注云“马氏撰”，不知何据。

《开蒙要训》也是用的四言韵语，开头说：

乾坤复载　　日月光明
四时来往　　八节相迎
春花开艳　　夏叶舒荣
□□秋落　　松竹冬青

接下去介绍自然名物，社会名物，寝处衣饰，身体疾病，器物工具，行动操作，饮食烹调，耕作，树木，鸟兽，等等。最后说：

笔砚纸墨　　记录文章
童□习学　　易解难忘

全书一千四百多字。跟《千字文》比较，有几点异同。第一，跟《千字文》一样，以教学识字为目的，尽量避免复字，用四言韵语，以便记诵。第二，所收字数比《千字文》多，涉及的方面比较广。第三，讲封建伦常的话比《千字文》少，也比《千字文》通俗，收了一些当时日用的俗语俗字，注重实用。第四，不如《千字文》“雅驯”，编法略嫌呆板。

这本《开蒙要训》虽然没有像《千字文》那样风行，但是直到五代还在传抄，又能完整地保存下来，并且不只一本，说明它还是流行过相当长的一个时期的。再从此后产生的各种杂字书来看，好些地方都能看出它的影响。比如，收入日用的俗语俗字，注重实用，分类编排等。研究古代蒙书，《开蒙要训》是很值得重视的一种。

此外，还有几种，时间同《开蒙要训》相近，编法也相近，有的已开始叫“杂字”，有的不称“杂字”，另有别的名称。看来这一路教材是此后大量杂字书的滥觞。换言之，从《急就篇》下来，到了南北朝、隋唐，识字教材分成两路，一路以《千字文》领头，后来加上《三字经》《百家姓》，基本上为官府所承认，编法也比较雅驯；一路则主要流行在民间，宋代以下统称“杂字”。

和《开蒙要训》先后同时的，举几种主要的为例。

《要用杂字》，邹里撰，《隋书·经籍志》《国史经籍志》著录，有《丛书集成》据《粤雅堂丛书》本。

《俗务要名林》，见《敦煌掇琐》，无编撰者姓名。书分菜蔬、饮食、杂畜、舟、车等 19 部，每部排列常用词（单音、双音都有），逐词注音（用反切或直音），有的还有简单的释义。就内容看，这是通俗的分类词汇，作识字课本不太合适，但是后来有些杂字书跟它的编法很相近。

《诸杂字》，见《敦煌杂录》，无编撰者姓名。编法与后世的杂字书最相类，可惜错漏太多，不能读。

根据现有的记载推断，杂字书在宋代已广泛流行，在社会上有很大影响。首先，前边引述陆游的诗注里“杂字”和《百家姓》并提为“村书”，可见当时农村里是把杂字书作为基本的识字课本的。

7. 杂字——《新编对相四言》及其他

前一节已经提到“杂字”。但是大量出现“杂字”，并且开始出现了图文对照（即看图识字）的杂字书，则始于宋代。《文渊阁书目》《箓竹堂书目》都著录了一种《对相四言》。《宋史》还著录了一种《四言杂字》，西夏创制文字后译为西夏文：元昊（按：即李元昊，西夏国君）自制蕃书，命野利仁荣演绎之，成十二卷，字形体方整，类八分，而画颇重复。教国人纪事用蕃书，而译《孝经》《尔雅》《四言杂字》为蕃语。①

西夏创造了文字之后，首先翻译《四言杂字》，与《孝经》《尔雅》并列，可见这本杂字书在当时的重要性。可惜原书都不传，不得见其原貌。据黄任恒考证，这本《四言杂字》似乎还存在。他说：

> 罗福苌《西夏国书略说》曰：“西历一千九百十年，俄大佐柯智洛夫氏于张掖掘得西夏国书刻本经册十数箱，中有汉语及夏国语对译音书一册，约五十页，名《掌中珠》。夏国书旁皆注汉字汉音，

① 《宋史·列传二四四·夏国上》。

汉语旁亦注西夏字音，四言骈列，殆即《宋史·夏国传》所谓《四言杂字》者欤？①

至于《新编对相四言》，是一本很晚的影印复制本，经过反复多次，多方面仔细考证，它的原本是元初据南宋本修改复刊的。就是说，原本刊印不晚于13世纪。这个考证结论已经得到国内外若干位有关专家学者的认可。从此以后，历经元、明、清三代，杂字书层出不穷，多种多样。并且统统径以“杂字”名其书。

杂字，在历史上所起的作用，所做的贡献，是难以估量的。这种书由于特别通俗，一般只流行在当时的中下层社会，仿佛是“正式的”启蒙课本“三，百，千”以外的“非正式”读物，因此比“三，百，千”更“不登大雅之堂”。所以，除了少数例外，杂字书一般不题编者姓名（实际上多数是“市井中人”编的），历代书志、书目上绝少著录，也从来没有人像考证《千字文》《三字经》似的去考证它，更没有人去收藏它。今天，我们搜集、研究起来，也就特别困难。

就我个人收集到的几十种来看，杂字书的编法大致有四种。

（1）分类词汇。很早的一本是《碎金》。据余嘉锡考证，此书与《新编对相四言》先后同时。他说：“余疑《碎金》之为书，在宋、元时即已有之。……上自乾象、坤仪，下至禽兽、草木、居处、器用，皆分别部居，不相杂厕，……其意在使人即物以辨其言，审音以知其字，有益多识，取便童蒙，盖小学书也。……其书上承宋、元，至洪武、永乐

① 黄任恒：《补辽史艺文志》。

之间已有数本，可见流传甚广。”① （《碎金》和《新编对相四言》有可互相发挥印证之处。）这种杂字书宋元以下，不可胜数，都是分类编排，以词为主，并不连属成文，也不编成韵语。如《益幼杂字》，分五谷、蔬菜、杂货、身体、人物等六十类，共五千多词，很像前边提到的敦煌遗籍《俗务要名林》，只是规模更大而已。清康熙间王相②编的《世事通考杂字》也是这一类，分类更细，收词更多。这种书都属于通俗的分类词汇性质，不能作识字课本用。

（2）分类韵语。这种杂字书也是分类编排，虽不连属成文，但都编成四言或六言的韵语，以便记诵。如，明万历二十二年（1594）刊本《鳌头备用杂字元龟》，《百花门》这样开头：

花卉枝叶　根蒂葩葩

果实子核　萼蕊茎芽

牡丹芍药　木樨桂花

海棠石榴　水仙梅花

（3）分类杂言。这种杂字书虽然还是分类编排，但是每类里边尽可能连属成文，不过要二言、三言、四言、六言交错运用，也不能全部押韵。如《群珠杂字·人事类》：

---

① 见《内阁大库碎金跋》，《余嘉锡论学杂著》下册，600—608页，中华书局1963年1版。

② 王相，字晋升，临川人。他编撰注释的蒙书很多，如通行的《三字经》就是他注的，通行的《五言千家诗》题王相编，此外还有别的好些种。《四库》总集类存目四著录了他的《尺牍嘤鸣》一种，事迹无考。研究蒙学，这个人很值得查考一下。

砌路修桥　起塔雕柱　砌田塝　筑田塍　填屋基　修屋宇　淘井搬塘　开渠作堨　放水吊水车水　耕田莳田耘田

梳头洗面　吃饭穿衣　备妆奁而嫁女　整肴馔以待宾　会亲眷　相女婿　通乡贯　结婚姻　分娩贺喜　下定娶亲

(4) 杂字韵文。这种杂字书往往是针对特定地区的特定对象来编的，全书一贯，连属成文，收字不多，不分类，都用四言、五言或六言的韵语。这一类可能比较后起，而在社会上受到更大的欢迎。如：

《山西杂字必读》，四言，是以市井小商人的子弟和学徒为对象的。这样开头：

人生世间　耕读当先
生意买卖　图赚利钱
学会写账　再打算盘
天平戥子　纸墨笔砚
升合石斗　一秤两端
明斤明两　不哄不瞒
冷蒸热卖　现吃现端

以下尽量把有关各种日用商品器物和手工技艺的字编进去。里边也穿插了一些功名利禄和有关农事的字，那一方面是为了把常用的字多包罗一些，一方面也是“升官发财”思想的反映，在全本中所占的比例不大。

《山东庄农日用杂字》，五言，看来是以中产农家的子弟为对象的。

开头说：

人生天地间　　庄农最为先

要记日用账　　先把杂字观

以下尽量把有关农具、农活、农事经验的字收罗进去。如：

开冻就出粪　　制下镢和锨

扁担槐木解　　牛筐草绳拴

……

明日把场打　　麸料牲口餐

套上骡和马　　不禁碌碡颠

……

迎风摔簸箕　　扬的蛾眉弯

若遇风不顺　　再加扇车煽

再从农事说到生活，说到节日，说到婚娶，从而把一些常用的字收罗进去。

《六言杂字》，看来是以北方较大城市或近郊农村的土财主子弟为对象编的。内容涉及的方面很广，文字比较通畅，方言土语比较少，也掺杂一些文言的附庸风雅的成分，内容方面，则封建迷信、因果报应、发财致富之类的思想色彩很浓厚。如：

多行阴骘善事　遗与后代昌绵
再休倚强压弱　再休越理欺官
再休嫉贫妒富　再休恨地怨天
有无安分守己　勤俭本等为先
且耕且读正业　只图家庆身安
良田多买几顷　树木多栽傍边
幸遇连年丰稔　仓库银粮积攒

全书大致就以这样一种思想为线索，把各种应用的字组织起来。

根据上述的介绍来看，以第（4）类为代表的杂字书有几个突出的特点：第一，通俗；第二，结合特定对象的生活实际，注重日常应用；第三，带有显著的地方色彩，乡土风味。可能正是由于这几个特点，杂字书居然能跟几乎是“官定”的“三，百，千”相抗衡，在不被“读书人”认可的情况之下，在社会上广泛流传。在实际上，也确是靠了这一路土教材，才真正解决了中下层社会人家（也包括只想做土财主不怎么巴结功名的上层人家）的子弟只用短时间学会识字，以应付日用需要的问题。任何一种编得好些的杂字书，大致都能用一次（顶多两次）冬学的时间学完；学会那些字，记记账，写写信，看看通俗小说和唱本，的确可以对付对付了。恐怕要归功于这类“上不得台盘”的杂字书，在封建社会历史上相对地减少了文盲在全社会的比例。如果只有“三，百，千”出身的秀才、举人、进士，宋元以下若干世纪，总共才有多少人识字呢！

今天看来，用杂字书的办法教儿童识字，不见得合适。但是，如果抓住它上述的三个特点，用整齐韵语这个方法（当然首先要确定正确的内容），在成人扫盲或者成人业余补习教育中适当加以运用，未始不是可以试验的一途。

结合思想教育、知识教育而使用的识字教材*

（一）思想教育和知识教育

经过初期识字教育阶段，儿童大体上认识了两千来字，其中一小部分会念，会讲（知道表示什么意思），大部分只知道模样和读音，不懂意思。这样，虽然为开展阅读打下了一个很初步的、很薄弱的基础，实际上与阅读所需要的字汇量，还差相当大的距离。

历史上，小孩入学的年龄参差不齐，一般说，“六岁入小学”，但实际学龄一般较晚，所以又有“八岁入小学”之说，即使是照虚年龄说的，也够晚的了。七八岁，甚至八九岁的孩子若继续“小和尚念经”似的识字，太不合适了。一是把早期教育拖得太晚，浪费了教育下一代的一段大好的、重要的时机，二是脱离儿童语言发展、思维智力发展、求知愿望的发展太远，不能满足他们的需要，必为儿童无言地（或无意识地）拒绝；再加夏楚等种种恶性惩罚，孩子们于是逃学，如厕，打打闹

* 本文节选自《传统语文教育教材论》（上海教育出版社 1992 年版）的第二部分，只保留论述教材的内容。题目为编者所加。

闹，《红楼梦》写的“茗烟闹学”，把蒙馆的丑态描绘得淋漓尽致。

前人不是完全不明白其中利害，也在绞尽脑汁想法解决这个矛盾。古人是怎样解决的呢？

古人知道，七岁前后的孩子们，看见大人们言语行动、待人接物都有些规矩，怎样称呼，怎样行礼，等等，好像都有一定之规。大人还要求他们学着样做。还有些节日有规模比较大的活动，唱些歌，跳些舞，拜这个，祭那个的，挺有意思，因而很想懂点道理。到了这个年岁，也该懂点道理了。古人也知道，到了这个年岁，应该让小孩子学点知识。小孩子们天上的，地上的，都想知道点。于是他们终于逐步摸索出一个办法，就是在集中识字和开展认真的读写训练之间加上一个过渡性的阶段——继续进行识字教育，巩固前阶段所识的字，进一步再多识些字，比如，总共识到三千多个，与此同时，结合着多进行些思想教育，也进行些知识教育。古代没有严格的教学计划之类，所以这个过渡性阶段有的独立进行，有的和前一段交错进行，有的和后一段交错进行，不像现在规定几岁入学，第一学期如何，第二学期如何，二年级如何，三年级如何，等等。

先说说思想教育。人类过群体生活——其最高形式，社会生活。过社会生活，就需要有全社会共同遵守的行为规范，或者说，行为的基本准则，否则就会乱套。人类有高级思维系统，对周围的事物能有一定程度的理解和认识，因而会有也需要有一定的信念，并且也是全社会基本一致的。没有信念，人们简直会过不下去。“杞人忧天”的“杞人”没有“天”掉不下来的信念，所以惶惶不可终日。行为规范和信念是因时因地因民族而异的，不是全世界的人都一样，并且不是从远古至今一成不变的。不过，任何一个时候的每个民族的人们都认为他们那时的规范和信念是对的，好的，至少是必须接受的。不仅如此，还希望他们的下一代保持住它们。于是想方设法用他们那一套去教育下一代，这就是所谓思想教育，思想教育要从小就进行起来。人们知道，无论是行为规范或思想、认识、信念，越早树立越好。而人类有进行教育的强有力的手段——语言、文字，于是人们就借助语言、文字对下一代从小进行思想教育。古今中外，概莫能外。对于行为规范以至一些有关的哲理，我国古人特别重视，因而反映在蒙书里特别多。就其内容而论，有些应视为历史遗产的精华部分，有些用今天的尺度衡量，不是精华。然而古人重视早期的思想教育这一点，应当认为是可贵的遗产。

说到“知识”，我们古人的知识原本是非常丰富的。用现在的术语来说，无论是自然科学（如数学，天文，历法等），应用科学（如纺织，冶炼，制作陶瓷，医药等），人文科学（包括音乐，美术，文学，哲学，历史学，教育学等）都很发达，在世界各民族中领先了若干世纪。（只是到了科举、八股时代有一些领域才被人家赶上或者赶过去。）然而早期那些科学、技艺，记载不详；有些则不被重视，根本没有记载，现在也只能根据古物的发现去做些考证推断；还有些，他们认为儿童们不懂，不必教给孩子们。所以相对来说，蒙书反映知识教育的内容远不如反映思想教育的多。但是由于我国历史悠久，因而历史故事、掌故、佚闻特别多，古人重视历史，蒙书中反映历史知识的也就特别多。思想教育和知识教育，有些又颇有交叉，界限不是很明确。于是这里就将思想教育的与知识教育的合在一起，按其主要内容分作几小类，谈谈各小类的主要蒙书。

1. 儿童守则——从《弟子职》到《弟子规》

（1）《弟子职》，相传为管子所作。[①] 有多种注释本内容专讲儿童应当怎样做学生的。对儿童的要求是：

先生施教，弟子是则。

朝益暮习，小心翼翼。

出入恭敬，如见宾客。

一直讲到怎样穿衣，怎样吃饭，怎样坐，怎样立，怎样说话，等等。总之，是要把儿童训练成一个小大人。

（2）《劝学》，相传为蔡邕所作，书佚。据搜辑者马国翰的推断，似与《弟子职》相近。他说：《劝学》篇皆助学之言，编为韵语，取便讽诵。“人无贵贱，道在则尊”，实篇中名言也。

（3）《弟子规》，清李毓秀作，有多种刊本。这是清代中叶以后流行最广、影响最大的一种（尤其在北方）。全书三言，杂韵，内容是根据《论语》里“弟子入则孝，出则弟，谨而信，泛爱众而亲仁，行有余力则以学文”那句话，分作五部分。第一，“总叙”，24 字；第二，“入则孝，出则弟”，300 字；第三，“谨而信”，384 字；第四，“泛爱众而亲仁”，228 字；第五，“行有余力则以学文”，144 字；总计 1 080 字。尽量用《论语》里的说法诠释那句话，提纲挈领，语言比较好懂，字数

① 古代有少数人，写了书，假托别人的名字发表。《弟子职》究竟是不是管子所作，历来有不同的说法。（整部《管子》书的作者就有不同说法。）所以加了“相传”二字，以下将要讲到的书也有类似情况的，不一一加注。

少，容易记诵。“谨而信”部分，有这样一些句子：

> 见人善，即思齐，纵去远，以渐跻。
> 见人恶，即内省，有则改，无加警。
> 惟德学，惟才艺，不如人，当自励。
> 若衣服，若饮食，不如人，勿生戚。
> 闻过怒，闻誉喜，损友来，益友却。
> 闻誉恐，闻过欣，直谅士，渐相亲。
> 无心非，名为错，有心非，名为恶。
> 过能改，归于无，倘掩饰，增一辜。

在这很长的时期里，可以归入“儿童守则”一类的书还有很多很多，例如前边说到的一些“千字文”，还有一些将归入后边别类里，再有一些大同小异不必罗列的，所以这里只举出相传最早的一种，中间佚失的一种，最后而影响最大的一种，以见一斑。

2. 妇女守则——从《女诫》到《女儿经》

在我国长期的封建社会中，妇女的社会地位有过一些变化。更早的时代不去说它了。唐代，妇女还有相当的小自由，比如，可以春游，踏青，看灯；天足；从流传下来的《簪花仕女图》看，袒胸，赤臂，曳长裙，头簪花，牵小狗。（真有点令人怀疑，这种服饰究竟是从西方传到中国来的，还是从中国传到西方去的?）武则天有雄才大略，居然就当了皇帝。当时大有人反对，然而主要是无中生有地对她进行人身攻击，污蔑她，以她是女人为由说女人不该做皇帝的不多。慈禧太后的能力不亚于武则天，虽然见识上有逊色，但始终止于垂帘听政，不敢干脆做女皇。六朝以下，以迄唐宋，妇女地位越来越低。妇女开始被迫缠脚了，硬生生地把好好的脚面骨缠折，说是那样走起来如“莲步”，婀娜多姿，实际是让她成了残废，不要说跑，连出去走走都不可能了，只好困守闺中，或者“围着锅台转”，服侍公婆，丈夫，儿子。随即“道学家”登场了，什么“三从四德”“七出”“女子无才便是德”“男女授受不亲”“嫁鸡随鸡，嫁狗随狗”“从一而终”，从年轻就守寡一辈子，可以挂匾树牌坊，丈夫可以大模大样地“休妻”，却绝不准女的提出离异，如此等等。妇女越陷越深地沦为男人的奴仆。这，不能不认为是我们传统文化遗产中的纯粹糟粕的部分，很难从中硬挑出点精华来。不是还有“夫妇相敬如宾”吗？不是还有“张敞画眉”等那些风流韵事吗？不是还有一些迁客骚人和歌伎应答唱和交朋友吗？这，哪些是真，哪些是假，闹不很清楚。即使全部是真，在成千上万的男男女女之中究竟有多少呢？在这个问题上，我们既要看到妇女在封建社会中受到的压迫凌辱之深，又要看到，千百年来（从宋算起）中国的男性绝非一个好人也没有，一个通情达理的人也没有，熟读经史的个个都是伪君子，所有男人都是践踏妇女的野兽，绝不可能是这样的！观察分析任何问题，都不能犯形而上学的毛病，抓住一点不及其余，但又不能不分主次。妇女被奴役，这是主。此外，我们也要看到，我国历史上出的“女强人”（文的如李清照等，武的如梁红玉等，着实不少。妇女的才能绝不低于男子。

“妇女守则”类的书还有一个特点，就内容而论，并不是女孩子念的“蒙书”，很多是要求成年妇女的。不过，不少人把这种书也拿来让孩子们读。如

（1）《女诫》，相传为班固之妹班昭所作。

（2）《女论语》，相传为唐代宋若昭姐妹所作。

（3）《内训》，相传为明成祖时徐皇后所作。

（4）《女范捷录》，据王相说，此书乃其母刘氏所著。王相并把以上四种合编在一起，称《女四书》。

（5）《蒙学女儿经》，作者不明，有清末坊刊本，晚清流行甚广。

此外还有一些，大都是讲“三从四德”“男正乎外，女正乎内”那一套的，无可称述。

3. 格言谚语——从《太公家教》到《小儿语》，到《昔时贤文》

这一种历史久，品种也不少，在社会上的影响极大。特点是既吸取古书上的话，也吸取流行的谚语，尽量做到通俗好懂。有的干脆用白话，多数是不严格的对偶句，容易念，容易记，因此风行全国，几乎是家喻户晓。下边介绍主要的几种。

（1）《太公家教》。这是现存最早的这一类蒙书，出于敦煌遗籍。原来有好几本。其一被伯希和[①]劫去；我们现在看到的是收在《鸣沙石室佚书》里的另一本；此外，《敦煌杂录》收有开头序文的片段，与前一种略有出入，当是又一残本。这本书，唐李翱的文章里就提到，他说：

> 义不主于礼，言不在于教劝，而词句怪丽者有之矣，《剧秦美新》、王褒《僮约》是也。其理往往有是者，而辞章不能工，有之

① 伯希和（1878—1945），法国汉学家。1906—1908 年在我国甘肃、新疆一带进行“探险”活动，盗劫敦煌千佛洞大量珍贵文物，运往巴黎。

矣，刘氏《人物志》、王氏《中说》、俗传《太公家教》是也。①

宋人胡仔诋评杜荀鹤的时候也提到过：

《唐风集》中，诗极低下，如“要知前路事，不及在家时”，“不觉裹头成大汉，初看竹马作儿童”之句，前辈方之《太公家教》。②

宋人王明清认为：

世传《太公家教》，其言极浅陋鄙俚，然见之唐李习之文集，至以《文中子》为一律。观其中犹引周汉以来事，当是唐村落间老校书为之。③

从这些记载可以看出来，历来的文人学者对《太公家教》都很鄙视。但是，也可以看出来，这本书从唐到宋，在社会上流行非常广泛，几乎是家喻户晓的一种蒙书。元杂剧中多处运用《太公家教》里的话。书前有短序，里边有这样一些话：

---

① 李翱：《答进士王载言书》，见《唐文粹》，卷八十五。又见《李文公集》，卷六，题作《答朱载言书》，注谓“一本作梁载言”；第一句作“义不深，不至于理，言不信，不在于教劝”；《人物志》作《人物表》。按：魏刘邵作《人物志》，集作《人物表》，恐误；又，《剧秦美新》，扬雄作，见《文选》，卷四十八，称颂王莽，后世多评讥之。

② 胡仔：《苕溪渔隐丛话》后集，卷十五，“杜荀鹤”条。

③ 王明清：《玉照新志》，卷五。

才轻德薄，不堪人师，徒消人食，浪费人衣。……为书一卷，助诱童儿。

从这些话来看，王明清的推断是可信的。

全书除少数例外，多用四言韵语，以训诫的口气，讲些为人处世之道。文字很通俗，夹杂不少俗语，有些地方确实牵强不通，抄本里错字漏字也多。个别地方径抄《论语》，如：

三人（抄本此处多一“同”字）行，必有我师焉，择其善者而从之，其不善者而改（抄本误作“盖”）之。

还有几处，径抄《千字文》，如：

知过必改　　得能莫忘
女慕贞洁　　男效才良

多数句子，似是当时的俗说，谚语，其中有些一直流传下来，甚至直到现在，如：

人无远虑　　必有近忧
贪心害己　　利口伤身
落网之鸟　　恨不高飞
吞钩之鱼　　恨不忍饥

凡人不可貌相　　海水不可斗量

就其思想内容而论，是充满了忠君孝亲、隐恶扬善、委曲求全、明哲保身、逃避现实、维护个人私利等那一大套。它使我们看到在产生它的时代里，人们是生活在怎样一种窒息的空气之中，怎样学着乖乖地做封建社会的驯服臣民。也许正是由于它完全投合了封建社会的需要，而编法通俗浅显，平易近人，所以能在千百年间广泛流传。据王重民先生考证，就是在“三，百，千”和其他蒙书流行，《太公家教》在中原地区已经被人们遗忘之后，它还在东北各地流行了一阵。他说：

> 《太公家教》是从中唐到北宋初年最盛行的一种童蒙读本。大概说来，自从第八世纪的中叶到第十世纪末年（750—1000）通用在中国本部；第十一世纪到第十七世纪（1000—1650），还继续不断地被中国北部和东北的辽金高丽满洲各民族内说各种语言的儿童们所采用。……
>
> 钱大昕《元史·艺文志》根据《文渊阁书目》著录了女真字《大书》，就是高丽的《太公尚书》，就是《太公家教》。……
>
> 满洲文本《太公家教》不知道是什么时候译成的。《八旗通志·阿什坦传》说：“阿什坦字海龙，顺治二年以通满汉文，选授内院六品他赤哈哈番，翻译《大学》《中庸》《孝经》及《通鉴总论》《太公家教》等书刊行之。”……①

① 王重民：《敦煌古籍叙录》，219—224 页。

这段考证清楚地说明了《太公家教》在历史上的流传情况。因此，书虽无可取，但是它的流行和影响还是值得注意的。

（2）《小儿语》和《续小儿语》，明吕得胜、吕坤①父子编，有多种刊本。书用四言、六言、杂言（四言、五言、六言、七言杂用）韵语，讲些训诫的话。总的精神无非是训练儿童低声下气，安分守己，等等，间或也有几句可取的话。语言则极浅易，可以说基本上是白话的，并且句句通畅顺口，没有一点牵强的地方。明清以来，备受封建统治者所推崇，在社会上流行也广泛，有些话简直像格言谚语似的到处传播着，影响很大。如：

一切言动　　都要安详
十差九错　　只为慌张
能有几句　　见人胡讲
洪钟无声　　满瓶不响
无心之失　　说开罢手
一差半错　　哪个没有
自家有过　　人说要听
当局者迷　　旁观者醒
乞儿口干力尽　　终日不得一钱
败子羹肉满桌　　吃着只恨不甜
大凡作一件事　　就要当一件事

① 吕坤：宁陵人，重视教育工作，著有蒙书《续小儿语》等。

若是苟且粗疏　　定不成一件事

能用白话写成整齐押韵的警语，单就这一点而论，很值得我们重视。

（3）《昔时贤文》，又称《古今贤文》，不著编者姓氏，流行最广的是上海普通书局和昌文书局的石印本。这是一本通俗的格言谚语汇编。杂言，清代末叶在社会上广泛流传，影响极大。里边许多话都是直到现在还家喻户晓的，如：

路遥知马力　　日久见人心

人老心不老　　人穷志莫穷

使口不如自走　　求人不如求己

常将有日思无日　　莫把无时当有时

就其内容而论，可以说是良莠相杂，有十足反映封建统治阶级思想意识的坏东西，也有表现群众生活经验的好东西。值得注意的，也在于它的方法。

以上三类都属于训诫类的韵语读物，在封建社会的影响极大。在向儿童少年，乃至一般成年人传播封建思想意识方面，这类蒙书所起的作用，几乎是远远超过四书、五经。就其内容而论，无足取，原因就在这里；就其方法而论，很值得注意，道理也在这里。前人留下来的格言谚语之中，不乏精华；用白话写成浅近易懂、流畅上口的整齐韵语，吕氏父子为我们提供了可资借鉴的经验。我们应该能够编出内容既健康，语言形式又为儿童所喜爱，容易念，容易背，一经上口终生不忘的一些读物。

（二）轶闻掌故

以掌故知识为主要内容来编写蒙书，教儿童诵读、记忆，这是古代蒙学一个新的发展。办法是，用对偶押韵的句子，每句包含一个历史人物或者传说人物的故事。故事，当然要由老师来讲，不过，由于有故事，提高了儿童的兴趣，再加上语言整齐押韵，便于诵读，孩子们很容易地把那些简单的句子背下来。记住了这些句子，又回过头去帮助记忆那些掌故。这样，既达到了识字的目的，同时增长了儿童的知识，为下一步的阅读教学打下了很好的基础。就现有的材料看，这个办法滥觞于唐代的《兔园册》，创始于李翰《蒙求》，最后发展为明清以下广泛流行的《幼学》。

1.《兔园册》

书佚，现仅残存半篇序文，见《鸣沙石室佚书》。据宋人晁公武的记载：

> 《兔园册》，十卷。唐虞世南①奉王命纂古今事为四十八门，皆偶俪之语，至五代时行于民间村野，以授学童。②

但是王应麟的记载与此不同。他说：

① 虞世南（558—638），字伯施，余姚人。博学，善书。历仕南朝陈、隋、唐三代。有文集三十卷传世。

② 晁公武：《郡斋读书志》，卷十四。

《兔园册府》三十卷。唐蒋王恽，令僚佐杜嗣先仿应科目策，自设问对，引经史为训。恽，太宗子，故用梁王兔园名其书。①

现在残存的半篇序文，书名的确题为《兔园册府》，下边作者也的确题为“杜嗣先奉教（按：疑为‘敕’之误）撰”。又《遂初堂书目》也有《兔园册府》著录。可见王应麟的记载是不错的。可是晁公武的记载一般也可信，并且也还有别的记载可资印证，如宋初人孙光宪说：

北中村墅多以《兔园册》教童蒙。……《兔园册》乃徐庾文体，非鄙朴之谈，但家藏一本，人多贱之也。②

这与晁说“皆偶俪之语”相合。此外，《日本国见在书目录》中著录的有“《兔园册》九卷”（未注撰人），这与晁志的书名相合，卷数相近。根据这些情况，也许可以假定，曾经有过两种本子，至少其中之一是用“偶俪之语”记“古今事”，并且广泛流行在民间，用作蒙学读物的。原书虽然已经无法见到，然而我们不难从《蒙求》和别的一些类似的蒙书中看出它的影响。因此，谈到掌故类的蒙求书，我们不能不提到这本《兔园册》。

2. 李翰《蒙求》和王令《十七史蒙求》

关于前者的作者和时代，过去有两种说法。晁公武和陈振孙都说作

---

① 王应麟：《困学纪闻》，卷十四。

② 孙光宪：《北梦琐言》，卷十九。

者是唐代人（只是晁写作李瀚，陈写作李翰）。[1] 后来有些人从这一说，如：

《蒙求》二卷，《书录解题》云："唐李翰撰。"宋叶大庆《考古质疑》，亦以翰为唐人。明顾起纶标注，序谓："翰故赵人，天宝末擢进士，历官翰林学士，父华，弟观，并以文章擅名。宋宗室诸家家塾各有《蒙求》，实翰倡之。"[2]

关于唐代的李翰，《新唐书·李华传》记载说：

宗子翰，从子观，皆有文名。翰擢进士第，调卫尉……累迁左补阙翰林学士。大历中病免，客阳翟，卒。翰为文精密而思迟。[3]

《旧唐书·萧颖士传》说：

（李）华宗人翰，亦以进士知名。天宝中寓居阳翟。为文精密，用思苦涩。……上元中为卫县尉，入朝为侍御史。[4]

两书记载相近，但是与李华的关系和个人经历，有些出入，都没提到著

---

① 《书录解题》卷十四，《郡斋读书志》卷十四。

② 见清人张海鹏《蒙求集注·跋》。

③ 《新唐书》二〇三，列传一二八，文艺下。

④ 《旧唐书》一九〇下，列传一四〇下，文苑下。

《蒙求》的事。

《四库提要》则认为《蒙求》的作者是五代时后晋的李瀚。《提要》说：

> 《蒙求集注》二卷，晋李瀚撰。瀚始末未详。考李匡乂《资暇集》称："宗人瀚作《蒙求》"，则亦李勉之族。又《五代史·桑维翰传》称："初，李瀚为翰林学士，好饮而多酒过，晋高祖以为浮薄，当即其人也。[①]

从此以后，一般从《四库》说，称《蒙求》为后晋李瀚撰。《宋史·李涛传》说：

> 涛弟澣，字日新，幼聪敏，慕王杨卢骆为文章。[②]

这个李澣曾在后晋做官，任宣政殿学士等职，著有《丁年集》。不过传里也没提到《蒙求》。各种本子的《蒙求》有的题李瀚，有的题李澣。有人并且从书的内容上找出根据，如：

> 辽宣政殿学士李瀚撰《蒙求》一卷。……瀚仕辽，尝谋南还，见穆宗纪。《宋史》附见《李涛传》后，"瀚'或作"澣"，实一人也。辽人重文学，瀚谋归不果，始终以词翰见重于时。篇中类举古

① 见《四库全书总目提要》卷二十六。

②《宋史》二六二，列传二一。

人而终于“鲍照篇翰，陈琳书檄”，殆以自寓与？①

《全唐诗》附收了《蒙求》，称唐末五代人李瀚作，但是在前边的两个地方分别收了李瀚诗和李澣诗各一首，又似以瀚、澣为两人。陈振孙、晁公武都是宋人，距《蒙求》的时代近，他们著录的多是亲见的书，一般可信，都说《蒙求》是唐人所著，此说本应重视。然而《全唐诗》和《四库》都是“官书”，所以后来的人多以它们的说法为据。因此，形成了二说并存，没有定论的局面。

光绪六年（1880）清政府驻日本使馆的随员杨守敬在日本访书，发现了好几种古本的《蒙求》，其一是卷子改装本古抄《蒙求》一卷，开头有唐代饶州刺史李良在天宝五载（746）写的《荐蒙求表》，里边说：

窃见臣境内寄住客前信州司仓参军李瀚，学艺淹通，理识精究，撰古人状迹，编成音韵，属对类事，无非典实，名曰《蒙求》，约三千言。……司封员外郎李华，当代文宗，名望夙著，与作序云：“不出卷而知天下，其《蒙求》哉！”……②

接着是李华的序。再下去是给《蒙求》做补注的宋代人徐子光的序（这篇序文，后来的《蒙求》也佚失了），里边也说作者是唐人。此外，还有另一种三卷的（陈、晁书志都作三卷，后来的《蒙求》则多作二卷）

① 邵晋涵：《蒙求补注·序》。
② 见杨守敬：《日本访书志》，卷十一。

旧抄本《蒙求补注》，两种三卷的抄本附《增广古注蒙求》，一种三卷的活字本《标题徐状元补注蒙求》，大都有上述的李良表和李华、徐子光的序。①

敦煌石室的宝藏打开之后，里边果然也有两部《蒙求》残卷（可惜都为伯希和劫去），其一为卷子本，开头也有李良表的后半段和李华序。②

至此，《蒙求》的作者是唐代人已无问题，是与李华有关系的李翰的可能性也很大。（只是各本都作"澣"或"瀚"，没有作"翰"的，这一点尚待进一步查考。）我们根据上述情况，暂时把作者写作李翰。

我们之所以有兴趣略为考查一下这本书的作者问题，是由于《蒙求》这部教材在蒙学史上是可与《急就篇》《千字文》前后辉映，具有开创性的著作，对于此后的蒙书具有极大的影响。尽管如此，在历史上，《蒙求》还是遭到过不少的非难。如陈振孙就批评它：

> 本无义例，信手肆意，杂袭成章，取其韵语，易于训诵而已。遂至举世诵之，以为小学发蒙之首，事有甚不可晓者。余家诸子在褓，未尝令诵此也。③

元代的理学家程端礼也说：

---

① 按：《蒙求》一书在日本特别流行，除了从中国去的本子和据以翻印的本子之外，还有日本人自己注释校订的本子多种，参见《大汉和辞典》。

② 见《敦煌古籍叙录》，206—207页。

③《书录解题》卷十四。

日读《字训纲》三五段，……以此代世俗《蒙求》《千字文》，最佳。①

然而，宋、元、明几百年之间，《蒙求》在社会上则广泛流行，正像陈振孙说的，"举世诵之"，并且对后来的蒙学的发展起了很大的作用。

李翰《蒙求》全书正文都用四言，每四个字是一个主谓结构的短句，上下两句成为对偶，各讲一个掌故（只有最后四句结束语是例外）。现存本总计 2 484 字。

全书所讲的，大部分是历史人物故事，也包括一些传说人物的故事，有的表现某种可取的言行，有的带有激励劝勉的意味，有的是文学上脍炙人口的佚闻，如：

桓谭非谶　　王商止讹
西门投巫　　何谦焚祠
匡衡凿壁　　孙敬闭户
孙康映雪　　车胤囊萤
屈原泽畔　　渔父江滨
绿珠坠楼　　文君当垆

其中很多成为后来《三字经》《日记故事》《龙文鞭影》《幼学琼林》取

① 程端礼：《读书分年日程》，卷一。程端礼（1271—1345），字敬礼，一字敬叔，号畏斋，鄞县人。服膺程、朱之学，历任教谕、教授等职，生徒甚众。所著《读书分年日程》，在当时及后世，影响很大，许多地方奉为教学的准绳。

材的来源。此外，还有一些神话故事和古代寓言，如：

女娲补天　　长房缩地
墨子悲丝　　杨朱泣岐

也包括一些纯知识性的材料，如：

杜康造酒　　仓颉制字
程邈隶书　　史籀大篆
蒙恬制笔　　蔡伦造纸

从思想内容上看，当然免不了宣扬封建思想意识的东西，但是跟许多古代的蒙书加以比较，可以发现李翰《蒙求》中那类毒素很重的东西比较少，而取材面相当宽广，思想境界相当开阔。这，也许正是一些道学家不赞成它的一个原因。

程端礼把李氏《蒙求》跟《千字文》相提并论，可见《蒙求》在蒙学中流行之广；从历代注释《蒙求》者之多，以及大批蒙书都采用《蒙求》的编法和名称，可见它在社会上影响之大。根据某些记载来看，这本书大概一直流行到清初，以后才渐趋湮没。清人杨迦怿说：

李氏《蒙求》旧板罕存，坊间所刻，止取其总目（按：即正文）而删其注，浅学塾师，何从讲肄？盖可憾矣！是有目无注之李氏《蒙求》，尔时（按：指杨幼年时，约在乾隆间）坊间尚有售者，迄今（按：指杨作序时，即道光三年）又将百年，并此亦不易见矣。其憾更为何如！[①]

李氏《蒙求》之后，陆续出现了大批蒙求书，其中编法与李氏书相同，内容也属掌故性的，就有宋王令[②]的《十七史蒙求》，明姚光祚的《广蒙求》等多种。其中流行较广的是《十七史蒙求》，现存清康熙庚寅（1710）复南宋乾道己丑（1169）麻沙本和清乾隆间金三俊注本及重刊本。

3.《纯正蒙求》等

《纯正蒙求》，宋末元初胡炳文[③]撰。采用《蒙求》的方式，但是只讲有关“进德修身”的掌故，全书也就按“师儒之教”“父母之教”“勤学之功”“父子之伦”“君臣之伦”“长幼之伦”等来分类编排。由于它如此致力于宣扬封建礼教，所以很得道学家们的好评，《四库总目》也给它写了较好的评语。实际上，虽然偶有一些可取的故事，多数是无足观的，在群众中间流行也并不广。类似的还有所谓《孝悌蒙求》《训女蒙求》等，从书名就可看出内容之偏狭，那些都早已亡佚，可见更是流行不广的。

4.《幼学须知》和《龙文鞭影》

《幼学须知》又名《成语考》《故事寻源》。明程登吉[④]原编，通行的是清人邹圣脉增补注释的《幼学琼林》，钱元龙校订注释的《幼学须

---

① 见《李氏蒙求集注》。

② 王令（1032—1059），字逢原，广陵人，王安石妻妹婿，少有才华，28岁卒，有《广陵集》。

③ 胡炳文（1250—1333），字仲虎，号云峰，徽州人，曾任信州道一书院山长，笃守朱熹之学。

④ 程登吉，字允升，西昌人。一说此书为明邱濬（1419—1495），琼山人，景泰进士，著《大学衍义补》等书）原编。

知句解》，董成重注的《幼学求源》等几种本子。这本书在整个清代风行全国各地，在社会上的影响极大。它的特点是：（一）广泛吸取多种蒙书的材料，涉及的方面很广，带有很大的综合性；（二）打破四言的约束，灵活运用杂言的形式，只求两两成对，不强求整齐押韵；（三）按内容分类编排（共分“天文”“地理”“人事”“鸟兽”“花木”等三十多类），分别介绍各类的常用词和成语，有的也杂有掌故。

从内容上看，相当驳杂，宣扬封建思想意识的东西，甚至夹杂的庸俗无聊的东西不少。另一方面，无害而有用的（乃至至今还有用的）东西，也很不少。其中有不少常用的词和成语，如：

战胜而回谓之“凯旋”
战败而走谓之“奔北”
事遂心曰“如愿”
事可愧曰“汗颜”
土木方兴曰“经始”
创造已毕曰“落成”
“管中窥豹”，所见不多
“坐井观天”，知识不广
小过必察谓之“吹毛求疵”
乘患相攻谓之“落井下石”

有各种常识，如：

河南在华夏之中，故曰中州

陕西即长安之地，原为秦境

寒食节是清明前一日

初伏日是夏至第三庚

有神话故事，传说故事，掌故典故，如：

后羿妻，奔月宫而为嫦娥

傅说死，其精神托于箕尾

刎颈交，相如与廉颇

总角好，孙策与周瑜

韩信将兵，多多益善

毛遂讥众，碌碌无奇

“生平所为皆可对人言”，司马光之自信

“运用之妙惟存乎一心”，岳武穆之论兵

还有一些格言，如：

一人之所需

百工斯为备

临渊羡鱼，不如退而结网

扬汤止沸，不如去火抽薪

从编写方法、语言运用方面看，有分类不当的情形，有对偶牵强的情形；另一方面，也有不少的能够既顾到符合出处的原句原词，也顾到通顺上口，易懂，易背。从前，有些人读书并不太多，可是记得一些成语典故，看古书和写文章都有某些方便，往往是得力于小时候背诵过《幼学须知》的。

清代中叶以后风行另一种掌故类蒙书——《龙文鞭影》，现存一种通行本。这本书原名《蒙养故事》，明肖良友撰，夏广文注。随后杨臣诤认为肖作太简略，夏注有错误，于是大加补充订正，改名《龙文鞭影》。清末李恩绶又校补过一次。清人李晖吉、徐潛仿《龙文鞭影》的体例，合编了一部《龙文鞭影二集》。现在通常看到的《龙文鞭影》，多半是合杨臣诤、李恩绶先后校补本和李、徐《二集》在一起的。这部书有两个特点。一是吸取以前若干“蒙求”书的材料，并且更多地吸取古代神话、小说如《搜神记》《世说》等书里的材料，内容比较活泼丰富；二是逐联押韵，全书就按韵部编排，念起来更为流畅顺口。

《幼学须知》《龙文鞭影》这两部书，各有特点，与前面介绍的那些韵语读物无论在内容上或编写方法上都有所不同，而在清代影响又特别广泛，所以把它们列在一起来单独介绍。

（三）历史知识

1. 韵语通史——从《史学提要》到《鉴略》

韵语通史就是用四言韵语依次介绍从上古到当代（或前一代）的历史。这是现存数量较多，过去在社会上影响最大的一类。下边择要介绍几种。

（1）《史学提要》。宋黄继善[①]编，有明刊及清代复刊的《小四书》[②]本。这是最早的一本系统地介绍历史知识的蒙书，对后来的蒙书有很大的影响，有的甚至直接抄袭它的句子。这本书，一般地说，介绍历史知识能够做到简明扼要。如，讲春秋吴越纷争的一段，这样说：

阖闾杀僚　　贼用专诸
破楚入郢　　谋取伍胥
夫差轻越　　国灭身屠
越王勾践　　伤吴阖闾
夫差报仇　　会稽逃逋
枕戈尝胆　　竟以沼吴
种因赐剑　　范蠡泛湖
七世无疆　　楚实灭之

从历史见解方面看，在古代的历史书之中，偏见还不算太深，乃至有某些比较通达的看法。例如，讲三国的一段里说：

魏武曹操　　明略最优

又如，讲到武则天的地方，并没有像别的古代文人那样骂她，而且肯定她：

---

① 黄继善，字成性，盱江人。事迹待考。

② 明人朱升把宋元间四种较好的蒙书编在一起，称为《小四书》。这四种是：方逢辰《名物蒙求》，程若庸《性理字训》，黄继善《史学提要》，陈栎《历代蒙求》。

亦有权数　善于用人

讲史实，不只注意帝王兴替，改朝换代那些事，而还注意到文化方面。例如，讲唐代的一段就提到李、杜、韩、柳：

李杜文焰　流落毫芒
元和以来　古文特盛
韩柳二家　粹然出正

这些，应该说是这本书可取的地方。

(2)《史韵》和《增订史韵》。《史韵》，明赵南星[①]编，起西汉，终于元。赵南星是反对魏忠贤的知名人物之一，学识为人，都有可取。《史韵》的内容，就叙述史实来说，比较扼要，不枝蔓，文字也比较好，但是偏见相当深。讲西汉的开头，痛骂秦始皇；对于武则天，诋毁不遗余力；讲三国，独尊蜀汉，不仅痛骂曹操，也颇贬斥孙权。再加上发挥议论太多，就在当时，也不能算是很合用的蒙书。清初仲弘道，认为赵书不坏，但是不完备，于是大加补充，成为《增定史韵》。其实，赵书已经有 8 280 字，这一增订，简直成了一部巨著，一般蒙童不仅读不动，恐怕也买不起了。但是，赵南星既是知名的人物，仲弘道自己也小有名气，增定本又弄来潘耒和仇兆鳌等人的序文，少不了对这部书推崇一番，所以《史韵》和《增定史韵》在清代，尤其是初叶和中叶，也颇

① 赵南星（1550—1627），字梦白，高邑人，万历进士，官考功郎中，左都御史，有正直无私之称，后被魏忠贤陷害，充军代州而死。

流行过一阵。

（3）《韵史》。明末清初许遁翁编。叙史自上古起，止于宋。许遁翁始末待考。书的开头有陈确的一篇序。陈确是明末刘宗周的弟子。刘宗周，字起东，号念台，山阴人，万历进士，服膺程朱而重力行，明亡后，绝食而死。他在当时很知名，弟子很多。他本人也编过一两种训诫类的蒙书。陈确在明亡之后，也隐居乡里而死。序里说：

> 亥子之年（按：清顺治四年为丁亥，十六年为己亥），余携妻子寓黄山，与遁翁隔溪而居。

以下对许的学问为人，推崇备至。据此，可能许遁翁也是陈确一流人物。《韵史》不仅止于宋，不及元、明，并且对宋代叙述特别详细，几占全书的三分之一，其中又大部分叙述宋代内忧外患的种种史实，愤激伤感之言很多，结尾的一段尤其显著。如：

> 伯颜南伐　长驱直入
> 守臣大帅　望风窜逸
> 腥膻满地　枕尸狼藉
> 天遣虎臣　手诛贾贼
> 尚恨已晚　国亡旦夕
> 江淮破竹　临安日迫
> 师次皋亭　君臣衔璧
> 孤儿寡妇　伤哉此日

三宫北去　　断魂寂寂
庭芝姜才　　立信李芾
全节誓死　　忠臣殉国
尚多节义　　史难尽述
文公天祥　　孤臣洒泣
秀夫世杰　　共存帝室
奉戴二王　　九死靡易
天不祚赵　　崖山舟溺
魂涛沧海　　丹心照日

尽管流露的仍不出忠君思想，但是爱国精神和民族气节，则跃然纸上。根据这些情形看来，此书很可能是有为而作的。直到清代中叶，这本犯清朝忌讳的书始终没有出版，只有抄本流传，后来朱玉岑又补作了元、明两代，才在咸丰间印出来。书里有些见解是相当保守的，比如对王安石就一味责备，甚至把宋代削弱的原因推在他身上。但是也有比较好的地方，比如讲秦末的一段，这样说：

楚赵陈王　　梁籍广胜
发愤戍卒　　豪杰响应
沛人刘季　　亦起豚中

这里就没有过去文人只推重刘邦，称道项羽，而歧视陈涉起义的话，相反，倒有推重“发愤戍卒，豪杰响应”的意味。至于文字，似乎比别的类似的书还通畅些。由于这本书刊印得晚，所以流行不广。但是它既具有自己的一些特点，也还是值得加以研究的。

（4）《鉴略》，也称《鉴略四字书》。清初人王仕云[①]编。在同类的书里边，这恐怕是流行最广的一种。许遁翁《韵史》末尾有钟文的跋，里边就说到：

> 江上王望如著有四字《鉴略》，家弦户诵，颇有益于童蒙，较《三字经》《千字文》启蒙诸书，层楼更上。

其实，这本书并没有这么好。它的特点，一是封建统治阶级的思想意识更浓厚，比如，黄巾起义和李自成起义，别的同类书中有的没提，有的提到，虽然免不了也称“贼”，但是多半一笔带过，说得不多，也不是破口大骂，而《鉴略》则用了非常恶狠的字眼。再一个特点是比较地通俗些，却很不严谨，上述钟文跋语中就说它：

> 于历朝事迹，兴衰治乱之故，终不免挂漏遗讥。

这个批评显然就否定了前边的赞许。“有益童蒙”云云，恐怕正是指的里边那些糟粕。跋语的后半就明白地说，《韵史》要比《鉴略》高明

---

① 王仕云，字望如。该书自序作于康熙五年（1666），里边说，“余被逮西曹，日坐银铛汤火中，与甲士十余人嗷嘈杂沓，日拈古史集为四字，或取诸故本，或发自心裁。……长儿部白，此可为幼弟辈作句读。不谓传之坊客张子焕之，力请以梓。”此书之外，还见过他评点的一部《水浒》。

得多。

除了上述几种之外，比较通行的还有任启运的《史要》，鲍东里的《史鉴节要》，周赟的《史学骊珠》等，不一一介绍。

2. 多种断代“蒙求”及其他

这一类蒙求书，其编法与李氏《蒙求》、王氏《十七史蒙求》等有同有异。相同的地方是都以掌故为主要内容；不同的地方是，掌故类的蒙求书不拘时代顺序，包括的门类也多，不限于历史人物或历史事件的故事，断代蒙求则专讲一个历史时期的掌故，并且大致以历史人物或事件为范围。这一类的数量很不少，从上古到清代，几乎讲到每个朝代的都有。如宋胡宏的《叙古蒙求》，宋邹彦春的《春秋蒙求》，三四种《左氏蒙求》，两三种《两汉蒙求》，此外，还有《三国蒙求》《晋史属辞》《南北史蒙求》《唐蒙求》《宋蒙求》《皇朝（清）掌故》等。断代蒙求现存的较少，多数存佚待考。

《鉴纲咏略》。清张应鼎著，柯龙章注，有同治癸酉（1873）刊本。这是特为蒙童写的咏史诗。全书按历史顺序（胡曾的咏史诗不按顺序），从上古到明末，以帝王为线索，重要些的每人一首，有些就把几个人合为一首。每一首所写的不限于帝王本人的事，而是那一个时期的好些事，例如，秦汉之际，陈涉起义、楚汉相争等史实就都在“秦二世”那首诗里讲。因此，每首都相当长，尽管以诗篇计算，总共才 133 首，并且都用五言，可是全书分量还是很大。这部书拘泥于全面地讲历史，忽视了儿童的特点，搞得分量过重，历史见解平常，语言也有不少牵强难通的地方，所以过去流通不广，现在看来也没什么可取之处。只是由于它是有意识地为蒙学而写的咏史诗，所以作为一个例子介绍一下。

朝代歌和人物歌。有元代许衡的《编年歌括》，清人鲍东里的《历代国号总括歌》，《鉴略》所附的《国号歌》《帝王歌》《群英歌》，等等。这些歌的用途都在于帮助记忆，没有什么内容，这里不多介绍。

我国历史悠久，单就有文字记载的几千年来说，内容就很多，学习起来甚费时日，结合语文教育教儿童少年早一些点点滴滴地记些事实掌故，是有必要的；历史上有些人物事迹，对儿童少年颇有启发教育的意义，知道些也有益处；由于有故事内容，比较符合儿童的兴趣，再加上使用韵语，便于记诵，这对识字教育当然很有帮助。从这些方面来看，前人编写大批历史类蒙求读物这件事，是值得加以重视，做一些探讨、研究的。

（四）各科常识

用蒙求的形式介绍自然的和社会的各种常识，不局限于掌故，历史，不拘泥于劝诫、教训，这种蒙书比较少，然而值得重视。

1.《名物蒙求》

这是最早的，也是最值得称道的古代蒙书之一。宋人方逢辰编有《小四书》本。方逢辰（1221—1291），生于南宋宁宗嘉定十四年，死于元世祖至元二十八年。做过兵部侍郎等官，因为极力反对奸臣郑清之、贾似道，在朝廷站不住，从此退出政治生活，不再做官，后来朝廷要他去做尚书，也坚辞不干，而致力于教学和著述。就当时情形而论，方逢辰应该算是一个有操守、有修养的人物。

《名物蒙求》，正如书名所示，是专门介绍自然的和社会的各种名物知识的，包括天文、地理、鸟兽、花木、日用器物、耕种操作，以及当时社会上亲属、家庭等关系的种种名称。方面虽然广，但是不烦琐，总共只有 2 720 字，全书用四言韵语，绝大部分通畅易懂。从内容上看，有几点值得注意，一是注重常见常用的名物，很少讲生僻难懂的东西。比如，讲地理的部分：

高平为原　　窈深为谷

山脊曰冈　　山足曰麓

……

小路为径　　通道为衢

闹则市井　　静则郊墟

一是具有某些科学观念，迷信色彩不重。比如，讲自然现象的，有这样一些句子：

云维何兴　　以水之升

雨维何降　　以云之蒸

再一点是，虽然不免有些封建士大夫的思想意识，但是也颇有些比较开明的见解。比如，讲到衣服的时候，说：

纨绔公子　　锦幛豪家

楚客珠履　　杨姨锦花

夏而绨绤　　冬而狐貉
昼日绣衣　　香风罗幕
蓑笠牧子　　袯襫耕夫
卒岁无褐　　平生无襦

把贫富悬殊的情形这样对照起来讲，很容易使人联想到杜甫“朱门酒肉臭，路有冻死骨”的名句。

这本书的毛病当然也少不了，然而在六七百年前的封建社会里能编出这样的蒙书来，还是难能可贵的。

3.“新学”——《算学歌略》等

清代末年兴办新学之后，很多人着手编写新的教科书。在这中间，有一些人试图用旧的蒙求形式来讲新的科学知识。如徐继高的《算学歌略》：

凡习教学　　列位为先
自右至左　　个十百千
若有零位　　必用一圈
几数并陈　　上下齐肩

又如张士瀛的《地球韵言》（与《史鉴节要》《皇朝掌故》合刊为《正蒙必读》）：

大地椭圆　　旋转如球

东半西半　　分五大洲

……

摄引全球　　专赖吸力

绕日而行　　八星居一

诸如此类，很有一些，大都被当时的教科书审查机关批驳，认为不合教科书体例，因而不得流通。

这类书，当然是有缺点的。它们的目的显然不在于识字教育，而是正式的知识教育；可是，教科学知识而全用这个办法，恐怕反而要受到语言的约束，好些地方讲不清楚。完全采用这种方式来编写各种教科书，是行不通的。但是，在最初阶段适当采取一点，帮助记忆，或者摘出若干部分跟识字教育配合起来，或者适当地用之于成人补习教育，也未始没有好处。对这类读物，不加分析，一笔抹煞，恐怕也是不适当的。

阅读训练教材种种*

传统的语文教育，在启蒙阶段的集中识字和进一步的识字两个教学步骤之后，大致在儿童入学的第三个年头（有的还早些），进入以读写基础训练为主的第二阶段。在这个阶段，一般的做法是：开始教学生读四书、五经；配合读经，教学生阅读简短的散文故事和浅易的诗歌，教学生学对对子，有的还教给学生一点极浅近的文字、音韵的知识。前边说过，读经的目的主要不在于进行语文教育，并且为时仍然过早，对于培养语文能力，客观上所起的作用也不大；因此，我们还是不把读经包括在当前这个题目之内。这里所要探讨的是其余的几个方面。

（一）阅读散文故事

经过第一个阶段的教育，学生认识了两三千字，知道了一些名物、掌故，应该说，已经初步具备了进行阅读教学的基础。然而，从三字

* 本文节选自《传统语文教育教材论》（上海教育出版社 1992 年版）的第三、第四部分，只保留论述教材的内容。题目为编者所加。

头、四字头的整齐韵语到内容复杂、词句错综的文章，这中间仍旧需要一个过渡。前人让散文故事担负了这个过渡的任务。

散文故事已经用散体，不再用韵语，不过内容都很简单，一则只讲一个小故事（有的并且是读蒙求书的时候学过的），篇幅很短，最短的只有三四句话，二三十个字。可以说，这是一般记叙文章的一种雏形。

散文故事书的起源也很早，下边举两种有代表性的为例。

1. 名物掌故——《书言故事》等

这是为儿童编写的故事书中最早出现的一类，以介绍常用的典故、成语中所包含的故事出处为主。揆其用意，最初可能是为的给蒙求书作注解，以便查考，同时借此使儿童初步接触一点文言散文。

(1)《书言故事》。宋胡继宗编，倪灿《宋史·艺文志补》著录，现存明刊本和清初刊本。按天文、时令、地理等分类，先举出典故或成语，有的直接指出出处，征引原文，有的叙述几句，不引原文，也有的先加解释，后引原文。引原文的，有时稍加修改、删节，并加注释，使之比较易懂。如：

【忧天崩坠】（列子）杞国有人，忧天坠，身亡无所寄，废寝食者久。有晓之者曰："天，积气也，奈何忧崩坠乎！"于是其人甚喜。

【守株待兔】（韩子）宋人有耕者。田中有株，兔走触之，折颈而死。因释耕守株，冀复得兔。冀，音计，希望也。

【桃李之言】李将军名广，恂恂如鄙人，恂恂，信实之貌，如鄙野之人口不能出辞，及死之日，知与不知，皆为流涕。谚俗语也曰：

"桃李不言，下自成蹊。"蹊，音溪，径路也。桃李不能言，但花开子熟，人自至其下观花摘子，以踏成径路也。

【吠日】罕见而惊曰"吠日"。（韩文）蜀中少日，盖为山高，日难出而易没也。每日出，则群犬吠之。

（2）《白眉故事》。大致与《书言故事》的性质相同，不过包罗更广，分类更细，几乎成了一种成语典故辞书，可备查考，不能作为初学读物了。

2. 人物故事——《日记故事》等

这一类以介绍历史人物故事为主，是专为作为儿童读物编写的。大致起源于元代。

（1）《日记故事》

朱熹《小学》引杨亿的话，说：

童稚之学，不止记诵。养其良知良能，当以先入之言为主。日记故事，不拘今古，必先以孝弟忠信、礼义廉耻等事，如黄香扇枕，陆绩怀橘，叔敖阴德，子路负米之类，只如俗说，便晓此道理，久久成熟，德性若自然矣。①

杨亿、朱熹倡导教给儿童一些故事，目的在于向孩子们进行封建思想的教育，而客观上，他们的倡导对进行语文教育起了一定的作用。元代人

① 朱熹：《小学》，外编，《嘉言》第五。

虞韶，根据杨亿的意思编了一部故事书，并且就用他的话，定名为《日记故事》。虞韶的书，《补辽金元艺文志》《补元史艺文志》都有著录，不过今天所见到的都是明代以后的人改订过的本子。最早的是明嘉靖二十一年（1542）熊大木校注本，其次是万历十九年（1591）郑世豪刊本，再就是芝兰室刊本；清初又有尺木堂本（附在康熙《御制百家姓》后边）和王相增注本。所有后起的本子大致都以虞韶原本为基础，不过所收故事的数量不同，编排不同，注解详略不同而已。嘉靖本的分量比较大，共分50多类，将近三百个故事；芝兰室和尺木堂的比较少，大约有嘉靖本的半数；王相增注本又多些，共分31类，238个故事。故事内容，宣扬封建礼教的居多，如"二十四孝"故事，每种本子都有，后来并且有单印这一部分的；其次是劝勉力学的故事，如《三字经》和《蒙求》都讲到过的囊萤、映雪、负薪、挂角等；此外，也包含一些比较有趣、能启发儿童智力的故事，如司马光破瓮救儿之类。故事都很短，大部分在百字以内，多数是编者自己写的，不是照抄古书。如：

磨杵作针

唐 李白，字太白，陇西人。少读书，未成，弃去。道逢一老妪音于，去声，老妇曰妪。磨铁杵。白问："将欲何用？"曰："欲作针。"白感其言，遂还卒业。

颖悟非常

元 许衡字仲平，号鲁斋。年七八岁，受学乡师，书过目辄不忘。一日，问于师曰："读书欲何为？"师曰："应科第耳。"复曰："如斯而已乎？”言读书不但应科第已也。师大奇之，谓其父衡之父曰：“此儿颖悟非常，他日必有大过人者，吾不能为之师矣。”固辞而去。

神色不异

后汉 刘宽字文饶，弘农人。温仁恕爱，虽在仓卒，急迫之时。未尝疾言遽色。桓帝朝为廷尉。夫人欲试宽，令恚，怒也。乃俟当朝会时，装严已讫，穿朝衣整齐已毕。使侍婢捧肉羹，翻污朝衣。宽神色不异，乃徐言曰：“羹烂汝手乎？”

（2）《蒙养图说》《日记故事续集》和《二十四孝图说》。这是几种专讲封建伦常故事的书。《蒙养图说》，明陶赞廷编，用白话解说故事，每个故事有一幅图，这种编法是一个进步。《日记故事续集》，清人编，署名寄云斋学人。《二十四图说》，清慎独山房刊本，不题编者，插图技术很工细，而内容只是“二十四孝”。

（3）《童蒙观鉴》。清丁有美①编，有乾隆三十六年（1771）刊本。全书分“志学”“孝友”“高洁”“智识”“才力”“颖敏”六类，总共649个故事，多数取之于史传，也有不少取之于小说等文学作品。有的经过改写，字数一般比《日记故事》略多，但也在百字左右，超过150字的很少。有注释。庞杂，是它的缺点，但是总的说来，内容确比《日记故事》丰富。下边举几则作例。

---

① 丁有美，字磊山，宁都人。书首陈辉祖乾隆三十六年序称：“宁都丁磊山先生，行孚乡里，学采原本，著述甚富。以名诸生屡应征聘，皆以亲老不就，杜门著书，训迪群子弟，卓然有成者不胜指数。《养正》七种，搜罗富而决择精。”该书封面确题“养正第一种，七种嗣出”，但其余六种未见。

李戡，字定臣，幼孤。年十岁，好学不倦，拾薪自爨，夜无灯火，即闭目默诵日之所记。

管宁幼与华歆同席读书，有乘轩冕过门者，歆辍书出现。宁与割席分坐，古人席地而坐，如毡毯席垫之类。曰："子非吾友也。"

虞寄，少聪慧。年数岁，客有造请谒也其父者，遇寄于门，嘲之曰："郎子姓虞，音同愚。必当无智。"寄答曰："文字不辨，以虞为愚。岂得非愚！"客大惭。

上述各类故事书中，流行较广、影响较大的是《日记故事》。唐彪说：

日记故事，俱载前人嘉言懿行，以其雅俗共赏，易于通晓，讲解透彻，不独渐知文义，且足启其效法之心。[①]

这段话清楚地说明了教学散文故事的意义和效果。《日记故事》和《书言故事》，不论哪种版本，大都有插图，有的并且相当精美，很有助于引起儿童的阅读兴趣，帮助儿童理解故事的内容。用故事书教育儿童，在西洋各国很盛行，我国从清末以来也广泛运用。因此，阅读散文故事这一项，并不能算是传统语文教育中特有的经验。但是我国插图故事书的起源那么早，走在世界各国之前，前人的成绩还是十分值得称道的。此外，把古代的许多故事加以选择，整理，改编，汲取那些优秀的部分来充实我们今天的儿童读物，这也是一项不应忽视的工作。

① 唐彪：《父师善诱法》。

（二）读诗

儿童识字之后，一方面读些散文故事，同时读些优美而浅近的诗歌，这是唐宋以来一直实行的办法，后来逐渐成了蒙学中一个固定的教学内容。明人吕坤说：

> 每日遇童子倦怠懒散之时，歌诗一章。择古今极浅极切，极痛快，极感发，极关系者，集为一书，令之歌咏，与之讲说，责之体认。

清代的沈龙江义学有更明确的规定：

> 放晚学讲贤孝勤学故事一条，吟诗一首。诗要有关系的，如“二月卖新丝”“锄禾日当午”“青青园中葵”“木之就规矩”等。……次日放晚学时背讲。

教学诗歌所用的教材，有过一些发展变化，其中也有些值得研究的问题。下边分别探讨一下。

1.《咏史诗》

蒙学用的诗歌读本，最早的是胡曾《咏史诗》。

唐末的胡曾①，写了一百多首②“咏史诗”，语言特别通俗，用的是七言绝句，简短，容易背诵，不像别人的咏史诗常用排律（魏晋隋唐间诗人常有咏史的诗作），动辄几百字。可能是由于这两个原因，《咏史诗》在社会上流传很广，后来用它作为启蒙教材的越来越多。至于胡曾当时是否专为蒙童写的，不得而知。他自己的序里也没说。推断起来，可能性是有的，因为：一，《全唐诗》收有胡曾的另外十首诗，虽然也还通俗，但是跟《咏史诗》的格调不尽相同，总不至于通俗到叫历代文人讥为“卑俚”的程度。二，跟胡曾同时的陈盖，曾为《咏史诗》作注，注语也很通俗，有的简直是白话。那么通俗浅易的《咏史诗》，除非用于蒙学，实在没有注释的必要。而且，当时人为当时作品作注，这在唐代是少见的，后来也不多，有之，往往那本书就是为初学而写的。三，唐代诗风特盛，朝廷又以诗赋取士，蒙学教儿童学诗，因而需要比较浅易的作品，这种情形是可以设想的。

胡曾的一百多首咏史诗，涉及的范围很广，多数是写从春秋战国到魏晋南北朝的历史事迹的，往往在诗里发些感慨，如：

五　湖

东上高山望五湖，雪涛烟浪起天隅。
不知范蠡乘舟后，更有功臣继踵无？

---

① 据《全唐诗》的简介，胡曾是湖南邵阳人，唐懿宗咸通（860—873）进士不第，做过从事之类的小官，著有《安定集》十卷，《咏史诗》三卷。

② 《四部丛刊》影印的宋抄本有150首，与胡曾自序所说相合。《全唐诗》《全唐诗话》都作百首。

函谷关

寂寂函关锁未开，田文车马出秦来。

朱门不养三千客，谁为鸡鸣得放回！

也有些表示某种批评讽刺的意味，如：

阿房宫

新建阿房壁未干，沛公兵已入长安。

帝王苦竭生灵力，大业沙崩固不难。

汉宫

明妃远嫁泣西风，玉箸双垂出汉宫。

何事将军封万户，却令红粉为和戎！

此外，还有一些文艺故事之类，虽与历史不无联系，毕竟不同于历史故事，如：

成都

杜宇曾为蜀帝王，化禽飞去旧城荒。

年年来叫桃花月，似向春风诉国亡。

武陵溪

一溪春水彻云根，流出桃花片片新。

若道长生是虚语，洞中争得有秦人？

望 夫 山

一上青山便化身，不知何代怨离人？
古来节妇皆销朽，独尔不为泉下尘。

这本通俗的《咏史诗》，好像很快就在社会上传播开了。宋人诗话里有这样的记载：

王衍（按：即五代时的蜀后主，历史上说他沉湎酒色，好靡靡之音，在位七年，为后唐所灭）五年，宴饮无度，衍自唱韩琮《柳枝词》曰："梁苑隋堤事已空，万条犹舞旧春风。何须思想千年事？惟见杨花入汉宫。"内侍宋光溥咏曾诗曰："吴王恃霸弃雄才，贪向姑苏醉绿醅。不觉钱塘江上月，一宵西送越兵来。"（按：这是胡曾《咏史诗》里的一首，题为《姑苏台》）衍怒，罢宴。曾有咏史诗百篇行于世。①

从这段记载可以推知《咏史诗》在五代和宋代广泛流传的情况。元、明以下，好几种通俗历史小说也常常引用，如《三国演义》第八十八回，写到诸葛亮南征，五月渡泸的时候，来了个"后人有诗赞曰"：

五月驱兵入不毛，月明泸水瘴烟高。
誓将雄略酬三顾，岂惮征蛮七纵劳？

① 尤袤：《全唐诗话》，卷五。

这就是胡曾《咏史诗》里的一首，原题是《泸水》。

《千顷堂书目》著录了一种蒙书，叫作《释文三注》，书目的编者注明是《蒙求》、胡曾《咏史诗》、《千字文》三种书合起来的注本，共十卷。可见它在明代还是跟《蒙求》《千字文》同样风行的蒙书。这部《释文三注》更传到了日本，有了复刊本，称为《明本排字增广附音释文三注》。其影响之大，可见一斑。明代又有过好几种咏史诗，书都未见，不过从著录的情况看，多数是一百多首绝句，很可能也是供蒙学用的。

用通俗的语言和诗的形式讲点历史知识和文学故事，看来这个办法是值得重视的。

2.《千家诗》——“三，百，千，千”

清人曹寅于康熙四十五年（1706）刊行的《楝亭十二种》收有《分门纂类唐宋时贤千家诗选》，题“后村先生（按，即宋刘克庄[①]）编集”。全书 22 卷，分为时令、节候、气候、昼夜、百花、竹木、天文、地理、宫室、器用、音乐、禽兽、昆虫、人品，共 14 类。这部诗集是不是刘克庄编选的，编选的好坏，前人有不同的看法。阮元说：

案，后村大全集内有唐五七言绝句选，及本朝五七言绝句选，中兴五七言绝句选三序，或锓版于泉州，于建阳，于临安。则克庄在宋时，固有选诗之目。此则疑当时辗转传刻，致失其缘起耳。

① 刘克庄（1187—1269），字潜夫，自号后村，莆田人，出身豪门，官至工部尚书，早年还有耿直之称，后来夤缘贾似道，作过一些阿谀奉承的文章，颇为后世所不齿。能诗，有《后村集》《后村诗话》。

……所选亦极雅正，多世所脍炙之什。惟中多错谬，如杜甫，王维、赵嘏诸人传诵七律，往往截去半首，改作绝句，甚至名姓不符。然……古人多有此例，不足以掩其瑜也。①

宗廷辅不同意这个看法。他在列举了集中许多错误之后，说：

后村先生在南宋季年虽为江湖宗主，然其集实足成家，所为诗话颇具别裁，何至纰陋如此！殆陈起江湖小集盛行之后，游士阔匾相望，临安、建阳无知书贾假其盛名，缘以射利，故至是欤？观卷首标题，其不出先生手了然矣。②

不论这部诗集是什么人编的，它的影响则确乎不小，后来风行全国，被用为蒙学诗歌读本的《千家诗》，就是明代人从上书选录编订的，所以有的仍题刘克庄编选，有的改题别人的名字。通行的《千家诗》分上下两集，上集收七言绝句 85 首，以程明道的“云淡风轻近午天”打头，下集收七言律诗 38 首。所选的诗有些很不好的，也有些偏深的，但是大部分是浅近易懂，于儿童有益，或者无害的，其中包括不少脍炙人口的名篇，如杜甫的《绝句（两个黄鹂鸣翠柳）》，范成大《四时田园杂兴》中的《昼出耘田夜绩麻》，杜荀鹤的《时世行》，谢枋得的《蚕妇吟》，等等。

吴晓铃先生藏有一部《镌出像注释皇明千家诗》四卷，日本有复刊明万历本，插图精绝。这个本子十分重要。

---

① 阮元撰，傅以礼重编：《四库未收书提要》，卷一。
② 宗廷辅：《重编千家诗读本·跋》。

清人王相又选编了一种《五言千家诗》，也分上下两卷，分别收五言绝句和五言律诗各四十来首，以孟浩然的《春晓》打头。选材的情况大致跟七言的那一本差不多。后来许多通行本把七言和五言合印在一起，总称《千家诗》。有各种不同的注释本，还有各种不同的所谓“增补”或者“重订”本，都是以上述两种为基础，多少增、删一点，换上个名目而已。前边提到的宗廷辅《重编千家诗读本》是比较严肃地做过一番校订整理工作的。

清乾隆间又出了一种《国朝千家诗》，专收清人作品，选编的办法大致与《千家诗》相似，只是选材范围缩小了。

“云淡风轻近午天”和“春眠不觉晓”这两种《千家诗》，几百年来风行全国，家喻户晓的程度，简直不亚于“人之初”“赵钱孙李”和“天地玄黄”。因而在“三，百，千”之外又有“三，百，千，千”的名称。清末刘鹗写东昌府书店掌柜的话，说：

> 所有方圆二三百里学堂里用的“三，百，千，千”都是在小号里贩得去的。一年要销上万本呢！①

在进行语文教育方面和传播文学遗产方面，《千家诗》确是起了相当大的作用。

3.《神童诗》等

《训蒙诗》《神童诗》《续神童诗》和《小学千家诗》。这是另一路的

---

① 刘鹗：《老残游记》，第七回。

蒙学诗歌读本，性质跟《蒙养图说》那一路故事书一样，完全着眼在向儿童进行封建思想教育这一点上，对于语言文字的艺术，很少考虑。

朱熹《小学》引程颐的话，说：

> 教人未见意趣，必不乐学。欲且教之歌舞，如古诗三百篇，皆古人作之，如《关雎》之类，正家之始，故用之乡人，用之邦国，日使人闻之。此等诗，其言简奥，今人未易晓。别欲作诗，略言教童子洒扫、应对、事长之节，令朝夕歌之，似当有助。①

大概就是由于这类倡导，从宋到清，相继出现了如上所举的一系列以训诫为主的诗歌读本。

关于《神童诗》，明人朱国桢有这样的记载：

> 汪洙，字德温，鄞县人，九岁善诗赋，牧鹅黉宫，见殿宇颓圮，心窃叹之，题曰："颜回夜夜观星象，夫子朝朝雨打头。万代公卿从此出，何人肯把俸钱修?"上官奇而召见。……世以其诗铨补成集训蒙学，为《汪神童诗》。②

但是据清人翟灏考证，汪洙的诗很少。他说：

---

① 见《小学》外编，《嘉言》，第五。

② 朱国桢：《涌幢小品》，卷二十四。

其前二三叶相传皆汪诗，其后则杂采他诗铨补。①

这本诗不管是谁作的，它在元明清间流行很广。元杂剧中，乔吉《金钱记》三折："上古天子重英豪，为把文章教尔曹。"又马致远《荐福碑》一折："可不道'书中自有千钟粟'，可不道'书中自有颜如玉'。""天子重英豪，文章教尔曹""书中自有千钟粟，书中自有颜如玉"，都是《神童诗》的原句，戏文里都用了，可见是些家喻户晓的话，元曲中已用。《神童诗》究竟何时何人所作，则尚待考察。

《续神童诗》，不知撰者何人，署名梁溪寄云山人。这是一篇很长的五言打油诗，首尾一贯，不分首。文字极浅陋，不仅充满了封建说教，还夹杂着许多因果报应的迷信。可以说，完全不成其为诗。

《续千家诗》后又改称《小学千家诗》，两书有些出入，编者大概跟《续神童诗》的作者是一个人，署名剡溪西樵氏，序跋里又说是"寄云山人"，或"梁溪晦斋学人"。（前边提到的署名"寄云斋学人"的《日记故事续集》，很可能也出自此人之手。）书里有少数诗是选的，大部分是编者自己写的，跟《续神童诗》一个调子，无可观。

由于封建统治者的提倡，也由于这一类读本里的诗都极粗浅庸俗，蒙馆夫子们容易对付，所以也颇有不少蒙馆采用。但是，这种本子绝对没有力量跟《千家诗》相抗衡。

4.《小学弦歌》

清李元度编，有光绪间李氏家刊本。这部诗集，也是本着程颐的意

① 翟灏：《通俗编》，卷七。

旨编选的，所以把全书分为“教”和“戒”两大类，所教的有孝、忠，夫妇之伦、兄弟之伦等十六门，所戒的有贪、淫。杀、争竞等十二门。不过，由于他主要是选诗，并且总算还有一定的尺度，所以倒也收罗了一些好诗，反而显得他的归类有些牵强了。例如，他选了《木兰歌》放在“教孝”一类；乐府诗的《孔雀东南飞》和《陌上桑》，还有杜甫的《新婚别》，都放在“教夫妇之伦”一类；选了白居易的《杜陵叟》《缭绫》《观刈麦》以及聂夷中、李绅、谢枋得等好些人的同类的诗，放在“教闵农桑”一类；选了李白的《战城南》、杜甫的《三吏》和《兵车行》、白居易的《新丰折臂翁》等，放在“戒黩武”一类；选了杜甫的《茅屋为秋风所破歌》《无家别》、皮日休的《橡媪叹》、白居易的《新制布衣》、李思衍的《鬻孙谣》等，放在“教恻隐”一类。尤其是在最后所谓“广劝戒”一类，颇选了几首很别致的小诗。全书总共选诗九百三十多首，作为童蒙读物，显然分量过重，如果从中精选一下，把所有意境不太好的诗都去掉，倒未始不能选出一本过得去的儿童诗歌读本来。

（三）阅读训练用教材

1. 主要教材——古文选注评点本。

作为阅读训练的主要教材的，也是具体表现前人阅读训练的原则和方法的，是流传下来的许多古文选注评点的本子。要研究这种教材的来源和特点，又得从朱熹说起。

朱熹《论语训蒙口义》的序言里说：

予既序次论语要义以备览观，暇日又为儿辈读之。大抵诸老先生之为说，本非为童子设也，故其训诂略而义理详。初学者读之，经之文句未能自通，又当遍诵诸说，问其指意，茫然迷眩，殆非启蒙之要。因为删录，以成此书。本之注疏以通其训诂，参之释文以正其音读，然后会之于诸先生之说以发其精微。一句之义，系之本句之下；一章之指，列之本章之左；又以平生所闻于师友而得于心思者，间附见一二条焉。本末精粗，大小详略，无或敢偏废也。然本其所以作，取便于童子之习而已。①

这段话说明了他评注《论语》的三条原则：第一，“本末”不要偏废，用我们近些年常有争议的“文道关系”的说法，这就是“文”“道”不可偏废的具体化；第二，注释要详，以帮助学生理解文章的语言，至于“义理”，也就是文章的思想内容，则只要指点一下“精微”之处，必要的时候加一点阐发，帮助学生自己去“精思”；第三，要“便于童子之习”。朱熹的这套做法，可以说是后来文章选注评点的基础。

文章选本，由来很久。专为初学编选的、分量不大而有注释评点的本子，则至宋代而大量出现。流传使用下来的和见于著录的、宋人所编的这类教材，不下十余种。比较出名的是真德秀的《文章正宗》，谢枋得的《文章轨范》，吕祖谦的《古文关键》，楼昉的《古文标注》。选本之外，宋人还有自著的这种教材，那就是一直广泛流行的、吕祖谦的《东莱博议》。宋代以下，古文评选之风一直很盛，陆续出现了许多这类

---

①《晦庵先生朱文公文集》卷七十五。

教材。清代中叶以来，特别流行的是《古文观止》《古文释义》和《古文笔法百篇》。

所有这些选本，大都有注、评（或批）和圈点。注，是解释字义、名物、典故等；评（或批），是指点文章思想内容上或写作方法上的要点；圈点，是用符号（画在字旁的圆圈、黑点、直线、三角，画在段落末尾的短横等）标示重要的词句或段落的划分。这些，一般总称为评点。

从文章的选法、编法和注释评点的体例来看，大致有下述的一些情形。

就选文的数量说，可得三类。一类选得很多，在三百篇以上，以至上千篇，如《文章正宗》《古文渊鉴》《唐宋文醇》《古文眉诠》《唐宋八大家文钞》《古文分编集评》等。这类选本，一般学塾不直接用作教本，而是由塾师从中挑选若干篇教给学生。一类选得很少，在百篇以下，如《文章轨范》《古文关键》，都只有六十多篇。有的学塾采用这类选本，但是往往再由塾师用别本补充。再一类选文在一百篇以上，三百篇以下，如《古文析义》（230篇），《古文观止》（222篇），《古文喈凤》（208篇），《古文释义》（147篇）等。在学塾中流行最广、直接用作教本的，这一类居多。从三类选本流传使用的情况来看，前人似乎有这样的经验：为了培养学生具备基本的读写能力，至少要教他们读熟二百多篇古文，再少不够，过多也不必，因为只要具备了基本的能力，学生就可以自己去广泛涉猎，不需要由老师一句一篇地来讲了。

就选文的标准和范围说，每种选本当然各有自己的尺度，有的并且有某些偏见。但是有一点看来是共同的，那就是都重视选用历来有定评的、脍炙人口的名文。至于包罗的广狭，情形就很复杂，有的从先秦一直选到编者所处的时代或前一代，上述第三类选本大都这样；有的只选或基本上限于唐宋两代，《唐宋八大家文钞》《唐宋文醇》之外，《古文关键》和《文章轨范》也是这样。不论包括的时期长短，在所包括的时期之内，选文的范围又有不同。有的很窄，比如选唐宋文只限于所谓八大家，甚至八家中的几家；有的宽些，八大家之外又加上李翱、孙樵等；有的很宽，像唐的郭子仪、宋的朱松，也各选入一篇，其余作家可以想见。就文章体裁说，多数的以散文为主，少数的把诗歌作为一个方面，如《文章正宗》，还有的也选入一些四六骈体文，如《古文分编集评》。流行最广的几种本子，选文范围一般比较宽，无论是时代方面或作家方面，都包罗得相当广，但是也不至广到杂的程度，以至把很普通的文章选进去。

就编排的方式说，大致有三类。一类是按时代先后由古至今编排，同一时期又按作家排列。大部分选本都是这样的。一类是按时代由近及古分段逆溯，每段之中再按由古及近编排，并且兼顾体裁的分别，如《古文分编集评》，全书分四集，初集是唐宋十家（八家之外加上李翱和孙樵）；二集是两汉文，六朝文，唐宋名文（十家以外的文章）；三集是左传，公羊，谷梁，国语，国策，史记；四集是骚赋，用韵杂文，唐宋四六，十七史论赞。再一类是先按体裁分作几部分，每部分之内再按时代和作家的次序排列，如《文章正宗》，全书分“辞命”“议论”“叙事”“诗赋”四部分，《唐宋八大家类选》分“奏疏”“论著”“书状”“序记”“传志”“词章”六部分，《古文笔法百篇》按写作技巧归类，分得更细。

就注释评点的体例说，有的非常详细，从字的读音、意义，到典故、事实、句段的联系照应、文章的结构层次、遣词造句的要点，等等，都有所解说或指点，有的还通解全篇大意，总论全篇的内容和写法，个别的更附有读后感之类的材料。有些则评点较略，只在关键之处指点一下，不多说。最简的只在最后附一两条简要的总评，就文章的内容略加评论，别的没有。至于评点的着眼点，有的偏重文章的"义理"，有的偏重文章的写法，有的二者并重。下边，择较详较略的各举一两则例子，以见一斑。

吕祖谦的《古文关键》评点较略，一般只用旁批，在关键性的词句旁边加上极简单的评语，偶尔夹注一二条，介绍点有关的材料或指出掌故的出处等。举一篇作例。

送薛存义之任序

柳宗元

河东薛存义将行。柳子载肉于俎，崇酒于觞，追而送之江之浒，饮食之，且告曰：凡吏于土者，若知其职乎？盖民之役，非以役民而已也。①凡民之食于土者，出其什一佣②乎吏，使司平于我也。今受其直，怠其事者，天下皆然。岂惟怠之，又从而盗③之。向使佣一夫于家④，受若直，怠若事，又盗若货器，则必甚怒而黜罚之矣。以今天下多类此。而民莫敢肆其怒与黜罚者，何哉？势不同也⑤。势不同而理同⑥，如吾民何？有达于理⑦者，得不恐而畏乎？存义假令零陵二年矣。早作而夜思，勤力而劳心，讼者平，赋者均，老弱无怀诈暴憎。其为⑧不虚取直也，的矣。其知恐而畏也，审矣。吾贱且辱，不得与考绩幽明之说。于其往也，故赏以酒肉，而重之以辞。

全篇只有八处旁批，每处三四个字，一条简单的题注，一条夹注，另有两处校勘注。

题注：一本无“之任”二字。虽句少，极有反复。

旁批：①“盖民之役，非以役民而已也”旁，批：“一篇筋骨”。

②“佣”字旁，批：“下的当”。

③“盗”字旁，批：“下的当”。

④“佣一夫于家”旁，批：“譬得切”。

⑤“势不同也”旁，批：“斡旋”。

⑥“势不同而理同”旁，批：“一篇精神”。

⑦“达于理”字旁，批：“下得好”。

⑧“其为”旁，批：“应前”。

夹注：“不得与考绩幽明之说”下，注：“(《书·舜典》)三载考绩，三考，黜陟幽明。”

校注：“今受其直”，“今”字下，注：“一有‘我’字。”“赏以酒肉”，“赏”字下，注：“或有‘之’字。”

浦起龙编的《古文眉诠》，是另一种评点简略的本子，一般只用简单的眉批和总评，偶尔有点夹注。例如《史记·项羽本纪》最后的“赞”：

太史公曰：吾闻之周生曰，舜目盖重瞳子。又闻项羽亦重瞳子。羽岂其苗裔耶？何兴之暴也！　　夫秦失其政，陈涉首难，豪杰蜂起，相与并争，不可胜数。然羽非有尺寸乘势，起垄亩之中，三年，遂将五诸侯灭秦，分裂天下而封王侯，政由羽出，号为霸王。位虽不终，近古以来，未尝有也。　　及羽背关怀楚，放逐义帝而自立，怨王侯叛己难矣。自矜功伐，奋其私智而不师古，谓霸王之业，欲以力征，经营天下。五年，卒亡其国，身死东城，尚不觉悟而不自责，过矣。乃引天亡我，非用兵之罪也，岂不谬哉！

这段文章，一共有四句眉批。开头一句："点染是论赞法。"第二段（这部书用短横表示分段，这里用空两格表示分段）上头一句："就其成霸撮举本纪前半篇大意作扬。"在"放逐义帝而自立"那一句的上头，批："摘出放义帝作抑之由，有识。"最后一句："抑笔凡三层，收尽本纪后半篇。"

《古文关键》旁批的办法和《古文眉诠》眉批的办法，对在它们之后的各种选本，影响很大，有的就直接引用它们的批语。

流行最广的几种选本，注释评点都比上述两种详细。余诚编的《古文释义》是比较突出的一种。举一篇为例。

读孟尝君传

王安石

世皆称孟尝君能得士，士以故归之，而卒赖其力以脱于虎豹之秦。嗟乎！孟尝君特鸡鸣狗盗之雄耳，岂足以言得士！不然，擅齐之强，得一士焉，宜可以南面而制秦，尚取鸡鸣狗盗之力哉？鸡鸣狗盗之出其门，此士之所以不至也。

这篇文章一共只有四句，88 个字，旁批就有 72 个字，每句一批。第一句旁批："此一段平叙起，而以能得士字作案，全赖鸡鸣狗盗之力。"第二句旁批："此一段以孟尝不足以得士作断。"第三句旁批："此一段言所得是士，便用不着鸡鸣狗盗。""力"字旁还加了一句："'力'字应首段。"最后一句旁批："此一段以士不肯与鸡鸣狗盗为伍作结。"

旁批之外，有眉批 170 字，包括简单的作者介绍和解题：

王安石，字介甫，临川人，相神宗，封荆国公，谥曰文。

孟尝君，齐国之贤公子也，世称善养士，游于其门者数千人。《史记》为之著传。荆公读而有感，因作此篇。

另外有指点词句和篇章结构的话，如：

"世皆称"句，陡然而起。

"士"字宜重读。

"孟尝君"句，陡然而落。

"不然"二句，陡然而转。一转驳"有力"。

"鸡鸣"二句，再一转作结，警健绝伦。

…………

旁批、眉批之外，又有 82 个字的总评：

通篇只八十八字，而有四层段落，起、承、转、合，无不毕具。洵简劲之至。然非此生龙活虎之笔，寥寥数语中何能得此转折，何能得此波澜！文与可画竹，尺幅而具寻丈之观，此甚似之。至议论之正大，尤堪千载不磨。

此外，有“音义”两条：一注“世皆称”，辨明作者的意思是泛指世人，并不专指《史记》的作者司马迁；一注“鸡鸣狗盗”，叙述孟尝君从秦国逃出的故事，总共 153 字。

最后有“序解”，引申发挥全篇的文义，284 字。旁批、眉批、总评、音义、序解，五种材料合计，共 761 字，将近本文的九倍。

介乎这繁简二者之间的，也有几种，如林云铭编的《古文析义》和吴楚材、吴调侯编的《古文观止》。这两种历来都比较受到重视，下边举《古文观止》的一篇为例。它采取夹注的办法，每句或每几句之下，加上一点简要的评注，既有关于训诂音义的，也有关于文章的关联照应、遣词造句的，但是要言不烦，只是扼要地点一点，以帮助理解。每篇末后有几句简要的总评，大致是指点一下全篇的主要意思和做法。例如，诸葛亮《出师表》这一篇里，在“今天下三分，益州疲敝，此诚危急存亡之秋也”下边，加注：

先提明事势。

在“然侍卫之臣不懈于内，忠志之士忘身于外者，盖追先帝之殊遇，欲报之于陛下也”下边，加注：

次叙群情，起下用人。

然后在“诚宜开张圣听，以光先帝遗德，恢弘志士之气，不宜妄自菲薄，引喻失义，以塞忠谏之路也”下边，加注：

菲，轻也。……连说宜与不宜，发起一篇告诫之意。

像这样的扼要的指点，对于学者理解全文的脉络，显然是有帮助的。全文末后，附了这样几句总评：

后主建兴五年，诸葛孔明率军北驻汉中，以图中原，临发上此疏。大意只重亲贤远佞，而亲贤尤为远佞之本，故始以开张圣听起，末以咨诹察纳收。篇中十三引先帝，勤勤恳恳，皆根极至诚之言，自是至文。

这对学者理解全文的写作意图、要点和表达上的优点，也能有所启发。《古文观止》的两个编者是不出名的人，可是比一些名人编选的本子流行广得多，这恐怕跟它选文数量适中，标准、范围无所偏蔽，注释评点比较得体是很有关系的。

古文选注评点本，很有些编得不好的。单就评点方面说，最坏的情形是烦琐支离，牵强附会，或者用上些空空洞洞的赞许的话，搞成一种评点滥调，既对学生没有什么帮助，又容易使学生把写文章理解成庸俗的文字游戏。不过，也很有一些编得不坏的。上边引的几种，虽然有繁有简，有长有短，大体上都能够要言不烦地指点出思想内容和表达上的关键、要点，引导学生去思考揣摩，体会学习；而不做过多的发挥分析。这种做法，很值得我们参考借鉴。近年有一股“赏析”风，顾名思义，“赏”者“欣赏”也，“析”者“分析”也，又欣赏又分析，当然多费笔墨，于是一首五言绝句，二十个字，可以“赏析”到几百字乃至上千字，这恐怕是受了《古文释义》评点《读孟尝君传》的影响。

2. 辅助教材——诗赋选本和涉猎用书。

前边说过，这个阶段也还教学生读一些诗，有的教一点赋体文章和词。所用的教材主要是古近体诗的各种选本。这种本子很多很多，可以说举不胜举。清代中叶以后，流行最广的是《唐诗三百首》和《古唐诗合解》等几种。赋体文章的选本则有《骈体文钞》《六朝文絜》等。词的选集，主要有《花间集》和《绝妙好词笺》，后来出了《白香词谱》。这些，都是至今仍为大家所熟知的书，在当时的蒙学中不是主要教材，所以这里不多介绍。

值得提一提的是备学生浏览涉猎的书，用今天的话来说，就是一种课外阅读书。清代中叶，钱树棠、雷琳、钱树立合编了一种书，叫作《经余必读》。凡例里说：

> 凡童子束发受书，读《四书》经传后，即可以是编循诵，故概加句读，其文义奥质者，略有笺释，使人一目了然，其易晓者则从其略。

这部书陆续编了三集，包罗很广，有《夏小正》《孔氏家语》《书序》

《诗序》《竹书纪年》《韩诗外传》《大戴礼记》等，以子书为最多，一直包括到《世说新语》《山海经》《穆天子传》。每种书只节选少数片段。就书的内容看，可以说编得杂乱无章，选法和节法也不高明。但是在那个时候，能有这样一种设想，为学生编选一种可以自学的书，并且注意到选材面的广泛，想到怎样开阔学生的眼界，增长学生各方面的知识，这种努力还是值得称道的。